국가와 도시

The State and the City

This book is dedicated to Dr. Richard Child Hill,

who is my teacher and mentor.

국가와 도시

The State and the City

김 준 우 저

전남대학교출판부

PROLOGUE

책을 내면서

지난날의 연구들을 정리해보자는 의미에서 저자는 책 발간을 구상하였다. 돌이켜보면 1997년 이맘때에 저자는 지도교수인 Dr. Richard Child Hill과 세계도시에 대한 연구논문 작성을 위해 자료를 뒤지고 있었다. 복수전공하였던 도시학 지도교수인 Dr. John Schweitzer와는 Michigan州 Lansing市의 지역공동체의식 조사결과를 학회에 발표하느라 이곳저곳을 다니고 있었다. 연구논문의 공저자이기도 한 Juliette Mackin, Thomas Crew와 같이 뉴욕 맨해턴에 발표하러 갔을 때는 도시관광에 더 열을 올리기도 했다. 연구논문을 제대로 쓰지 10년이 지난 것이다.

막상 집필에 들어서자 목표가 상향조정되었다. 국가에 대한 이해, 도시와 국가의 관계, 그리고 세계화되는 도시와 같은 주제들에 대해서는 체계적인 정리가 필요하다는 것이 분명해졌다. 욕심이 더 나기도 했다. 한국의 도시현안들을 국가라는 주제어로 이해하고 싶었다. 통찰적인 이야기도 조금은 하고 싶었다.

목차는 이러한 상향된 목표를 반영하고 있다. 제1부 ‘도시와 국가의 교차점’에서는 주요 주제에 대한 정리를 시도하였다. 도시에 있어서 국가의 중요성이 제일 먼저 제1장에서 다루어졌다.

기본에 대한 강조는 언제나 부족하지 않다고 저자는 생각한다. 제2장의 국가에 대한 논의는 포함여부를 두고 많은 고민을 하였다. 국가형태가 도시에 미치는 영향에 대한 새로운 해석을 이 책이 모색하고 있는 만큼, 국가에 대한 논의를 넣기로 결국 결정하였다. 이 부분은 정치경제학에 관심이 있는 독자들에게도 흥미를 줄 수 있을 것이다. 제3장 역시 세계화라는 주제에 끌리는 독자들이 편하게 읽을 수 있다. 도시와 세계화의 관계는 사람들이 흔히 생각하듯이 그리 단정적이지 않다는 것을 저자는 이야기하고 있다.

제2부 '다른 국가와 다른 도시화'에서는 구체적인 사례의 분석을 시도한다. 제4장에 나오는 싱가포르와 마닐라의 비교는 현재 존재하는 상이한 두 도시의 모습을 보여준다. 깨끗하고 정리된 현대적 도시 싱가포르와 도로변 쓰레기 더미위에서 저녁을 준비하는 가족을 보아야 하는 마닐라는 발전국가와 약탈국가라는 틀을 가지고 이 책에서 묘사된다. 제5장은 큰 분류를 모색한 글이다. 인구와 경제적 기능이라는 두 자원의 나라별 분포를 국가형태와 연결시켰다. 제6장은 문화를 다룬다. '선택되지 않은 지역문화'를 분석한다는 면에서 이글은 재미있다. 제7장에서는 세계화를 인천에서 생각해 보았다. 송도경제자유구역은 한국의 국가가 어떻게 세계화에 대응하는지 잘 보여주는 신도시이다. 제8장은 지역단위의 국가로 관심을 돌린다. 또 '지역발전정책 개발역량'

이라는 새로운 개념에 도전하기도 한다. 지역의 내생적 발전에 정책개발이 얼마나 중요하며, 이 과정에 지자체가 어떻게 관여되어 있는지를 실증적으로 조사하고 분석한 글이다. 제2부에는 저자가 쓴 기존의 글들이 편집되거나 발전되었다. 논문들의 출처는 책 뒤의 참고문헌을 보면 쉽게 알 수 있다.

제3부 '의미를 찾아서'에서는 현안분석과 전망을 내놓는다. 제9장에서는 '지배구조' '지역혁신체제' '지역간의 갈등'이라는 한국도시에 있어서의 세 가지 현안에 국가가 어떤 의미를 가지는지를 정리한다. 제10장은 제9장과 논리적으로 연결된다. 현안에서 나타난 국가의 모습과 앞으로의 한국도시화에서 쟁점사안은 당연히 연결될 수밖에 없다. 창의성을 화두로 삼고, 빈부격차와 지배구조에 대한 생각이 짤막하게 나와 있다.

많은 전남대 선생님들의 도움으로 이 책의 발간은 가능했다. 지리학과 안영진 교수님은 이런 저런 발상들을 잘 들어주셨고, 또 새로운 시각들을 제시해 주셨다. 같은 학과 이정록 교수님의 한국도시 현실에 대한 이해는, 균형잡힌 시각을 잡는데 도움이 되었다. 사회학과 국민호 교수님은 국가에 대한 읽을만한 책들을 추천해 주셨다. 정외과 김용철 교수님에게는 집필과정에서 지배구조와 같은 구체적 내용을 여쭈어 보기도 했다. 사회과학대학 많은 선생님들의 격려는 큰 도움이 되었다.

지금 몸담고 있는 문화전문대학원 선생님들의 배려도 큰 마음의 선물이 되었다. 싸면서도 맛있는 맛집을 점심시간에 찾아다닌 시간이 특히 즐거웠다. 고정회원인 이철 원장님과 행정실의 김동문, 조인숙 선생님에게 감사드린다.

나 자신보다 나에게 더 큰 신뢰와 기대를 보내주시는 부모님, 세 아이를 열심히 키우면서도 자신의 일을 해나가는 누나, 노벨상을 탈거라고 내가 믿고 있는 동생, 그리고 삶에 새로운 의미를 가져다주는 아내와 딸과 함께, 부족하지만 조금이라도 이룬 기쁨을 나누고 싶다.

2007. 11. 27.

김준우

CONTENTS

목 차

그림 목차

표 목차

1부

도시와 국가의 교차점

1 도시에서 본 국가의 역할

1.1. 국가의 중요성

국가는 도시의 성쇠에 영향을 미친다. 국가의 중요성을 인정할 수밖에 없는 사례들이 있다(Gurr & King, 1987: 29). 하나는 首都의 입지와 기능에 대한 의사결정이다. 공기업의 입지 역시 마찬가지이다. 한국의 경우에도 참여정부에서 추진되고 있는 행정수도와 혁신도시의 건설은 국가차원의 의사결정이 어떻게 새로운 도시를 만들어 내는지를 잘 보여주고 있다.

중앙정부와 지역정부가 도시에게 '물질적' 영향을 미칠 수 있는 다섯 가지의 측면이 있다(Gurr & King, 1987:94-101). 여기서 '물질적(material)'이란 의미는 사람이나 돈과 같은 자원을 의미한다.

첫 번째는 중앙정부나 지역정부로부터의 보조금이다. 미국과 유럽 국가들의 경우 한 지역의 지출에서 보조금이 차지하는 비율이 높다. 1982년 기준 지방정부예산에서 보조금 비율의 예는 다음과 같다(Gurr & King, 1987:68): 프랑스(40.7%), 스웨덴(23.6%), 영국(44.4%), 미국(43.8%).

저자가 판단하기에, 한국의 많은 도시들 역시 이러한 보조금의 영향을 많이 받는다고 볼 수 있을 것 같다. 지자체 운영에 소요되는 비용과 추진사업 예산이 포함된 전체 재원 가운데 중앙정부에 의존하지 않고 자체적으로 조달할 수 있는 재원의 비중인 재정자립도(인천일보, 2006)는 간접적인 기준을 제시한다. 광역시의 경우에도 2005년 기준 재정자립도는 그리 높지 않다(세계일보, 2005): 대전(75.0%), 대구(73.9%), 부산(73.4%), 인천(70.0%), 울산(69.9%), 광주(60.6%).

두 번째는 사회복지 혜택이다. 서구의 경우, 복지혜택이 가계소득의 상당한 부분을 차지하고 있다. 따라서 이에 관한 의사결정은 지역경제에 상당한 영향을 미친다. Gurr & King(1987:97)은 집단행동으로 인한 정치적 입지 강화가 도시에 흘러들어오는 복지혜택을 늘일 수 있다는 점을 주목한다. 1960년대 미국 도시를 휩쓴 흑인폭동으로 인해 연방정부가 지원하는 복지혜택[1])이 늘었

---

1) 가장 좋은 예는 궁핍한 가정들에게 재정적 지원을 제공하는 미국 연방정부 주도의 사업인 AFDC(Aid to Families with Dependent Children)이다. 대부분의 주에서 절반이상의 비용이 연방정부에 의해 부담되어진다. 주정부는 나머지 예산을 제공하면서 사업을 운영한다. 따라서 주정부가 누가 얼마를 받는지를 정한다. AFDC 혜택을 받기위해서는, 다음의 조건을 만족하는 부양아동이 있어야 한다: (1) 같이 거주하고 있으며 18세 미만, (2) 부모중 한 명이 사망, 지속적 부재, 무능력으로 인해 재정적 지원 불가, (3) 거주하고 있는 주의 등록된 주민, (4) 미국시민이거나 미국에 영구적이고 합법적으로 거주하는 외

다는 것이다.

세 번째는 고용효과이다. 교육, 예술, 행정 등의 공공기관을 어디에 입지시키며 어떻게 직원들을 충원하는가는 도시들의 운명에 큰 영향을 미친다. 한국의 경우도 이와 마찬가지이다. 광주광역시의 예를 들어보자. 2006년 12월 기준으로, 총 인구는 141.6만명(1,415,953명)이며 취업인구는 61.9만명이다. 광주광역시 소속 공무원의 수는 6,410명이다(광주광역시, 2007). 국가공무원과 준공무원 형태의 취업자를 감안하면 국가의 고용효과는 작지 않다. 광주에 소재한 국립대학 중 하나인 전남대학교의 예를 들어 보자. 여수대학교와의 합병이전인 2005년도 전남대학교 교직원수는 933명이다. 2005년 전남대학교 재학생 숫자는 22,314명으로 나타난다(전남대학교, 2007).

공기업의 지역 고용효과도 작지 않다. 대전시에 본사가 위치한 한국수자원공사의 경우 2002년에서 2004년까지 3년 동안 367명을 채용하였다. 이중 대전 소재대학 졸업자가 27명으로 전체의 7.3%를 차지하였다. 충청권 소재대학이 17명으로, 이를 감안한 대전충청권 대졸자 비율은 12.0%에 이른다(나주시, 2006:317). 나주에 자리잡는 광주전남혁신도시 역시 공기업의 고용효과를 보

국인.

실제 혜택은 주마다 다르다. 혜택이 많은 편인 캘리포니아의 경우 3인 가족이 1996년에 최대한 신청할 수 있는 금액은 $594이다. 식료품 구입에 대한 보조를 합치면 $907이며, 이는 연방정부가 정한 빈곤기준치의 86% 수준이다.

출처: US Census Bureau. 200. http://www.census.gov/population/socdemo/statbriefs/whatAFDC.html 2007년 8월 17일 접근, Geen et.al (1998),

여준다. 공공기관의 입주가 완료되는 2012년에는 한전 등 17개의 이전대상기관에서 4,700명이 이전할 것으로 예측되고 있다(나주시, 2006:320).

네 번째는 예산집행이다. Gurr & King (1987:98)은 공공분야에서의 물품과 서비스 구매의 중요성을 강조한다. 미국의 경우 특히나 방위산업 분야의 하청은 관련된 기업이 입지한 도시의 활력을 좌우할 수 있다. Markusen et at (1991)이 언급한 '군수산업지대(gunbelt)'라는 개념은 이런 점에서 흥미롭다. 제2차 세계대전 이후 미국의 경제지도는 큰 변화를 겪게 된다. 전통적인 산업지역이 쇠퇴하고 새로운 신기술 산업지가 생겨난다[2]. 이러한 신기술 산업지들 중에서 어떠한 지역들은 국방부의 군비지출과 직접적으로 관련이 있다는 것이다.

여기서 잠시 Campbell(1993:204)의 표현을 빌려본다:

> 펜실베이니아(Pennsylvania)의 석탄지역, 오하이오(Ohio)의 철강단지, 미시간(Michigan)의 자동차 공장, 시카고(Chicago)의 기계 관련 공단과 같은 전통적인 미국의 산업중심지는 그 주도권을 상실하였다. 항공과 전자공학 관련 생산지들이 전통적 산업중심지가 아닌 새로운 곳에 자리잡았다. 제

---

2) 이에 관해 frostbelt와 sunbelt라는 구분이 흔히 사용되기도 한다. 전통적 산업지역은 frostbest로, 신흥산업지역은 sunbelt로 불린다. Frostbelt는 뉴욕주을 포함하는 북동부(Northeast)와 미시간주를 포함하는 중서부(Midwest) 두 지역의 북부를 흔히 지칭한다. 이 지역은 긴 겨울과 추운 날씨, 그리고 많은 눈으로 잘 알려져 있다. Sunbelt는 남부(South)와 남서부(Southwest) 지역을 지칭하는 경우도 있으며, 위도 37도에서 38도 정도의 경계선 남부로 이해되기도 한다. Sunbelt에 논란의 여지가 없이 포함되는 주들은 다음과 같다: Arizona, California, Florida, Nevada, New Mexico, Texas, Georgia, South Carolina. 출처: www.wikipedia.org

트기, 미사일, 위성, 레이더 등의 정교한 무기를 국방부가 엄청난 돈을 들여 구매하는 바람에 미국 서부와 뉴잉글랜드(New England) 등에 괄목할 만한 기술적 경제적 발전이 이루어졌다.

Campbell은 이러한 군수산업지대를 국방부 예산집행 자료분석을 통해 다음(New England, Washington D.C., Florida, Texas, Colorado, Seattle)과 같은 지역으로 구체화한다.

다섯 번째는 경제재개발 사업이다. 경제적으로 쇠퇴하고 있는 도시나 지역에 기반시설 건설과 투자가 이루어질 수 있도록 행정적이나 재정적 지원을 해주는 경우를 의미한다. 이러한 사업은

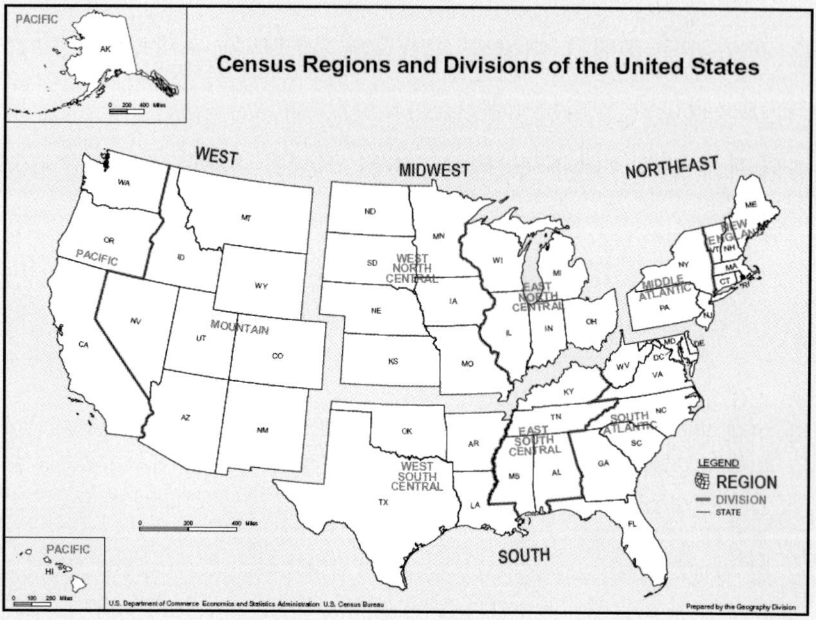

출처: Map of US Census Regions and Divisions; www.wikipedia.org

그림 1.1. 미국의 센서스 지역.

두 가지로 나누어질 수 있다(Gurr & King, 1987:100-101).

하나는 영국의 1950년대와 1960년대에 이루어졌던 균형발전정책과 같은 전국적 사업이다. 가장 번화한 대도심으로부터 사람과 일자리를 가장 낙후된 지역으로 옮기는 것이 사업의 골자이다. 한국에서 1960년대 이래 적용된 국토개발계획 역시 비슷한 성격을 가지고 있다.

다른 하나는, 특정 지역 경제의 재건을 목적으로 하는 경우이다. 가능한 한 예는, 도심의 쇠퇴한 지역에 입지하려고 하는 기업에게 세제지원을 주는 사업[3] 등을 들 수 있다.

한편 국가의 중요성에 반대하는 견해들도 있다. 다음 절부터는 이러한 시각들을 검토해 본다. 다음 절에서 다룰 두 시각은 도시생활에서 국가의 역할을 중요시하지 않는다는 공통점을 가진다. 첫 번째 시각은 자본가 계급을 강조하며, 두 번째는 시장 기능을 우선시한다.

이렇듯 국가를 중요시하지 않게 생각하는 관점들에 대해서는 Skocpol(1985)의 지적을 참조할 만 하다. 그녀에 의하면, 현대 사회과학에서 국가는 하찮은 존재로 취급되고 있다. 다양한 사회집단의 경쟁을 강조하면서 국가의 공간을 없앤 다원주의적 관점과 자본주의 생산양식이라는 개념에 의해 모든 나라의 국가들이 동

---

3) 1980년대에 미국에서 실행된 UEZ(urban enterprise zone)가 한 예이다. 경제적인 어려움을 겪은 도심 지역들이 선정되며, 공업지구나 상업지구인 경우가 많다. 예를 들어 New Jersey의 UEZ는 2006년 6월 15일부터의 기준을 볼 때, Sales Tax를 7%에서 3.5%로 감면해준다. 출처: www.wikipedia.org

일시되는 신마르크스주의 시각을 그녀는 예로 들고 있다.

1.2. 국가를 중요하지 않게 생각하는 첫 번째 시각

2007년 5월 8일 한국일보 기사는 국가의 자본가 이익을 대변을 시사한다. 국가가 주도하는 송도국제도시개발과 아시안게임유치가 인천에 땅을 가지고 있는 기업들의 자산증식으로 이어진다고 보도하고 있기 때문이다.

이렇게 국가의 역할이 자본가의 이익을 대변하는데 그친다는 것이 국가를 중요하지 않게 생각하는 첫 번째 시각이다. 먼저 도시는 '주어진 생산양식에 의해 자리잡힌다(is forged upon the hearth of a given mode of production)'이라는 표현을 사용한 Richard Child Hill은 자본의 중요성을 한 문장으로 나타내고 있다(Hill, 1977:78; Gurr & King, 1987:8에서 인용). 자동차 산업으로 번창했던 디트로이트의 쇠퇴를 분석한 그의 글은 이러한 점을 잘 구체화하였다(Hill, 1984:321-333; Gurr & King, 1987:67):

> 디트로이트의 운명은 소수의 다국적기업들에 의해 결정되는 경제적 기반과 결부되어 있다. 기업들의 성장은 국제상황에 반응하는 능력에 기초한다. 한때 디트로이트에 투자와 번영을 가져온 이윤의 논리는 이제 투자철수와 쇠락을 가져왔다. 기업은 부를 쌓고 자본을 재투자한다. 디트로이트는 그렇게 하지 못한다. 자본은 지리적으로 이동이 가능하다. 디트로이트는 그러하지 못하다.

인천땅 소유 기업들 '표정관리'

〔한국일보〕2007-05-08 41판 12면 938자 지역 뉴스

송도국제도시 등 경제특구 개발과 2014년 아시안게임 유치 등 개발 기대감으로 인천지역 땅 값이 뛰면서 부동산을 소유한 기업들이 즐거운 비명을 지르고 있다.

7일 인천시와 인천상공회의소 등에 따르면 현재 인천에 대규모 부동산을 소유한 기업은 한진중공업(중구 율도·영종도·88만평), 동양제철화학(남구 학익·48만평), 대우자동차판매(연수구 동춘동·829만평) 등 10개 업체에 달하고 있다. 이 부지들은 대부분 개발 계획이 진행되고 있다. 한진중공업 부지는 한국토지공사로의 매각이 결정됐으며 동양제철화학의 남구 학익동 소유 부지에서는 유수지 매립공사가 진행중이다.

대우자판은 연수구 동춘동 29만평에 외자를 유치해 대규모 테마파크를 건립할 계획이다. 이 덕분에 공장부지 등 부동산값이 급등세를 보이고 있다. 동양제철화학 공장부지는 4월말 현재 1년전에 비해 30% 오른 평당 400만원 이상을 호가하고 있다. 대우자판 땅이 있는 연수구 동춘동 자연녹지도 지난해에 비해 20% 상승 평당 150만원까지 올랐는데 상업용지로 변경되는 땅은 3배 이상 폭등할 것으로 예상된다.

부지 용도변경을 싸고 특혜 논란도 일고 있다. 남구 학익동 동양제철화학부지는 3년전 인천시 용현·학익 택지개발 지구에 포함되면서 논란이 최근까지도 수그러들지 않고 있다. 특히 동양제철화학은 인천시가 마련한 개발계획과는 달리 상업, 주거용지는 대폭 늘리고 문화, 휴식공간 부지는 크게 줄이는 개발안을 마련하기도 했다.

대우 자판부지 29만평도 논란거리. 정부는 이 일대에 대해 지난해 3월 유원지로의 용도 환원을 2년간 유예해 상업, 주거 용지로의 개발 가능성을 열어주었다.

시민단체관계자는 "최근 인천지역의 부동산값이 급등했는데 상업용지로 용도 변경될 경우 천문학적인 개발 이익이 예상된다"며 "공청회를 거쳐 개발계획을 확정해야 할 것"이라고 강조했다.

‘자본주의 운동법칙 (the laws of motion of capitalism)’을 강조하는 시각을 ‘구조주의적 마르크스주의(structural Marxism)’라고 보는 경우도 있다(Smith, 1988:5). 이러한 구조주의 학자들은 국가가 도시에 미치는 영향을 Poulantza(1978)가 언급한 ‘상대적으로 자율적(relatively autonomous)’인 정도로 본다. 자본의 논리에 반응하는데 그친다는 것이다(Smith, 1988:5).

미국 대도시의 재정난을 설명하면서 Hill은 국가의 반응이 가지는 한계를 지적한다(Hill, 1978:214; Smith, 1988:73-74). 그에 의하면, 미국 대도시들이 겪는 재정난의 기본원인은, 자본축적에 있어 이 도시들이 유용하지 않기 때문이다. 국가의 반응은 쇠퇴하는 대도시의 주민들에 대한 사회적 통제이다.

기업들은 교외나 다른 도시들을 선택할 수 있고, 심지어는 국제적인 입지선정도 가능해졌다. 자본이탈과 인구감소를 경험하는 대도시에 대한 국가의 반응은 ‘사회적 통제’를 위한 비용을 늘이는 것에 한정된다. 제대로 된 일자리를 찾기 힘든 주민들은 국가에 경제적으로 의존하게 된다. 국가의 복지서비스는 간접적으로라도 규제의 성격을 가진다. 또, 가난하고 불만에 찬 사람들은 범죄와 무질서로 국가를 위협한다. 이에 대처하기 위해서 국가는 치안유지 경비를 늘리게 된다.

이러한 시각과는 조금 달리, 부동산의 중요성을 언급하는 입장도 있다. 도시를 ‘성장기구[4](成長機構, growth machine)’로 보

---

4) 성장기구에 해당하는 다른 번역 표현들로는 ‘성장기제’와 ‘성장기계’가 있다.

는 이 시각 역시 국가의 역할에 대해서는 큰 의미를 두지 않는다. 국가는 토지에 기반한 집단들이 국가예산 배분과 부동산개발 결정에 영향을 미치기 위해 경쟁하는 곳이다(Molotch, 1976:312).

물론 정부의 결정들은 큰 영향력을 가질 수 있다. 노동조건, 보조금, 환경규제, 복지에 관한 정책결정은 기업의 비용구조에 영향을 미친다.

하지만, 이러한 영향력은 현실로 잘 드러나지 않는다. 거의 모든 도시들이 성장을 위해 경쟁하고 있기 때문이다. 각 도시들은 기업친화적인 환경을 만들기 위해 낮은 세금, 안정적 노사관계, 직업훈련, 좋은 치안과 같은 항목에 매달리고 있다(Molotch, 1976: 312).

미국의 지역단위 성장에서 가장 큰 비중을 차지하는 것은 부동산이다. 이러한 부동산 개발을 가장 주도하는 것은 부동산 관련 자본가이다(Logan & Molotch, 1987; 장원호 2000:105에서 인용):

> 따라서 도시정치의 장에 가장 적극적으로 참여하는 집단은 도시의 부동산 사용정책 결과가 자신의 이익과 밀접한 관련이 있는 사람들인데 그들은 주로 도시의 부동산에 투자하고 있거나, 또는 부동산을 개발하고 있거나, 부동산 관련 파이낸스를 하고 있는 은행 등 그 지역의 경제 엘리트들이라는 것이다. 그들은 자신들을 지원하는 변호사, 부동산 브로커 등과 연합하여 하나의 연합세력을 구성하게 되는데 이것이 최초의 성장기제이다.
>
> 이렇게 일단 조직된 성장기제는 자신들의 이익이 얽혀 있는 지역개발을 실제로 결정하게 될 정치가들을 세력 안으로 규합하기 시작한다. 이것은 선출된 정치가를 대상으로 지역개발에 관련된 로비를 하는 등 소극적 방법을 통해서도 이루어지지만, 대다수의 경우 자신들의 이익을 대변할

정치가들을 당선 또는 재선하도록 지원하는 방법을 취하게 된다. 그렇게 당선된 정치가는 성장기제의 대변인으로서, 또한 성장정책의 집행자로서의 역할을 하게 된다.

각 도시에 기반을 두고 있는 지역신문 등 지방 매스미디어도 성장기제의 중요한 동조집단이다. 미국과 같이 한 도시에 하나의 지역신문이 있을 때 신문사의 재정적 상황은 그 지역 인구규모와 밀접한 관련을 갖게 되는 것이다. 이것은 TV나 라디오와 같은 방송매체에도 마찬가지로 적용된다. 지방 매스 미디어는 결국 성장기제의 이데올로기 조성자 역할을 하게 되는 것이다. 성장기제의 또 다른 중요한 동조 집단으로는 수도, 가스, 전기회사와 같은 공공설비를 제공하는 업체이다.

앞으로 이 책에서 제시될 종속이론과 세계체제이론들도 국가의 역할이 제한적이라는 시각을 가지고 있다. 즉, '자본가를 위한 위원회'로서의 국가라는 큰 틀을 공유하고 있다.

Hill이나 Molotch와 같은 논지와는 달리 적극적인 시장의 역할을 제시하는 입장이 다음 절에 소개될 것이다. 어떤 점이 다르고, 어떠한 면에서는 유사한 점이 있나를 살펴보는 것도 재미있을 것이다.

1.3. 국가를 중요하지 않게 생각하는 두 번째 시각

다음의 발췌문은 市場을 중요시하는 입장을 한국의 도시에 적용했다는 의미에서 한번 살펴볼 가치가 충분하다. 시장이 가장 효율적이며, 정부의 규제가 필요없다는 기조를 쉽게 파악할 수 있다.

1998년 11월 18일 전경련회관 대회의실에서 열린 Edwin Mills 교수 초청 수도권 정책토론회에서 김정호에 의해 발표된 논문 "수도권 문제에 대한 오해들"의 일부.

수도권은 너무 비대하다?

사람들은 대부분 수도권이 너무 비대하다고 생각한다. 전 국토 면적의 12%에 '불과'한 서울, 인천, 경기 지역에 전 인구의 45%가 모여 산다고 하면 모두 큰 일이 났다고 생각한다. 그럼 어느 정도가 되어야 적당한 것일까? 40%? 또는 30%?

그러나 따지고 보면 수도권에 모여 사는 사람들의 숫자 그 자체로는 '너무' 비대한 지의 여부를 판단할 수 없다. 이에 대한 판단의 기준을 제시하는 것이 '사회적 비용과 편익' 개념이다. 쉽게 말하면 지나친 혼잡이 있는가의 문제이다 … 이런 관점에서 본다면 서울, 인천, 경기도 지역은 지나치게 비대할 수도 있다.

그러나 최소한 교통혼잡 현상만을 대상으로 본다면 수도권 지역의 교통혼잡은 정부 정책의 실패일 가능성이 높다 … 그린벨트나 농지보호정책, 과도하게 지정되어 왔던 군사보호구역 같은 제도들도 이 지역의 혼잡증가에 기여해왔다고 볼 수 있다. 같은 인구 규모를 기준으로 했을 때, 가용한 토지가 넓은 경우가 좁은 경우에 비해서 혼잡이 덜하리라는 것은 깊이 생각해 보지 않고도 알 수 있다. 토지의 공급이 작다면 지가가 비쌀 것이기 때문에 도로의 공급도 제약을 받게 되고, 주택이나 업무용 건물 내의 주차장을 갖추는 일도 힘들어 길가에 주차를 할 수 밖에 없는 지경에 이른다. 그린벨트 등의 제도들은 도시적 용도로의 토지 공급을 제한함으로서 혼잡을 가중시켜 왔음이 분명하다. 물론 이런 제도들로 인해서 어느 정도 인구의 추가적 유입이 막아질 수는 있겠지만, 그것으로 인한 혼잡의 감소효과가 토지공급의 제한으로 인한 혼잡의 증가효과보다 작을 수밖에 없다는 사실은 그리 어렵지 않게 보일 수 있다.

'시장자본주의적(market capitalist)' 입장에 따르면, 도시의 형태와 기능은 시장과 기술의 변화에 대한 적응 결과이다(Smith, 1988:

4). 자유로운 시장의 힘이 가장 효율적이며, 시장을 활성화시키거나 혹은 시장의 충격을 완화시키려는 정부개입은 불필요 내지 낭비적이다. 심지어 이러한 간섭은 공공의 복리에 해를 끼칠 수 있다(Kasarda, 1980:340; Smith, 1988:4에서 인용).

미국에서는 市場이 도시를 만든다는 시각이 지배적이다. 따라서 정책적 개입은 시장을 의도적으로 끌어가는 것이 아니라 그 부작용을 줄인다는 목적을 가져야 한다고 인식하고 있다(Gurr & King, 1987:7).

시장의 효율성에 대한 맹목적 신앙을 가지고 있지 않은 미국 도시 연구자에게서도 시장에 대한 믿음은 흔히 나타난다. 미국의 대도시 쇠퇴를 다룬 Bradbury, Downs & Small(1981:19)은 시장의 힘이 이상적인 결과를 가져온다는 가정에 반대한다.

하지만 이들은 미국의 교외화와 도심거주지의 쇠퇴가 '흘러내림[5](trickle-down)'에 의해 지배된다고 이해하고 있다(Bradbury, Downs & Small, 1981:165). 교외에 새로 생기는 고급주택지를 중산층과 상층이 차지하고, 도심의 열악한 주택들에 하층이 '흘러들어' 간다는 것이다. 이러한 시장작용 원리에 대한 인식은 "시장의 힘은 너무 강력해서 이를 무시하는 정책을 시도하는 것은 바보짓이다"라는 언급으로 나타나기도 한다(Bradbury, Downs & Small, 1981:166).

---

5) 저자가 생각했을 때 가장 적합할 것 같아서 사용한 번역표현이다. 원래 영어 표현으로는 물방울이 흘러내리는 현상을 의미한다. 주로 경제용어로 많이 쓰인다. 적하(滴下), 통화침투, 물흐름, 하방침투 등의 표현이 있다.

시장에 대한 긍정적인 태도는 도시를 바라보는 큰 시각들인 도시생태학(urban ecology)[6]과 근대화론(modernization theory)에서도 찾아볼 수 있다. 이 두 이론들의 기본적인 설명원리는 '자율적 시장(self-regulating market)'이다. 인구, 기능, 그리고 부는 이러한 '자율적 시장 <혹은 다른 표현으로 '자연적 시장(natural market)>'에 의해 공간적으로 분배된다는 것이다.

El-Shakhs(1972)는 발전초기에는 자원이 한 도시로 몰리면서 규모의 경제가 형성되며, 인구집중이 심화된다고 한다. 하지만 이후 어떤 시기에 교통·통신·생산·소비의 변화로 경제활동이 분산화되고, 따라서 인구종주성도 감소한다고 주장한다. 이것이 자원의 흘러내림(trickle-down)이다.

이러한 식의 공간 성장과 쇠퇴에 대한 이론은 다른 학자들에게서도 반복된다. 19세기 영국과 미국의 경험에 기초하여, El-Shakhs(1972)는 인구집중이 발전초기에는 증가하며 절정에 달했다가 경제가 성숙함에 따라 서서히 감소한다고 하였다.

그에 따르면 발전초기에는 규모의 경제가 이루어질 때까지 한 도시에 자원이 집중된다. 기술과 생산을 위한 경제적 수단의 발전은 공간적으로 집중되는 경향을 보인다. 이로 인해 지역격차가 극심해지지만 어느 단계에서 분산기제가 작용하기 시작한다. 계

---

6) 도시생태학에 대한 개념, 상세한 내용, 기존 국내의 연구들에 대한 사항들은 정대연(1989)을 참조할 것. 좀 더 최근의 연구로는 김한곤(1991)과 고성호(1993)의 한국도시의 지배유형, 기능, 성장에 관한 생태학적 분석에 대한 연구가 있음.

속되는 교통통신의 발전과 생산요인의 변화(대표적으로 대도시의 높은 임금이 가져오는 경제적 비효율성)는 경제활동의 공간적 분산으로 이어져서 지역격차가 줄어든다.

Hawley(1950: 122)는 인구규모가 분업(specialization)의 정도와 동시에 처리될 수 있는 여러 활동의 숫자에 제한을 가한다고 주장한다. 그는 Adam Smith의 분업과 시장크기에 대한 언급7)을 그대로 인용한다(Smith, 1931: 17; Hawley, 1950: 122). Berry(1971: 116)는 높은 분업화의 정도가 높은 소득과 연결될 수밖에 없다는 점을 강조한다. 노동분업으로 인해 중심지는 임금인상을 먼저 경험할 것이라는 것이다. 그런 이후에 특정 직업들은 고임금 노동시장에서 밀려 주변지로 이전될 것이라는 것이다.

이러한 도시생태학적이고 근대화론적인 주장이 한국도시의 지역격차에 적용된 고전적인 연구는 Mills and Song(1979)의 저서 "Urbanization and Urban Problems"에서 찾아볼 수 있다. 이들은 한국 도시체계는 서구의 경험을 따라가고 있다고 주장한다. 자연스러운 시장이 집중과 분산이라는 과정을 보여주어서, 지방으로의 인구 및 부의 분산이 이루어지기 시작했다는 것이다. 한 가지 흥미로운 점은, 이들이 시장원리 뿐 아니라 지방공단육성과 같은 정부개입 역시 긍정적으로 보고 있다는 것이다. 물론 2007년 현재의 한국 도시체계는 이들의 예측과는 달리 집중된 수도권을

7) Smith는 하위 직급으로 보이는 짐꾼(porter)조차도 큰 도시가 아니면 상시적인 일감을 찾을 수 없다는 점을 강조하였다.

보이고 있다.

앞으로 이 책에서 소개될 세계화 이론 역시 시장의 역할에 중점을 두고 있다. 이들 이론에서 국가를 어떻게 다루고 있는지는 자세히 논의될 것이다.

1.4. 국가중심적 입장의 반론

산업혁명기간의 서유럽 국가는 마르크스가 이야기한 '부르조아 위원회'와 유사하다. 이는 관료들이 지주, 상인, 자본가로 구성되었기 때문이다(Gurr & King, 1987:21). 지역 단위에서도 사업가들이 자신의 이익을 위해 공공서비스나 공공사업을 관리하였다(Elliott & McCrone, 1982 제3장과 제4장; Gurr & King, 1987: 21에서 인용).

국가중심적 입장 역시 자본과 사회로부터 국가가 가지는 제약을 잘 알고 있다. 하지만 국가의 자율성이 상당하다고 인식한다. 역사적인 맥락에서 볼 때, 선진자본주의 국가의 경우 자본의 요구를 그대로 반영하지는 않는다. 국가기구의 확대와 전문관료제는 선출관료와 임명관료간 힘의 균형을 바꾸었다. 정당에 소속된 전문정치인의 등장은 사업가가 정부에 미치는 영향력을 더욱 감소시켰다(Gurr & King, 1987:21).

앞서 언급된 바 있는 미국의 대도시 쇠퇴에 대해서도 국가중심적인 해석이 있다. 이러한 시각에서는 주택관련 세금제도를 한 요인으로 생각한다. 장기대출(mortgage loan)에 대한 세금공제는 도시 세입자에 대한 기존의 공공지출을 교외의 중산층이나 상층을 위한 배타적인 공동체를 위하여 사용하게 되는 효과를 가진다(Smith, 1988;175). 새로운 입지에 위치하는 기업에, 새로운 상수도나 하수도 시설, 지역 산업발전 채권 등에 대한 세금 혜택 역시 전통적인 북쪽의 대도시의 쇠퇴와 남부의 발전에 기여하였다(Smith, 1988;33).

이러한 변화를 이끈 다른 요인들도 있다(Smith, 1988;92): 제2차 세계대전 이후로부터 1970년대 중반까지 이어진 고속도로 건설, 교외에 위치한 지자체들의 엄격한 토지이용규칙에 대한 연방정부의 용인, 퇴역군인에 대한 대출금 납부보장을 통한 주택구입 지원, 그리고 수적으로 제한된 공공주택 건설.

이러한 요인들 중에서 고속도로 건설과 교외화는 미국 실정에 대한 좀더 자세한 설명이 필요할 것으로 보인다. 미국의 고속도로<그림 1.2 참조>는 독일 '아우토반(autobahn)'을 직접 접한 Dwight D. Eisenhower 대통령의 지도력과 미국자동차회사 로비의 산물이었다. 공식적인 승인은 관계법안(Federal-Aid HIghway Act)에 의해 이루어졌다. 관계기관(US Department of Transportantion, Federal Highway Administration)의 홈페이지에 나와 있는 2002년 기준 자료에 근거하면, 도로 건설과 유지의 44% 정도가 연방정부 비용으로 이루어진다(http://en.wikipedia.org/wiki/Interstate_highway, 2007년 9월 13일 접근).

출처: http://en.wikipedia.org/wiki/Interstate_highway 2007년 9월 12일 접근

그림 1.2. 미국의 고속도로 체계.

미국의 교외화는 대도시의 쇠퇴와 연결되는 직접적인 현상이다. 대도시에 자리잡았던 기업들과 중산층 이상의 주민들이 인근 교외로 옮겨가면서 대도시의 쇠퇴가 가속화 되었기 때문이다. 교외(suburb)<그림 1.3 참조>는 도시 외곽에 자리잡은 주거지역을 일반적으로 지칭한다.

제2차 세계대전 이후 교외의 성장은 여러 가지 요인에 기초해 있는데, 이 중 하나가 앞서 언급한 고속도로의 건설이다. 대도시에서 뻗어나가는 고속도로망으로 인해 교외에서 살면서 도심으로 출퇴근하는 것이 용이해졌기 때문이다. 사람만 도시를 빠져나올 뿐 아니라, 많은 기업들 역시 교외로 입지하게 되었다.

쇼핑몰과 같은 소비시설도 고속도로를 이용한 손쉬운 접근과 넓은 토지의 활용이라는 장점을 안고 교외에 자리잡게 되었다 (http://en.wikipedia.org/wiki/Suburb, 2007년 9월 9일 접근).

한국에 대해서도 도시 발달과 국가의 성격에 대한 논의는 흥미로울 수 있다. 참여정부의 주요정책인 행정도시나 혁신도시가 국가의 역할과 직접적으로 관여되어 있다. 이 책에서 자세히 언

출처: http://en.wikipedia.org/wiki/Image:Cincinnati-suburbs-tract-housing.jpg 2007년 9월 12일 접근. <공유파일임이 사진을 찍은 이에 의해 명기되어 있음>

그림 1.3. 미국 교외에 흔히 있는 동일한 디자인의 집들 (원제:Tract housing near Union, Kentucky from the air. Photo by Derek Jensen 2005-June-20).

급될 경제자유구역 역시 세금의 감면과 같은 국가의 개입이 이루어진다.

이 책은 실제적이고 구체적인 부분들을 제시해 보려는 목적도 가지고 있다. 비교적 접근이라는 성격을 가지고 있기 때문에, 외국의 사례들이 언급되기도 한다. 이러한 구체성은 다시 이론과 관련해서 논의될 것이다.

2 국가의 이해

이 책의 학문적 기여 중 하나가 국가의 유형에 따른 도시화의 차이를 제시하는 것이다. 이러한 작업은 싱가포르와 마닐라의 도시화 비교를 다룬 제4장에서 나타난다. 이 장은 '발전국가'와 '약탈국가'라는 두개의 국가유형에 따라 나타나는 도시화의 특성들을 구체적으로 기술하고 있다. 제5장의 국가유형에 따른 자원집중 역시 발전국가 개념을 가지고 도시화 분류의 가능성을 타진해본다.

또 하나의 기여는 지역단위 국가의 중요성을 실증적으로 보여준다는 것이다. '지역발전정책 개발역량'이라는 개념을 정의하고, 그 의미를 밝히는 제8장에서 이런 내용을 다룬다. 제7장에 나오는 부산과 싱가포르 관광정책 비교도 이러한 맥락으로 이해할 수 있다.

이러한 구체적 연구에 들어가기 위한 준비운동 정도에 해당하는 부분이 이 장이다. 제1장이 국가의 중요성을 다루고 있다면, 제2장은 국가의 의미를 살펴본다고 할 수 있다. 기존 연구들이 국가와 사회의 관계를 어떻게 이해하였고, 또 이에 따라서 국가의 분류는 어떤 식으로 이루어졌는지를 먼저 다루었다. 이러한 분류 중에서 발전국가와 약탈국가의 개념은 상세히 기술한다. '발전국가'라는 표현에서 '발전'은 제한적인 의미로만 사용할 수 있다는 점도 분명히 밝혀둔다. 마지막으로 국가의 중요한 요소인 도시정부에 대해서도 언급된다. 지역 단위에서 국가와 도시화의 관계도 간략하게 언급된다.

2.1. 국가와 사회

이 절은 어떤 의미에서는 제1장의 내용으로부터의 질적인 변화를 의미하기도 한다. 제1장에서는 도시에 있어서 국가가 얼마나 중요한지를 양적인 기준으로 설명하였다. 도시의 돈과 사람에 있어 국가가 크기가 얼마냐는 식이었다.

여기서는 질적인 측면을 중요시한다. 얼마나 큰 것인가가 아니라 어떤 성격인가를 중요시한다고 할 수 있다. 국가가 한 나라에서 얼마나 많은 조직, 사람, 돈을 가지고 있느냐의 문제를 다루는 것이 아니라, 국가가 한 나라에서 어떠한 성격을 가지고 있느냐를 살펴본다.

양적인 접근이 가지는 문제를 경제학적인 측면에서 잘 설명한

글은 다음과 같다(장하준, 2003:122-123):

> 전통적으로 국가개입정도를 측정하는 가장 대중적인 수단은 '국내총생산에 대한 총 정부 예산의 비율'과 '국내총생산에서 공기업 부문이 차지하는 비율'이었다. 우리가 이와 같은 측정 수단들을 통해 국가부문이 얼마나 '비대한지'를 알아낼 수 있다는 것은 사실이다. 그러나 이 측정 수단들이 국가개입 정도를 나타내는 좋은 지수라는 것은 사실이 아니다 ... 국내총생산 대비 정부지출 비율을 보면, 1985년에 일본의 경우 33%로 미국(37%)을 제외한 다른 사업국가에 비해 크게 낮았다. 다른 국가들의 경우 그 수치가 독일이 47%, 영국이 48%, 프랑스가 52%, 스웨덴이 65%에 달했다(World Bank, 1991:139 표 7.4).

이 책에서 국가를 다루는 이유는 도시화를 잘 이해하기 위해서이다. 따라서 국가와 도시화를 단순히 숫자로 연결하기보다는 국가/사회 관계가 도시에 어떻게 영향을 미치는지를 이해하는 것이 필요하다.

이러한 국가와 사회의 관계를 중요시하는 관점에 대해서 Haggard(1989)는 '사회적 접근법(societal approach)'[8]이라고 규정한다. 그에 의하면, 이 접근법은 논리적인 전제들을 가지고 있다

---

8) Haggard(1989:133)는 이러한 사회적 접근법의 대표적인 저술을 다음과 같이 꼽고 있다:

Markos Mamalakis. 1969. "The theory of sectoral clashes" *Latin American Research Review* 4(3).

Robert Kaufman. 1979. "Industrial change and authoritarian rule in Latin America" in *The New Authoritarianism in Latin America* edited by David Collier. Princeton, NJ: Princetaon University.

Michael Lipton. 1977. *Why Poor Stay Poor: The Urban Bias in World Development* Cambridge, MA:Harvard University.

(Haggard, 1989:133):

> 정치는 누가 무엇을 가질 것인가를 결정한다. 집단들은 자신들의 이익을 증진시키기 위해 노력할 것이다. 정치인들은 자신들의 개인적이나 정치적 목적을 위해 이러한 노력에 반응할 것이다. 정책과 정치적인 지지는 교환가능하다. 집당여당, 파벌, 계급, 이익집단 중 무엇이든 간에 주도적인 연대의 이익을 정책은 반영하게 되는 것이다. 국가는 이러한 연대간의 전투가 이루어지는 장소이다.

이 사회적 접근법은 Skocpol(1985)이 언급한 '관계적 관점(relational perspective)'과 유사하다. 국가를 사회의 다른 주체들과의 관계에서 본다는 것이다. 이러한 접근법을 적용할 수 있는 하나의 방법은 국가의 힘을 경제적으로 힘을 가진 국제자본이나 국내자본과의 관계에서 파악하는 것이다.

그녀는 두 가지 대표적인 저술을 예로 든다. 하나는 Stepan(1978)이 분석한 페루의 군부와 여러 경제분야(설탕, 석유, 제조업)에 진출한 외국자본과의 관계이다. Stepan은 국가와 초국적자본간의 공생과 갈등을 보여주고 있다.

다른 하나는 Katzenstein(1978)의 선진국 국제경제 정책결정에 있어서 국가와 사회의 연결점 연구이다. Katzenstein에 의하면, 국가의 정책목표와 자본가의 이익은 정책방향을 결정한다. 그리고 정책수행은 국가가 사용할 수 있는 정책수단에 의해서만 결정되는 것이 아니라, 주요 사회적 집단의 조직적 지지에 의해서도 결정이 된다.

저자가 보기에, 이 주제에 대해 가장 인상적인 주장을 펼친

사람은 Migdal이다. Migdal(2001:11-12)은 자신의 시각을 '사회안의 국가(state-in-society)' 접근법이라고 명명한다. 그에 따르면, 어떠한 사회도 사람들의 삶을 규정하는 절대적인 지침을 가지고 있지 않다. 모든 사회는 각 집단이 주장하는 삶의 규범들간의 전투장이다. 국가 역시 이러한 사회내의 하나의 집단일 뿐이다. 국가와 사회라는 이원적인 구조로 세상은 이루어진 것이 아니라는 것이다.

제삼세계 나라들의 경우 사회가 '거미줄(spider's web)'과 같이 견고한 경우가 많다(Migdal, 1988:37). 한 부분을 잘려도 거미줄은 살아남는다. 물론 거미줄에도 연결점들이 있고 어떤 부분은 다른 부분보다 중요하지만, 어떠한 한 부분이 전체의 생존과 직결되어 있지는 않다. 이러한 거미줄 사회는 꽤나 자율적인 다양한 사회조직들로 이루어진 잡동사니(melange)이다.

이러한 사회조직 중 하나가 국가이다. 국가 그 자체도 '이미지'와 '실제'라는 이중적인 의미를 가진다(Migdal, 2001:22). 뉴스에서 "이스라엘은 팔레스타인의 요구를 받아들인다"라고 언급할 때의 하나의 명확한 조직으로서의 강력한 '이미지'로 국가를 생각할 수 있다. 한편 정반대의 이해도 가능하다. 느슨하게 연결되고 애매한 범위를 가지고 서로 다른 규정을 주장하는 '실제'로도 이해할 수 있는 것이다.

각 사회조직들은 일반 사람들에 대한 '사회적 통제'를 두고 서로 경쟁한다. 이러한 경쟁에서 국가의 한 부분이 다른 조직들과 연대를 맺을 수도 있다. 역설적으로, 이러한 연대에 의해 주도되는 활동이 어떤 때는 국가의 공식적인 법과 규정과 어긋나는 경우도 있다(Migdal, 2001:48-49).

구체적으로 Migdal(2001:66-68)은 국가와 '실력자(strongmen)' 간의 관계에 관심을 집중하였다. 여기서 실력자는 대지주, 부농, 전주(錢主) 등[9]을 일컫고 있다. 이들은 대출, 농지대여, 보호, 괴롭힘과 같은 수단으로 제삼세계의 농민들과 노동자들에게 생존전략을 제공하고 있다.

이집트의 사례는 이러한 국가와 실력자간의 역동적인 관계를 잘 나타내주고 있다(Migdal, 2001:68-70):

> 대담하고 광범위한 농지개혁이 1950년대에 이루어짐으로서 대지주 계급은 제거되었다. 하지만 이들이 해오던 치안, 대출, 판매, 평화유지 등의 기능을 맡을 정부기관을 만드는 것은 힘든 작업이었다. Nasser와 그의 동지들은 중농(中農: 자신의 땅 밖에서 일할 필요가 없을 정도 크기의 토지를 소유한 농민)과 부농(토지가 커서 정규적으로 노동력을 고용하는 농민)에게 다시 의지하였다. 동시에 나세르는 정부기구와 일당체제를 구축에 힘을 쏟았다. 1960년대 중반에는 이러한 정부기구와 정당이 한 때 의지할 필요가 있었던 실력자를 공격하였다. 당의 간부들은 중농과 부농을 봉건적인 요소라고 매도하였다. 하지만 나세르 자신의 조직들이 나세르의 근심거리가 되기 시작했다. 1960년대 초반에는 군부의 충성을 가지고 있는 Amir 국군원수(Field Marshal)를 견제할 수 있는 ASU(Arab Socialist Union)이라는 정당을 만들었다. 1960년대 말에는 ASU도 근심거리가 되었다. 나세르는 ASU를 무력화시키기로 하였다. 심지어는 초대 서기장(secretary)인

9) Migal(2001:67)은 카시케(cacique), 이펜디(effendi), 카우디오(caudillo) 역시 언급하고 있다.

Ali Sabri를 밀수 혐의로 체포하였다. 부농과 중농은 이집트 농촌에서 가장 강력한 세력으로의 입지를 유지하였다. 이집트 국가는 우월적 지위를 성취하지 못하였다. 이는 부분적으로는 우월적 지위를 성취하는데 필요한 자신의 조직(군대와 ASU)들을 국가원수가 두려워했기 때문이다.

2.2. 강한 국가와 약한 국가

이러한 국가와 사회와의 관계에 초점을 두고 나라들을 비교하다보면, 국가의 강함과 약함에 대한 비교가 자연스럽게 이루어진다. 이 절에 소개되는 연구자들은 기본적으로 국가와 사회의 관계를 중심으로 논지를 전개한다. 물론 한편으로는 각각은 서로 다른 강조점을 가지고 있다. 여기서는 다른 사회적 계급과의 관계, 역사적 문화적 맥락, 국가조직 등을 강조한 연구들을 살펴보려고 한다.

2.2.1. 사회적 계급

동아시아(한국, 대만)와 라틴아메리카(브라질, 멕시코, 아르헨티나)를 비교한 Jenkins(1991)의 강조점은 다른 사회적 계급과의 관계에서 국가의 위치이다. 그에 의하면, 동아시아의 두 개발도상국이 라틴아메리카 세 나라보다 인상적인 경제발전을 이루는 것은 그 나라의 사회적 계급들로부터 상대적으로 자유로운 국가기구 때문이다. 두 지역의 경제성장 차이는 무역구조나 국가의 경제개입 정도의 차이로 단순하게 이해할 수 없다. 개입정도가 아닌 '개입의 효율성'이 차이를 가져왔으며, 이러한 효율성은 국가의 상대적 자율성과 관련이 있다.

국가의 자율성은 고유한 역사적 계급형성과 계급투쟁에 의해 결정된다. 한국과 대만의 국가가 어떻게 상대적인 자율성을 가졌는가를 각 사회와의 계급집단들과의 관계로 Jenkins는 설명하고 있다.

첫 번째로, 동아시아 두 나라에서는 지주계급이 실질적으로 소멸하였다. 한국과 타이완의 경우, 일본의 제국주의 지배가 전통적 계급의 정치적 힘을 약화시키고 물질적 기반을 빼앗았다(Hamilton, 1983:143; Jenkins, 1991:207에서 인용). 지주들에 대한 결정타는 제2차 세계대전 이후에 이루어졌다. 대만의 국민당은 섬 전체를 통틀어 하나의 땅도 가지고 있었지 않기 때문에 농지개혁을 도입할 수 있었다. 정치적 안정성을 위한 필요성 때문에 한국 농지개혁은 이루어졌다. 동아시아에서의 실질적인 지주계급의 부재는 산업화에의 걸림돌이 제거된 효과를 거두었다. 반대로 라틴아메리카에서는 지주계급이 상당한 정치적 영향력을 계속 가지고 있다.

두 번째로, 한국과 타이완의 산업자본가 계급 역시 미약하였다. 식민지배 때문에, 한국과 타이완의 산업자본가는 1960년대와 1970년대에 본격적으로 출현한다. 라틴아메리카는 20세기초반부터 산업자본가가 성장하였고, 이들은 세 나라의 대중주의[10](大衆

主義)적인 정권들에 의해 특혜를 받기도 했었다.

세 번째는 노동자계급이다. 라틴아메리카의 세 나라에서 노동조합운동은 대중주의적 정권집권기에 번성하였다. 이에 비해 한국과 대만의 노동자들은 잘 조직화되지 않았었다. 정부의 노동탄압과 노조통제도 노동자계급 형성에 걸림돌로 작용하였다.

Jenkins는 이러한 국가의 자율성이 다음과 같은 기제를 통해

10) 여기서 '대중주의'는 'populism'의 번역이다. '인기영합주의'라는 번역도 흔히 사용되나 경제적 합리성과 어긋난다는 부정적인 어감을 가지고 있는 것으로 판단되어서 사용하지 않았다. 대중주의의 정의에 대해서는 학자들간에서도 논쟁의 여지가 많다.

남미 대중주의의 대두는 자본주의적 산업화에 따른 농촌인구의 대규모 도시유입을 배경으로 하고 있다. 남미에서의 대중주의 시기는 흔히 1920년에서 1965년 사이라고 이야기된다. 남미의 대중주의 지도자들은 주로 중산층 출신이거나 지배계층 내에서 상대적으로 소외된 집단으로서 군부와 금력을 등에 업은 기존 지배계층에 효과적으로 도전할 수 있는 방법으로 선거를 중요시하였다. 대중주의 지도자들은 중산층 이하의 대중들(주로 도시노동자계급, 하위사무직, 농민, 주변적 존재들)을 동원하고자 노력했다. 이들이 표방한 것은 민족주의적, 반제국주의적, 현상타파적 이데올로기였다. 이들은 산업과 교육의 발전을 위해 국가의 개입을 요구했으며 철저한 농업개혁도 옹호했다. 나아가 노동자와 하층계급을 위한 사회정책, 수입대체 국내산업 육성, 은행 등 주요 기간산업의 국유화 등도 옹호했다. 대중주의 정치의 대명사는 브라질의 바르가스(Getulio Vargas)와 아르헨티나의 페론(Juan Peron) 정권이다. 이들은 노동조합을 장악함으로써 노동자계급을 동원하였고 분배정책을 통해 정당성 확보를 시도했다(Puhle, 1986:27; 주정립, 2005:253-254에서 인용).

바르가스에 의한 1943년 노동법의 입법은 다음과 같은 내용들을 다루고 있다: 하루 8시간 노동, 주간 휴일, 미성년과 여성에 대한 보호, 그리고 10년 이상 근무한 근로자의 고용안정. 1946년 집권한 페론은 사회정의, 경제적 독립, 정치적 주권을 강조하였다. 도시부문의 공공서비스는 확대되었다. 수입대체공업화정책, 국가채무의 상환, 외국인 소유 기간산업(철도, 전기 등)의 매입 및 국유화를 추진하였다. 국제무대에서는 '제3의 입장'을 표명하였다(김우택, 2004; 박구병, 2003; 김우택 2007:32-33에서 인용).

한국과 대만의 경제성장으로 이어졌다고 주장한다: (1) 저가곡물 수매나 비료생산독점 등을 통한 농업부문 수익의 공업부문 전환, (2) 수출중심 정책의 추진, (3) 세금확보와 국가재정건전성 유지.

Jenkins와 비슷한 논리를 전개하는 Haggard(1989)는 '국가의 힘'을 언급한다. 대만과 한국에 있어서 이익집단들의 압력으로부터 국가의 자유로움을 강조한다.

Migdal은 실력자(strongmen) 계급과 국가간의 관계를 중요시한다. 급격한 시장의 확대와 정치적인 변혁으로 기존의 생존기제와 이를 제공하였던 실력자들이 몰락한 서구유럽에는 법과 규정이 일반대중의 생존을 지배하는 강한 국가가 등장했다고 그는 주장한다.

이와 달리 제삼세계에서 강한 국가의 등장은 드문 일이다. 20세기 들어서 제1차 세계대전까지 강한 국가의 등장은 일본에서만 목격된다. 예를 들어 식민지지배를 벗어난 라틴아메리카에서도 유럽상인들과 토착 실력자들의 유착은 강한 국가의 등장을 어렵게 하였다(Migdal, 1988:262). 현대에 있어서 강한 국가로 그는 이스라엘, 쿠바, 중국, 일본, 베트남, 타이완, 북한, 남한 정도를 꼽고 있다(Migdal, 1988:269).

그 역시 다른 변수의 중요성을 무시하지는 않는다. 강한 국가의 등장을 위해 필요한 조건은 다음과 같다(Migdal, 1988:269-277): 대규모 사회적 해체(전쟁, 혁명, 대규모 이주 등으로 인한), 세계역사적 시점(예를 들어 국가의 역할을 강조한 UN의 출범과 국가에 대한 지원을 강화한 사회주의 체제가 성립된 제2차 세계대전의 종전에서 1970년 정도까지), 외부로부터의 군사적 위협, 독립된 관료제를 위한 기반, 그리고 능숙한 지도력.

2.2.2. 역사문화적 맥락

역사적이고 문화적인 맥락을 중시하면서, 한 나라의 국가/사회 관계를 다르게 해석하는 경우도 있다. 한국에 대한 '강한 국가와 약한 사회'라는 도식에서 벗어나서, Koo(1993:248)는 '강한 국가, 비교적 강하며 매우 정치화된 사회'라는 진단을 내린다. 그의 지정학적이며 문화적인 분석은 다음과 같다:

> 한국에서 강한 정부의 기원은 역사적이고 지정학적이다: 오랜 중앙집권 국가체제의 전통, 식민지 지배의 유산인 강한 국가기구, 한국전쟁과 분단, 그리고 한반도에서의 냉전경험. 한편 똑같은 이 역사적 경험은 비교적 강하며 매우 정치화된 사회를 낳았다. 일제시대에는 국가에 대해 적개적인 지식인 정치문화가 형성되면서 국가와 사회가 나뉘어졌다. 이 시기에 한국인들은 강한 민족주의 감정을 가지게 된다. 논쟁적이고 저항적인 한국 시민사회의 특성은 기본적으로 식민지시대 이후의 정치에 있어 자신들이 원하는 민주주의와 민족주의 이상에 따라 국가권력을 재구성할 기회를 계속 박탈당해왔기 때문이다. 한국인들의 좌절은 일제지배 후 계속되는 외세의 지배, 원하지 않았던 분단, 그리고 식민지 사회통제 체제의 부활에 의해 시작되었다. 한국전쟁과 미국의 지원은 정통성이 부족한 이승만 정권의 생명을 연장시켰다. 1960년의 학생봉기는 한해 이후 군사쿠테타에 의해, 1979년의 기회 역시 1980년대의 쿠테타로 좌절되었다. 한국의 시민사회는 이러한 정치적 맥락에서 자본가 사회의 제도적 표현이 아니라 국가권력에 대한 민족적이고 정치적인 반응으로 나타난다. 따라서 한국 시

민사회의 강함은 독립적 조직들이 많다거나 강력한 사회적 계급의 존재에 있지 않다. 완고하고 저항적인 정치문화와 잠재적 동원능력에서 강한 한국의 시민사회를 찾을 수 있다.

2.2.3. 국가조직

Johnson(1987)에 의하면, 발전국가[11](developmental state)의 전형은 일본이다. 일본은 발전국가를 정의하게 하는 다음과 같은 특성을 가진다(1987):

(1) 경제성장을 저해하는 정치적 요구를 막을 수 있을 만큼 강한 정치-관료 엘리트에 의한 안정적 지배
(2) 기획기관의 총괄적 지도하의 공적영역과 민간부문간 협력
(3) 보편교육에의 지속적 투자와 고속성장에 따른 과실의 공평한 분배
(4) 시장가격체제를 존중하고 이에 기반한 개입정책을 펴는 정부

Johnson(1982)은 발전국가를 '규제국가(regulatory state)'와 대비시킨다. 미국은 규제국가의 대표적인 예이며, 국가는 경제적 경쟁의 형태와 절차에만 관여한다. 예를 들어, 미국정부는 독점과 관련해서는 많은 규제를 가지고 있다. 하지만 어떠한 산업이 있어야 되며, 어떤 분야는 필요 없는가에 대해서는 관여하지 않는다. 반면 발전국가는 이러한 구체적인 사회적 경제적 목표를 세

11) 발전국가에 대한 이해를 위해서는 국민호(1995), 윤상우(2005)를 참조할 수 있다.

우는 것에 직접적으로 관여한다.

발전국가를 '계획합리적국가(plan-rational state)'로 규제국가를 '시장합리적국가(market-rational state)'로 보기도 한다(Johnson, 1982:19). 계획합리적국가는 산업정책을 최우선시한다. 이러한 산업정책에의 관심은 자국의 산업구조와 국제경쟁력에 기인한다. 산업정책의 존재 자체가 경제에 대한 전략적인 접근을 의미하는 것이다.

반면, 시장합리적국가는 보통 산업정책을 가지고 있지 않다. 통상을 포함하는 경제정책은 규칙이나 상호양보가 강조된다. 통상정책 역시 외교정책에 종속된다. 따라서 경제적 이익보다는 정치적 관계를 돈독하기 위해 사용되는 경우가 많다.

계획이 중요시되는 국가에서 가장 중요한 정부조직은 산업정책을 만들고 실행하는 곳이다. Johnson의 1982년 책<MITI and the Japanese Miracle>은 이러한 조직을 다루고 있다. 이 책에서는 MITI[12](通商産業省: Ministry of International Trade and Industry)의 엘리트 경제관료가 전쟁때부터 어떻게 시장을 이끌어나가는지를 설명한다. 이 책에 의하면, 일본 엘리트 관료는 압력집단이나 정치가들에 의해 영향을 받지만 실질적으로 거의 모든 정책을 입안하고 통제한다.

일본사회에서 행정부의 우위를 설명하기 위해서, Johnson (1982:

---

12) MITI는 2001년 정부개편 때 다른 경제관련 조직들과 합쳐져서 METI(經濟産業省: Ministry of Economy, Trade and Industry)으로 바뀌었다.

35)은 힘(power)과 권위(authority)를 구분한다. 의회(Diet)가 가진 것은 권위이며, 행정부는 힘을 가지고 있다고 설명한다. 어떻게 이런 관계가 성립되는가에 대해 그는 재미있는 분석을 내어 놓는다(Johnson, 1982:50):

> 자민당(LDP)의 역할은 행정부이 추진하는 일에 정당성을 부여하면서 동시에 정책들이 국민의 인내심을 넘지 않도록 하는 것이다. 또한 자신들의 이익을 챙기기도 한다. 과다하게 대표성을 가지고 있는 농민표에 의존하고 있는 자민당은 의회와 행정부가 농촌의 요구에 잘 부응해주게끔 한다. 행정부는 관료출신을 의회로 진출시킴으로써 자민당이 행정부의 뜻을 따르도록 하고 재계를 자신의 계획에 따라 이끌어 준다. 재계는 자민당이 많은 의석을 차지할 수 있도록 대규모의 자금을 지원해 준다. 소비자운동단체와 같은 주변적인 존재에게 정부는 무관심 전략으로 일관한다. 이러한 조직이 강력해지면 자민당을 이용한 타협을 시도한다. 일본 국민들은 이러한 (공생)관계를 알면서도 자민당을 지지한다. 이는 원칙에 대한 지지가 아니라 이 관계가 만들어 내는 결과에 대한 지지이다.

Evans(1995)는 국가조직을 중요시하지만, 동시에 국가와 사회와의 관계 역시 강조한다. 저자가 보기에 Evans의 입장은 앞서 언급한 Johnson(1982, 1987)의 국가조직에 대한 이론과 Migdal의 국가/사회 관계에 대한 입장을 절충한 것처럼 보인다.

Evans(1995:12)는 발전국가를 '배태적 자율성[13](embedded autonomy)' 이란 용어로 이해한다. 그에 의하면, 발전국가는 국가조직의 자율성 뿐 아니라 배태성이 필요하다. 국가가 사회로부터

---

13) 하용출(2006)은 '내재적 자율성'이라는 번역을 사용한다. 내재적이란 의미는 물리적으로 하나의 부분을 차지한다는 어감을 주기 때문에 사용하지 않았다.

독립적인 것이 중요한 게 아니다. '목적과 정책에 대한 끊임없는 협상과 재협상을 위한 제도적 통로'를 제공하도록 국가와 사회가 연결되어 있어야 한다.

일본은 좋은 예이다. 일본은 정책개입 능력을 가진 발달된 관료제도를 가지고 있다(Evans, 1995:97). 비록 부정부패가 없진 않지만, 발전국가에서 관료 개인이익의 최대화는 개인적인 기회를 이용해서가 아니라 관료제 규칙에 순응함으로써 실현된다(Evans, 1995:94-7). 예를 들어, 일본 관료들은 관료제 내부의 장기간 경력을 쌓고 관료제 규칙이나 규범에 따라 움직인다.

하지만 더 중요한 것은 국가와 시민사회의 관계이다(Evans, 1995:49-50). 일본의 산업정책은 기본적으로 정부부처와 기업가간의 긴밀한 연결망에 기초해 있다. '심의회(deliberation council)'는 하나의 예이다. 여기서 관료들과 기업가는 현안에 관한 자료수집과 정책형성에 대해 여러 차례 논의한다. MITI 출신이 '낙하산 인사(amakudari)'로 기업, 기업관련 협회, 준국가기관에 자리를 차지하는 것도 정책수립에 있어 합의도출이 가능하게 하는 연결망이다.

저자는 이러한 Evans의 새로운 정의에는 큰 관심을 느끼지 않는다. 자율성을 가지고 있고 또 이러한 자율성 때문에 사회와의 긴밀한 연결망을 가진다고 주장(Evans, 1995:50)은 논리적 모순이다.

하지만, 발전국가와 대비를 이루는 '약탈국가(predatory state)'

의 개념은 흥미롭다고 생각한다. 실제로 저자는 이 책에서 발전국가와 약탈국가를 도시화와 연결시키는 작업을 하고 있다.

Evans(1995:44-47)는 발전국가의 반대 형태로 약탈국가를 언급한다. 저자가 보기에, 그는 먹이를 사냥하는 '포식동물(predator)'에서 개념의 영감을 얻은 듯 하다. 약탈국가를 움직이는 사람들은 포식동물이 먹이를 대하듯 일반 국민을 대한다. 일반 국민의 복지에는 전혀 신경을 쓰지 않고 약탈행위를 한다는 것이다(Evans, 1995:44). 발전국가와 달리 약탈국가는 규칙에 의해 움직이는 관료제가 없다. 국가는 시민사회를 붕괴시키는데 효율적이다. Evans(1995:47)는 이 절에서도 언급한 Migdal(1988)의 논지를 인용한다. 잠재적 권력경쟁자가 될 수 있는 어떠한 집단의 형성도 약탈국가가 막는다는 것이다.

약탈국가는 자신 이외의 사회전체를 먹이감으로 삼고 지대추구(rent-seeking) 행위에 몰두한다. 모부토(Mobuto)가 1965년 정권을 잡고난 이후의 자이레가 약탈국가의 전형이다. 국가는 유용하게 사용할 수 있는 많은 자원을 착복했고, 공공재 제공은 거의 하지 않아서 경제발전을 저해하였다(Evans, 1994:92).

모부토와 그의 패거리들은 자이레의 천연광물 수출로 나오는 돈으로 엄청난 부를 쌓았다. 권력의 정점에는 50명 남짓한 대통령이 가장 신뢰하는 친척들이 소위 '대통령 파벌'을 형성하고 있다. 이들이 법원, 비밀경찰, 내무부, 대통령 직속기관 등의 기관장 자리들을 차지하고 있었다(Gould, 1979:93; Evans, 1994:92).

권력 최상위층에서의 정실주의와 착복은 관료제 하위층에서의 규칙에 의한 행동의 여지를 없애고, 마음껏 개인적 착복을 할 수 있게 하였다. 엘리트들이 얼마에 나라재산을 팔아먹느냐가 의사결정 과정이 되어버렸다. 국가는 목표설정이나 목표달성이 불가능한 조직이 되어 버렸다.

2.3. 발전국가와 약탈국가: 싱가포르와 필리핀

많은 연구자들이 싱가포르를 '발전국가'의 범주에 두고 있다. 1959년 이래로 PAP(People's Action Party)는 싱가포르 정치를 지배하고 있다. PAP의 좌파와 1961년 결별한 이래, 리콴유(Lee Kuan Yew)는 성취지향적 정책과 억압의 신중한 조합으로 政敵들을 무력화 시켰다. 리콴유라는 강력한 수상이 이끄는 힘있는 집권당이 국가를 운영하였다. 선거는 일반적으로 공정했지만, 전적으로 그러한 것은 아니었다. 선거운동이 제한되고, 반대파는 불이익을 받았다(Thompson, 1996). 리콴유는 세계에서 가장 장수한 수상으로써 1990년 은퇴 때까지 정부를 이끌었다.

정당화와 계속된 집권을 위해, 싱가포르 국가는 경제성장을 추구하였다. 기간시설의 건설과 산업에의 직접적 개입을 위해, 1959년 기획을 맡은 기관(EDB, Economic Development Board)이 설립되었다. 정부개입은 다음과 같은 세 가지 영역에 집중되었다(Huff, 1995): 노동시장, 세제와 재정지원, 그리고 공기업.

싱가포르 발전에 있어 가장 특이한 점은 임금과 노동에 대한 정부개입이다. 1963년의 사회당 탄압에 이어 정부는 노동운동을 무력화시킨다. 1965년에는 PAP의 엔진벨트 정도의 역할을 하는 노동조합(NTUC, National Trade Union Congress)이 좌파 노동조합(Singapore Association of Trade Unions)을 대체한다. 그 대신에 정부는 완전고용, 낮은 물가상승, 사회적 복지프로그램을 약속했다. 이러한 약속은 대체로 지켜졌다. 실업은 실질적으로 1971년에서 1973년 사이에 없어졌다. 물가는 안정적이었고, 공공주택과 교육이 제공되었다(Thompson, 1996).

싱가포르의 정책입안자들은 강제저축을 통해 높은 투자율을 유지하려 하였다 CPF(Central Provident Fund)라는 일종의 사회적 연금을 통해 싱가포르의 높은 저축률은 실현되었다. CPF는 가입자가 퇴직할 때 자신과 자신의 고용주가 납입한 전체금액에 이자를 더한 금액을 기준으로 지급된다. 이는 현재 일하고 있는 사람들이 퇴직자의 연금을 지급하는 방식과는 대조된다(Huff, 1995).

공적영역의 경제적 효율성도 주목할 만하다. 싱가포르항공(Singapore Airlines)을 비롯한 공기업은 눈에 두드러질 정도로 성공적이다. 공직자의 능력 또한 탁월하다. 매년 싱가포르 정부는 가장 우수한 인적자원을 뽑아 외국대학에 유학 보낸다. 이들이 돌아오면, 공직에 8년을 복무해야 한다(Vennewald, 1994).

필리핀 역시 약탈국가란 이름을 적용할 수 있다고 저자는 주장한다. 하씨엔다(hacienda)라고 불리어지는 대규모 농장이나 기업체, 혹은 둘 다를 소유한 지방유지들이 필리핀의 엘리트이다. 이들은 지역 뿐 아니라 국회와 중앙정부를 장악하고 있다.

루손(Luzon) 한 지역(Nueva Ecjia)의 주지사인 한 인물(Eduard Joson)의 경우는 아주 흥미롭다. 그는 중앙에 연맥을 가진 지방의 지주이다. 그는 마르코스 대통령을 중심으로 한 패거리(kilusang Bagong Lipunan)에 속해있었다. 그의 아들들은 지방과 중앙정치에 관여하여서 부시장, 부지사, 국회의원직을 맡고 있었다. 그의 가족은 100-200명의 사병들도 가지고 있었다(Far Eastern Economic Review, January 17, 1991).

많은 경우 지방엘리트는 동시에 중앙엘리트이다. 이는 엘리트들의 기득권 유지를 강화시킨다. "Ties that Bind"라는 책에 의하면 제9회 국회에서 2/3 정도의 의원들은 이런 지방토호 집안 출신이다. 이들은 그들의 재산과 관련된 정책에 영향을 미치는 법안을 심의하고 관련 위원회에 배석한다. 대토지 소유자들이 농업개혁 위원회의 의원들이며, 금융 관련 위원회에는 은행가들이 앉아 있다(Gutierrez, 1994:3).

필리핀의 중앙정부는 심지어는 대통령을 포함하는 지방유지들의 연합으로부터의 로비에 시달려왔다(Gutierrez, 1994). 예를 들자면, 전임 대통령인 코라손 아키노(Corazon Aquino)는 유명한 설탕농장주의 딸이다(Chapman, 1987:56). 지방토호들은 대통령들의 취임과 퇴임에 큰 영향을 미쳐왔다. 지방토호들은 일자리 제공과 생활복지(예를 들어 장례)에 관여해 왔기 때문에 선거에서 표 동원능력을 가지고 있다. 이러한 지방토호들의 지원이 대중적 인기를 실제투표로 전환시키는데 불가결하다는 것이다(Far Eastern Economic Review, January 17, 1991).

대통령 역시 이러한 관계속에서 자신의 패거리 이익을 위해 권력을 사용해 왔다. "Anarchy of Families"라는 책의 저자인 McCoy(1993:12)는 1946년부터 1972년까지 필리핀 대통령들이 국가의 허가권을 중앙 및 지방 엘리트와의 협상에서 지렛대로 사용했다고 주장한다. 그는 필리핀 정치체제가 새로운 부 생산에 따른 과실을 갖기보다는 기존 자원과 인위적인 지대창출에 기반한다고 주장한다. 정부의 규제들이 엘리트 가문이 기존 이익을 유지하고 강화하는데 도움을 준다는 것이다.

2.4. 발전국가와 '발전(?)'

이 책에서 발전국가란 단어를 사용하고 있지만, 저자는 긍정적인 가치부여를 하지 않으려고 한다. 이는 기본적으로 '발전'이 국가의 부의 증대라는 측면에 제한되기 때문이다. 따라서 발전국가가 사회적인 발전을 이룬다는 식의 해석가능성에 대해서는 분명한 부정이 필요하다. 이 절은 싱가포르의 예를 들어서 이러한 부정을 구체화한다.

사회적인 측면을 바라보면 싱가포르는 기존 학문적인 분석틀에서 벗어난 경우가 많다. 예를 들어, 싱가포르의 정치는 많은 사회과학 학자들에게 중요한 과제로 남아있다. Chua(1994)가 지적하듯 경제개발과 민주화라는 일반적인 통념을 싱가포르에 적용할 수 없기 때문이다. 지난 30년간의 빠른 경제성장에도 불구하고 싱가포르의 민주화는 미미한 성과를 보이고 있다. 싱가포르 민주화의 미약함은 시민사회의 실질적인 부재로도 증명이 된다.

1959년 리콴유가 수상으로 취임하면서 싱가포르의 정치체제는 사회공학적인 성격을 띠게 된다. 이 글에서 저자는 사회공학적 정치를 잠정적으로 "국민의 의식과 행동방식을 계획적이고 체계적으로 관리하는 정치"라고 정의한다.

정치권력을 이용한 개인이나 집단의 의식 및 행동통제는 모든 사회에서 존재한다. 모든 통제는 어떤 윤리적 가치를 기본으로 하고 있지만 그 통제의 계획성과 체계성에서는 큰 차이가 있다.

싱가포르의 정치통제는 그 계획성과 체계성이란 측면에서 놀라울 정도이다. Kuah(1997)에 의하면 싱가포르 정부는 고등교육을 받은 여성들이 결혼을 미루는 것이 줄어드는 인구의 주요한 원인임을 파악하고 여러 가지의 방안을 강구해왔다. 싱가포르 정부는 매스미디어를 이용하여 결혼의 유익성을 알리는 '도덕적인 설득'을 끈질기게 펼쳤다. 관련 정부기관(Ministry of Communications, Social Development Unit)은 독신 여성의 짝을 찾아주기 위한 여러 프로그램을 개발해 왔다. 개인의 배우자 선택을 국가가 개입하는 것은 극단적인 사회공학의 예라 할 수 있겠다.

이러한 싱가포르의 사회공학적 정치는 싱가포르 정치지도자들의 민주주의 원칙과 거리가 먼 태도에 직접적으로 기인한다. 시민사회를 포함한 어떠한 집단과도 권력을 나눌 수 없으며 오직 정부가 싱가포르 사회를 형성해 나가야 한다는 신념이 이러한 사회공학적 정치를 낳았다.

이러한 신념은 말레이시아와 인도네시아와 같은 거대한 나라들에 둘러싸인 조그마한 도시국가라는 위기감으로 인해 국민들로부터 어느 정도 인정내지 묵인을 받게 된다.

2.4.1. 무기력한 시민사회

싱가포르의 무기력한 시민사회는 사회공학적 정치체제의 한 단면이다. 싱가포르의 무기력한 시민사회는 PAP에 의한 시민활동의 통제에 기인한다. 이러한 통제는 여러 측면에서 이루어진다.

첫 번째는 시민사회 활동에 대한 직접적인 제한이다. 관련 법안(Societies Act)은 각 민간단체가 각자의 이해영역에 대해서만 주장을 펼칠 수 있게 되어 있다(Chua, 1994). 1990년에 싱가포르 정부는 종교관련 법안(The Maintenance of Religious Harmony Bill)을 도입하여, 종교단체의 정치적인 발언이나 활동을 차단하였다.

두 번째는 언론에 대한 통제이다. 매년 갱신되는 등록은 신문자체의 검열을 강화하게 한다. 라디오와 텔레비전 방송국들은 모두 정부소유이다(Huxley, 1992). 1984년에 이르면 영어, 중국어, 말레이시아어로 된 신문들은 모두 싱가포르 정부가 대주주인 지주회사(Singapore Press Holdings)에 속하게 된다(Huxley, 1992).

세 번째는 학생들에 대한 통제이다. 1960년대에 싱가포르 정부는 대학 입학 학생들에게 자신의 정치적 결백을 증명하는 각서(suitability certificate)를 요구한 적이 있고, 또 이에 반대하는 학생들을 체포하기도 했다(Nam, 1969).

네 번째는 정치적인 비판에 대한 교묘한 탄압이다. 싱가포르에서는 정치적 반대파에게 명예훼손을 비롯한 다양한 죄목들을 씌우는 예가 많다. 1981년 보궐선거에서 당선된 최초의 야당의원인 J. B. Jayaretnam의 경우가 대표적인 예이다. 한 표현에 따르면(Minchin, 1986), Jeyaretnam에게는 "법률책에서 찾을 수 있는 모든 조항"이 적용되었다. 결국 Jeyaretnam은 1986년 위증혐의로 피선거권을 박탈당했다(Huxley, 1992). 많은 배상금이 걸린 명예훼손죄의 잦은 적용도 악명이 높다(Huxley, 1992).

마지막으로, 싱가포르 시민사회의 침체는 국가에 의한 지역사회의 선점에도 기인한다. PAP의 지역시민사회 장악은 지리적 범위가 넓은 단위에서부터 좁은 단위로까지 위계적인 형태를 띠고 있다.

정부의 영향력 하에 있는 싱가포르의 모든 지역단위 단체를 총괄하는 조직(PA, People's Association)을 살펴보자. PA는 1960년에 설립되었고 그 설립목적은 인종간 화합과 사회 응집력의 강화, 정부와 국민의 가교로서 활동, 위 두 목적에 적합한 정책의 집행이다. PA의 이사회 회장은 수상이 맡는다(People's Association, 2001).

그 다음 수준의 지역공동체 단체(CDC, Community Development Council)의 경우, 그림 2.1에서 보듯이 2001년 기준으로 싱가포르에 9개가 있다. CDC는 공동체의식과 사회적 응집력을 높이는데 그 목적이 있다. CDC의 의장은 PA 의장이나 부의장으로부터 임명된다. 각 CDC는 초기 지원금으로 주민 일인당 S$1[14)]이 정부로부터 지급된다. 자발적인 후원금 S$1마다 정부가 S$3을 주며, 만약 후원금이 지로로 기부되었으면 S$4를 지원한다. CDC는 정부기관이나 다른 관련단체와 협력하여 탁아, 직업알선, 청소년복지, 빈민지원, 노인복지 등의 다양한 서비스를 제공하고 있다(Community Development Council, 2001).

풀뿌리 지역공동체 단체(RC, Residents' Committee)는 모든 공공주택단지에 있다. 2001년 기준 싱가포르 전역의 RC의 수는 493개에 달한다(People's Association, 2001). RC 역시 공공주택단지에 있어서 동네잔치나 방범대 운영 등의 활동을 하고, 인종간 화합과 공동체의식 강화에 그 취지를 두고 있다.

---

14) 2001년 1월 2일 기준 1S$는 726.68원이다. 참고로 2007년 1월 2일의 환율은 606.02원이다. <http://www.keb.co.kr/IBS/welcome.jsp>

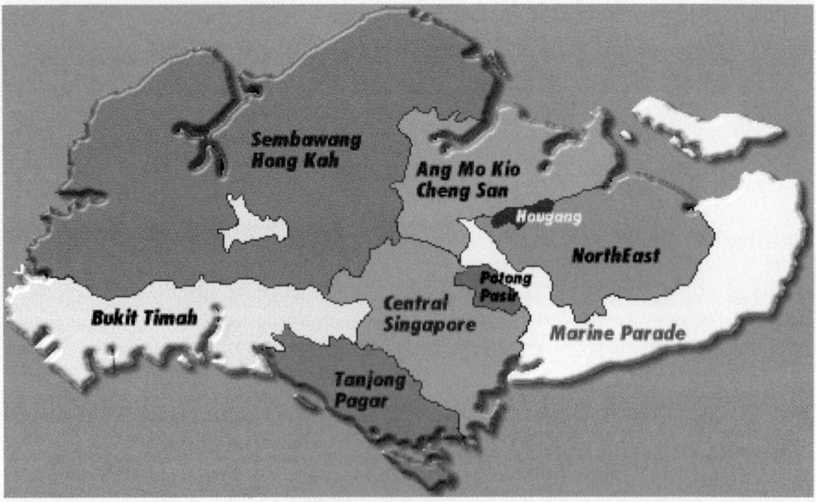

자료: http://www.cdc.org.sg/cdcmap.htm

그림 2.1. 싱가포르의 Community Development Council 구역도.

2.4.2. 다문화주의와 국가통제

싱가포르는 다인종 사회이다. 1819년에 Stamford Raffles가 싱가포르 섬에 도착했을 때, 싱가포르에는 120명의 말레이시아인과 30명의 중국인밖에 살지 않았다. 첫 인구조사가 이루어진 1871년에는 인구가 97,000명에 달하였다. 말레이시아계는 26,000명, 중국인은 54,000명, 인도계는 11,000명, 미국인과 유럽인들 2,000명, 그리고 나머지 780명 중 절반은 아랍인이었다(Chiew, 1985).

1871년부터 중국인이 다수 인종을 형성하기 시작하였다. 중국인은 1871년에 56.2%, 1921년에 74.5%, 그리고 1980년에는 76.9%를 차지하여 1999년까지 이 숫자를 유지하고 있다.

반면 가장 큰 소수인종인 말레이시아인은 1871년의 26.9%에서 1931년에 11.6%로 줄어들었다. 1980년에는 14.6%로 증가하는 추세를 보였으며 1999년에는 싱가포르 인구의 14.0%를 차지하고 있었다. 인도계는 1891년과 1980년 사이에 7-9%의 인구비율을 기록했다. 1999년에는 7.7%의 싱가포르인이 인도계에 속했다. 기타 인종들은 1999년 1.4%를 기록하고 있다(Chiew, 1985; Singapore Department of Statistics, 2001).

국가에 의한 사회공학적 지배에 있어 두드러진 점 중 하나는 다문화주의의 활용이다. 이러한 다문화주의 정책은 계획적이고 체계적인 정치권력의 행사를 통해서도 이루어졌다. 예를 들어 실권이 없긴 하지만 역대 대통령들은 말레이시아계, 유럽계, 인도계, 그리고 중국계가 돌아가며 선출되는 양상을 보인다.

언어정책과 국방정책도 주요한 수단 중 하나이다. 영어와 더불어 중국어, 말레이시아어, 그리고 타밀어가 공식언어로 지정되었다. 1966년부터 학교에서 영어중심의 2개 국어 사용이 의무화되었다. 영국군 철군이 완료된 1970년대부터 시작된 징병제는 국가 안보적인 측면도 있지만 인종간 융합이라는 기능 때문에도 계속 유지되고 있다. 공무원 임용에 있어서도 인종적 비율이 고려된다(Perry, Kong, and Yeoh, 1997).

싱가포르 정치계는 '당근과 채찍'을 이용하여 각 인종집단이 사회세력화 되는 것을 막아왔다(Nam, 1969; Huxley, 1992). 1980년대 초반부터는 싱가포르 정부가 실질적으로 관변 인종집단 단체를 지원하기 시작하였다. 말레이시아계 단체(Mendaki, Council for Malay Education), 인도계 단체(SINDA, Indian Development Council), 그리고 중국인계 단체(CDAC, The Chinese Development Assistance Council)가 그 대표적인 예들이다.

이러한 단체들의 설립은 정부가 각 인종집단내에서 거두어들이는 모금금액만큼을 교육 및 복지를 위해서 내놓겠다는 약속에 기인한 것이다. 이럼으로써 정부는 인종집단이 조정될 수 있는 채널을 확보하고, 각 인종집단의 엘리트를 회유할 수 있다. 각 인종집단의 언어정책 등에 대한 선별적인 지원 역시 가능하다(Brown, 1997).

정부의 직접적인 영향력에서 벗어난 인종집단 이익 대변 단체가 생기는 경우에는 그 단체에게도 재정적인 지원을 해주어서 실질적인 흡수를 꾀한다. 예를 들어 말레이시아계 공동체의 정부관변단체(Mendaki)에 말레이시아인들이 실망하여 대안적 단체(AMP, The Association of Malay Professionals)를 설립하였을 때, 싱가포르 정부는 초기에는 비판적인 자세를 보였다. 하지만 나중에는 재정적인 지원을 이 대안적 단체에게도 적용하였다(Brown, 1997).

이러한 사회공학적 분위기는 싱가포르 지역사회에도 큰 영향을 미쳤다. 앞서 잠시 언급되었듯이, 사회공학 적용 이전의 싱가포르 지역사회는 경제적인 불균형이 있었지만 정치적으로는 각 지역의 인종집단을 중심으로 하는 어느 정도의 자율권이 있었다.

리콴유의 실험은 싱가포르 지역사회의 경제적 불균형을 최소화시켰지만 정치적인 자율성은 고사시킨 결과를 가져왔다.

1960년대 이전의 싱가포르의 주요 지역공동체들은 중심지에 지리적으로 집중되어 있었지만 각 인종별로 격리되어 있었다. 1947년 당시 영국식민정부에 의해 구성된 주택관련위원회(Housing Committee)에 의하면 싱가포르인의 72%가 전체 면적의 1.2%에 불과한 중심지에 살고 있었다(Loh, 1991).

1819년에 싱가포르에 도착한 Raffles는 1822년 도시계획관련위원회(Town Committee)에 지시하여 도시개발 계획(Raffles' Plan)을 수립하였다. 이 계획에 의하면 싱가포르 강 북쪽에 공공적인 성격을 가진 교회, 정부청사와 법원 등을 배치하고 그 옆에 유럽인들을 위한 주거지역을 확보한다. 또한 중국인을 비롯한 다른 인종집단들은 이러한 유럽인 활동지역에서 분리된 지역에 각각 배치된다. 이러하여 중국인, 아랍인, 인도인, 말레이시아인들은 각기 자신의 지리적으로 구획화된 영역을 가지게 되었다. 예를 들어 싱가포르 남부 강변은 중국인 거주지역으로 지정받았다(Perry, Kong, and Yeoh, 1997).

식민시대의 인종문제는 분리지배라는 원칙에 기초하였다. Stamford Raffles 자신이 인종과 직업에 따라서 다른 구역(kampung)을 지정함으로써 싱가포르의 여러 인종들은 각기 자신의 주거지역을 가지게끔 되었다. 예를 들어 유럽인을 위한 구역은 정부청사 동쪽의 요지에 자리잡았다. 여러 민족(중국인, 말레이시아인, 인도인 등)은 주변지역에 자리잡았다. 각 지역에는 우두머리들(kapitans)이 각 지역 내의 경찰업무를 맡았다.

이러한 지역공동체들은 경제적으로 큰 격차를 보이고 있었다. 행정과 상업을 좌우하는 유럽인들이 훨씬 높은 생활수준을 유지하고 있었다. 말레이시아인들은 주로 뱃사람, 어부, 벌목꾼, 경찰, 운전사 등의 직업을 가지고 있었다. 인도인들은 항구인부, 철도인부, 섬유매매, 고리대금 등의 직종에 종사하고 있었다. 중국인들은 상인, 점원, 농업, 예술가, 일용노동자 등 다양한 직업을 가지고 있었다(Perry, Kong, and Yeoh, 1997).

이러한 인종집단 공동체들은 활발한 지역사회를 가지고 있었다. 유럽인들은 도시자치를 강화해나가고 위생과 치안 등의 도시문제에 있어서 주도권을 잡아나가려고 하였다. 하지만 흡족치 못한 도시운영에 대한 불만은 점점 거주민들의 자치강화를 위한 압력행사로 이어지게 되었다. 유럽인 거주자들의 기존 도시관리에 대한 불만은 1839년 치안문제 해결을 위한 기금확보로 이어진다. 1856년에는 주민의 대표자들이 참여하는 회의가 구성되어서 싱가포르의 도시운영에 쓰일 세금의 징수와 각종 사업집행권한을 법으로 보장받았다(Perry, Kong, Yeoh, 1997:37).

또한 각 지역공동체는 각자의 전통에 기반한 사회활동을 지니고 있었다. 예를 들어 중국인들은 이주해와서도 그들의 친족조직, 지역모임, 상업조합, 범죄조직 등을 유지해왔다. 이런 모임들을 기반으로 하는 다양한 문화, 오락, 사회활동들이 있었다(Perry,

Kong, Yeoh, 1997:32).

리콴유는 이러한 지역사회 성격을 바꾸어 놓았다. 1960년대 초반부터 시작된 사회공학적 정치체제의 성립은, 경제적으로는 불균등하지만 활발한 지역사회의 체계적인 제거를 의미했다. 가장 적절한 사례는 공공주택의 건설이다. 지리적으로 보았을 때, 공공주택의 건설은 기존의 중심지의 지역공동체들을 교외로 분산시키는 결과를 가져왔다. 현대 싱가포르의 제조된 신시가지들은 활발한 지역공동체 활동을 보이지 않는다.

싱가포르 지역사회 침체성의 원인을 신시가지 개발에 있어서 정치적 의도 때문으로 파악하는 주장도 있다(Tremewan, 1994). 싱가포르 전역에 신시가지를 건설하고 중심지에 자리잡고 있는 다양한 인종집단 지역공동체 주민들을 흩어진 새로운 지역공동체로 강제이주 시킨 것은, 기존의 지역공동체가 PAP의 정치적 반대세력이 될 수 있다는 우려 때문이라는 것이다. Lim (1989)은 신시가지로의 강제이주가 기존 중심지의 인종집단 위주의 지역공동체와 노동자공동체를 지리적으로 분열시키겠다는 의도와 연결되어 있다고 주장한다.

Tremewan(1994) 역시 각 인종별로 분리거주 되어있던 주거상황을 바꾸어 놓은 대규모 신시가지 개발에 대해서 의혹의 눈길을 보낸다. 싱가포르 각 신시가지에 건설된 공공주택들의 일정한 인종비율 때문에 특정 소수계가 선거를 통해서 국회의원을 배출할 가능성이 크게 감소했다는 것이다. Tremewan에 의하면 싱가포르의 다인종주의는 다수계 인종인 중국계의 정치적 지배를 위한 도구에 불과한 것이다.

이러한 주장은 PAP가 인종집단에 근거한 다문화주의 공식이념에 근거하여 신시가지를 인종혼합의 기회로 삼았다는 점에서 설득력을 더한다. 영국 식민지 시대 싱가포르의 공식 인종구분은 중국인, 말레이시아인, 인도인, 그리고 기타로 나누어지는 CMIO (Chinese, Malay, Indian, Others)이다.

이러한 인종구분은 영국 식민지 하에서부터 시작되어 독립 이후에도 계속 사용되고 있다. 1965년 독립이후에도 싱가포르의 주민증(Identity Card)에는 이러한 인종구분이 계속 존속되어왔던 것이다(Leong, 1989). 식민시대부터의 인종구분이 행정적 편의와 정치적 통제를 위해 계속되는 것이다.

PAP가 다문화주의라는 공식이념에 근거하여 신시가지를 인종혼합의 기회로 삼았다는 주장의 주된 근거는 인종비율의 제한이다. 한 건물 또 동네에 있어서 인종비율 제한을 둠으로써 인종집단에 기초한 정치적 세력의 등장의 근원은 차단되었다. 표 2.1에서 나타나듯이 아파트 한 건물당 인종 비율 상한선 제한은 중국인 87%, 말레이시아계 25%, 그리고 인도계/기타 13%로 되어 있다. 또한 6,000에서 7,000 가구 정도 규모의 동네(neighborhood)의 경우에는 중국인 84%, 말레이시아인 22%, 인도계/기타 13%이다.

공공주택의 인종 비율 제한은 싱가포르의 사회공학적인 정치

표 2.1. 싱가포르 공공아파트의 인종비율 제한 (%)

인 종	동네(Neighborhood)당 (6,000-7,000 가구)	아파트 한 건물당
중국인계	84	87
말레이시아계	22	25
인도계/기타	13	13

자료: Straits Times Weekly, 1989년 2월 18일, Tremewan, 1994:66

체제가 지역공동체에 미치고 있는 효과를 여실히 보여준다. 이러한 인종비율 제한은 PAP에 비판적인 말레이시아계 거주지역이 생기는 것을 막기 위한 것이라는 주장도 있다(Tremewan, 1994). 이러한 장치를 통해서 공식적인 말레이시아계 지역단체뿐만 아니라 PAP가 선거를 치를 때 눈에 거슬리는 비공식적 말레이시아계 모임도 막을 수 있다는 것이다.

이 절에서는 싱가포르에서의 다문화주의와 국가의 조합을 다루었다. 싱가포르에서는 인종집단을 기반으로 하는 시민사회의 발전이 아직 이루어지지 않고 있다. 이는 싱가포르 정부의 철저히 배제에 기인한다. 발전국가로서의 싱가포르의 한계를 다시 한 번 보여주는 부분이다.

2.5. 지역단위 국가

기존의 연구들은 도시화와 국가를 연결시킬 때 주로 전국적 차원의 국가에 주목하였다. 중앙정부가 건설하는 고속도로나 세금정책이 도시화에 어떠한 영향을 미치는지를 다루는 식이다. 지자체는 중앙정부에 의해 많은 제한을 받기 때문에, 중앙정부에 속한 하나의 조직으로밖에 받아들여지지 않는 것이다(Gurr & Smith, 1987:43).

하지만, 이 책은 지역단위 국가에도 관심을 기울인다. 싱가포르와 부산의 선택적 관광자원화는 지방정부의 중요성을 강조한다. '지역발전정책 개발역량' 역시 지역의 내생적 발전에 지방정부가 어떻게 정책개발을 통해 기여할 수 있는지를 보여주고 있다.

여태까지의 지역단위 국가와 도시화에 대한 연구도 몇 가지 주제에 집중되어 왔다고 저자는 판단한다. 첫 번째 주제는 도시 지배구조의 문제이다. 정치학적인 성향을 많이 가지는 이 주제는 누가 도시를 지배하느냐는 질문에서 출발한다. 미국을 배경으로 한 학문적인 논쟁은 지역단위 국가의 역할에 큰 비중을 두지 않는다. 단순하게 이해하자면 두 가지 정도의 입장을 들 수 있다. 하나는, 기업가가 도시를 움직인다는 '엘리트(elite)론[15)]'이다. 다른 하나는 지방정부관료, 정치인, 기업가들을 포함한 다양한 집

15) 엘리트론의 대표적인 저술은 Hunter(1953)이다. 박기관(2004:31)은 다음과 같이 엘리트론을 설명한다:

지방정부의 중요한 정책사안에 있어서 경제엘리트들은 자기들끼리 공동이익, 상호책임, 돈 및 관행으로 뭉쳐 자신들의 이익을 위해서 지배적인 영향력을 행사한다. 그리고 정부는 부차적인 수준의 기관으로… 정책집행을 위한 도구에 지나지 않는다.

단들이 의사결정에 대한 영향력을 두고 경쟁한다는 '다원론[16]'이다.

미국과 달리, 한국의 경우 국가의 중요성을 기존 연구들이 상당히 인식하고 있다. 유재원(1999)은 청주시의 정치실상을 들여다 봄으로써 미국중심의 이론이 한국에는 적용되기 힘들다는 것을 밝혀낸다. 그에 의하면, 청주시의 경우 시장이 지역의 지배적인 통치자로 군림하고 있다.

박종민(2000)은 이렇게 시장이 독주하는 지방권력구조를 이해하는 방법으로서 개인간의 사적 관계에 초점을 둔 후견주의 이론을 제시한다.

이 책에서 다루는 '지역발전정책 개발역량'은 이러한 지배구조 문제와 간접적으로 연결되어 있기도 하다. 현실적으로 지역의 이러한 역량을 담당하고 있는 곳이 광역시나 도의 경우 시장이나 도지사가 장악하고 있는 시도연구원이기 때문이다. 또한 이 연구에서는 '누가 지배하는가'라는 주제에서 '무엇을 하는가'라는 주제로의 전환 필요성을 제시하기도 한다.

두 번째는 지역문화의 관광자원화이다. 한국의 경우, 지자체에서 가장 역점을 두고 펼쳐나가고 있는 사업영역이기도 하다. 이 책의 싱가포르 관광부분은 지역문화의 진위성 문제를 다루기도 하며, 또한 현실적인 관광정책의 이념적 기반을 탐구하기도 한다.

---

16) 다원론의 대표적인 저술은 Dahl(1961)이다.

세 번째는 세계화이다. 세계화 역시 많은 쟁점들을 다룬 출판물들이 쏟아지고 있다. 이 책은 이 중 몇 가지를 자세히 다루고 있다. 세계화에 따라 지역 경제발전의 주도권이 각 나라의 중앙정부와 자국자본에서 지방정부와 다국적 자본으로 넘어간다는 가설은 세계화를 다룬 제3장과 송도 경제자유구역을 다룬 제7장에서 다루어진다. 세계화와 도시문화의 변화에 대한 논의 역시 제3장에 포함되어 있다.

3 세계화와 세계도시

세계화는 일종의 경제적 유행이 아니다. 한번 지나쳐 버리고 마는 한때의 추세도 아니다. 이것은 오늘날 거의 모든 나라의 국제관계는 물론 국내의 정치판도까지 결정짓는 국제시스템이다. 베를린 장벽의 붕괴와 함께 냉전시대를 대체해 버린 지배적인 국제시스템인 것이다(Friedman, 2000:42-43).

세계화에 참여하지 않는다는 결정은 곧 빈곤의 선택을 의미한다. 사실상 오늘날, 고립경제를 유지하고 있는 국가는 존재하지 않는다는 주장이 절대적이다. 현실적으로 대부분의 선진국들은 세계화에 대한 거부권을 행사할 수 없다. 너무나도 많은 국민들(유권자, 노동자)이 글로벌 경제에 생활을 의존하고 있기 때문이다(Thurow, 2005:34-35).

이 장에서 저자는 세계화의 정의나 개관을 제시하지는 않는다. 세계화가 무엇인가라든지 세계화가 언제 시작되었나하는 질문은 이 책에 포함시키기에는 너무나 방대한 답변을 요구한다. 저자는 이러한 문제에 대한 잘 정리되었으면서도 세밀한 서적으로 Held & McGrew가 쓴 'Globalization/Anti-Globalization'을 추천한다. 참고로 Held & McGrew(2002:1)가 이 책에서 제시하는 세계화의

정의는 다음과 같다:

> 간단하게 말하자면 세계화는 대륙간의 흐름과 사회적 상호작용 형태가 차원을 넓히고 규모를 키우고 가속화되며 깊어지는 것이다[17].

UNCHS(2001:prologue 30-31)가 제시하는 세계화에 대한 설명은 다소 선문답적인 Held & McGrew의 정의를 보충해준다:

> 세계화는 새 현상은 아니다. 실크로드는 먼 거리에 걸쳐져 있는 다른 사회를 경제적이고 문화적으로 연결하는 하나의 예이다. 하지만, 오늘날의 세계적 연결은 최소한 세 가지 중요한 면에서 이전과 다르다. 첫째는 이전보다 훨씬 빠른 속도(speed)이다. 발전된 기술력은 사람과 물건의 훨씬 신속한 운송과 정보의 즉시적 전송을 가능하게 하였다. 두 번째로 세계화는 이전보다 훨씬 큰 차원(scale)에서 작동한다. 따라서 거의 모든 사람들이 관여되며 가장 오지에서도 영향력을 느낄 수 있게 된다. 세 번째로 세계적 연결의 범위(scope)가 넓어지며 많은 차원들을 가지게 된다. 경제, 기술, 정치, 법, 사회, 문화와 같은 차원들이 있으며 이러한 각 차원들은 세부적인 사안들을 가진다. 연결망은 확대되어서 많은 상호의존적인 흐름을 가지게 된다. 이 흐름은 수많은 종류의 물건, 서비스, 사람, 자본, 정보, 질병을 포함한다. 이러한 확장된 범위에서 의미 있는 것은 인권과 법치의 세계화이다. 이 세계화는 고착화된 경제적 관습이나 정치적 관행과 충돌할 수 있다. 네 번째로 역동적이고 많은 경우 중재되지 않은 상호작용은 정책과 실제간의 새로운 차원의 복잡성(complexity)을 만들어 내다.

이 책은 도시화와 연결된 세계화에만 관심을 집중한다. 하지만, 이 장에 나온 내용들의 이해는 송도경제자유구역과 같은 좀 더 구체적인 세계화 관련 연구들을 이해하는데 도움이 될 것이

17) Globalization, simply put, denotes the expanding scale, growing magnitude, speeding up and deepening impact of transcontinental flows and patterns of social interaction.

다. 또한 세계화와 문화와의 관계를 다룬 부분들은 이후 싱가포르와 부산의 관광을 이해하는데 참조가 될 수 있다.

3.1. 세계화와 도시에서의 명암

Knox(1995)에 의하면 1970년대와 1980년대에 걸쳐서 세계의 경제는 '국제화(internationalization)'로부터 '세계화(globalization)'로 이행하였다. 국제화된 경제에서는 민족국가의 강한 통제하에서 상품과 서비스의 무역이 이루어졌다. 세계화된 경제에서는 개별 국가들의 느슨한 통제하에 독과점화된 세계적 기업의 네트워크를 통해 무역이 이루어진다.

세계화가 아시아 지역에서도 예외없이 진행되고 있다는 점에 대해서는 많은 공간 연구자들이 합의하고 있다[18]. Douglass(2000a)는 1990년대 이래 아시아·태평양 지역에 있어서 세계화의 성격 내지 특성에 대해 다음과 같은 세 가지 측면에서 설명하고 있다.

첫째, 초국적 자본 투자가 저부가 가치의 노동 집약적인 생산에 대한 직접 투자에서부터 금융·기술·생산재 등의 통제로 점차 옮겨가고 있다. 기업 내부의 세계적 거래에서 생산설비를 갖

18) 국가와 지역의 고유성을 강조하는 Hill & Fujita(2003)도 아시아 지역의 도시화에서 세계적 차원의 중요성이 강화되고 있다는 점을 인정하고 있다. 또한 세계체제론자인 Smith & Timberlake(2002:8)도 동아시아에서 진행되고 있는 세계도시의 성장을 살펴볼 때, 세계화를 도시 변화의 주된 원인으로 인정할 수밖에 없다고 지적하고 있다.

춘 기업의 직접적 소유보다 더 높은 이윤을 창출하는 대안으로 하청·기술제휴·가맹점 계약·전략적 제휴 등이 부상하고 있다는 것이다.

둘째, 금융에서 지역시장과 세계시장의 결합이다. 1997년에 발생한 금융위기도 단기적인 분산 투자의 급격한 증가와 관련이 있다.

셋째, 거대 기업간의 인수 및 합병이 급격히 증가하고 있다. 그 결과 1990년대 초반에 이르러서는 전 세계 상품 및 서비스 유통의 3분의 2 내지 4분의 3이 초국적 기업의 연계망을 통해 이루어지고 있다.

Douglass는 세계경제의 변화의 긍정적인 면을 강조한다. 예를 들어 싱가포르나 토쿄 같은 세계적인 도시들은 단지 높은 경제적 보상 뿐 아니라 공공정책에 대한 시민들의 강화된 발언권과 도시의 전반적인 삶의 질 향상을 기대할 수 있다는 것이다. 이는 경제적 세계화와 함께 나타나는 분권화되고 민주적인 정치를 원하는 시민사회의 대두와 관련이 있다.

이 주제에 대한 균형잡힌 입장을 강조하는 UNCHS(2001: prologue 30-31)가 꼽는 세계화의 긍정적인 면들과 Douglass가 평가하는 세계화된 도시의 장점은 큰 맥락에서 일치하는 구석들이 있다. UNCHS이 말하는 세계화의 긍정적인 면은 다음과 같다: 의료기술의 전파에 의한 수명연장, 식량생산을 증가시킨 농업기술의 발달, 민주정치 규범의 확산, 그리고 환경정의와 인권의 확산.

저자는 이러한 Douglass의 입장이 경제적 발전을 진보로 받아들이는 생태학이나 근대화론의 입장과 유사하다고 판단한다. 생태학과 근대화론의 자세한 내용에 대해서는 이 책에서 다시 다루어질 것이다.

반면, 세계화되는 도시에 대한 부정적인 견해를 가지는 입장도 있다. '슬럼, 지구를 뒤덮다: 신자유주의 이후 세계 도시의 빈곤화'라는 책을 낸 Davis(2006)는 세계화를 도시빈곤의 주범으로 간주한다. 그에 의하면, 제3세계의 도시화는 1980년대와 1990년 초반의 불황기에 실질임금 하락, 물가급등, 도시 실업급증을 겪으면서도 그 무시무시한 속도를 그대로 유지했다(1960-1993년 사이 내내 연평균 3.8%). 이 뒤틀린 도시붐은 대다수 전문가의 예상을 뒤엎었다. 그것은 도시의 불황이라는 부정적 피드백이 시골에서 도시로 향하는 이주의 속도를 늦추거나 아예 그 방향을 뒤바꾸리라고 예측한 종래의 경제 모델과도 모순되는 것이었다. 이렇게 아프리카, 라틴아메리카, 중동, 그리고 아시아 지역에서 나타나는 성장없는 도시화는 1970년대 후반의 전세계적 채무위기와 뒤이은 1980년대 국제통화기금(IMF) 주도의 제3세계 경제 구조조정의 유산이다. 그는 구체적으로 Deborah Bryceson(2000)의 연구를 인용한다(Davis, 2006:29):

> 빚에 몰린 국가들은 하나씩 하나씩 구조조정프로그램(SAP, Structural Adjustment Program)과 IMF의 융자조건에 종속되어갔다. 보조금 등 농업

자금과 농촌의 기간시설 구축비용은 급격하게 감소했다. 라틴아메리카와 아프리카 국가들이 농업 '근대화'를 포기함에 따라, 농민들은 국제금융 기관들이 강요한 '운 좋으면 살아남기(sink-or-swim)' 경제전략에 종속되었다. 국가적 차원의 시장규제 철폐로 인해, 농산물 생산자는 중소농민의 생존을 위협하는 전지구적 상품시장으로 내몰렸다. SAP와 경제자유화 정책은 농업축소라는 전 세계적 추세와 농민 축소를 조장하는 국가정책이 한 곳으로 수렴되는 상황을 대표한다.

Davis(2006:31)는 세계적 동력과 슬럼의 확산이 어떻게 연결되는지 잘 정리한다:

> 시골에서 사람들을 '밀어내는' 전지구적 동력들-자바와 인도의 농업기계화, 멕시코와 아이티와 케냐의 식량수입, 아프리카 전역의 내전과 가뭄, 그리고 전 세계적으로 진행되는 기업 합병 및 거대 농기업 경쟁-은 여전히 도시화를 지속하는 힘으로 작용한다. 결과적으로 구조조정, 통화가치 하락, 국가재정감축 속에서 진행된 급속한 도시 성장은 슬럼의 대량생산이라는 결과를 피할 수 없었다.

세계화되는 도시의 부정적인 측면들은 앞으로 이 책에서 상세히 언급된다. 예를 들어, 세계도시론은 도시내의 양극화되는 노동시장을 언급한다. 문화적인 측면에서는 지역 고유 문화의 상실이라는 우려가 제기되기로 한다. 이어지는 절에서 이를 살펴보기로 한다.

3.2. 세계도시 가설

이 장에서 다루는 "세계도시론[19]"은 도시연구자들이 세계화

담론에 있어서 가장 크게 기여한 부분이다(Hill & Kim, 2000). Sassen(1991)에 의하면 세계화의 흐름을 타고 런던, 뉴욕, 토쿄 등의 새로운 형태의 도시가 탄생하였다. 이러한 도시들은 경제기반에 중대한 변화를 겪었고, 도시의 공간조직과 사회구조도 큰 변화를 경험하였다.

세계도시는 금융, 법률, 회계, 방송 등의 서비스가 집중되어 있고 세계에 흩어져 있는 생산을 통제하는 초국적기업의 근거지 역할을 한다. 세계도시에 대한 논의는 John Friedman(1986, 1995)과 Saskia Sassen(1991, 1995, 1997, 1999) 두 사람의 주도하에 이루어져 왔다.

여기서는 세계도시론에 대한 전반적인 맥락을 독자들에게 소개하기 위해서 Friedman과 Sassen의 논의를 중심으로 Hill & Kim(2000)이 정리한 세계도시론의 주요 가설들을 다음과 같이 정리해 본다.

첫 번째로, 경제의 세계화가 진행될수록, 중추기능은 몇 개 소수의 도시로 집중되게 된다(Sassen, 1991:5). 세계적 기업들은 국제적인 하청, 합작, 그리고 사업연대를 통해서 생산을 분산시키고 있다. 하지만 소유권이 집중되어 있는 관계로, 생산의 지리적인 분산은 더욱 더 강화된 중추기능의 필요성을 제기한다. 초국적 기업은 세계 각지로 흩어져 있는 공장, 사무실, 금융시장을

19) John Friedmann(1995)은 세계도시론의 영어표현으로 "world city paradigm"과 "world city hypothesis"를 구분없이 같이 쓰고 있다.

통제할 수 있는 기반시설 및 활동이 필요하다(Sassen, 1995:263). 세계도시는 기업의 이러한 세계적 활동을 통제하는 기반시설을 제공하는 것으로 특성화한다.

두 번째로, '세계적 통제기능(global control function)'이 세계도시의 성장을 이끈다. 이러한 세계적 통제기능은 기업본사, 국제금융, 세계적 교통 및 통신, 고차원적 기업서비스, 미디어와 문화를 통한 이념적 침투 등으로 볼 수 있다(Friedmann, 1986:322). 이 중에서 국제금융과 생산자서비스(producer service)는 세계적 통제기능을 행사하는 주요한 수단이다.

금융 및 생산자 서비스에 종사하는 기업은 서로 가까이 입지하는 것이 유리하기 때문에 세계도시와 같은 주요한 도시에 밀집한다. 이렇게 가까이 입지함으로써 타기업에 일감을 제공하거나 공동생산이 가능해진다(Sassen, 1995:68). 이러한 인접성은 시장에 속도를 붙여준다. 세계적 무역 및 제조업 기업들은 본사를 대도시밖에 입지할 수 있는 반면에, 금융 및 생산자 서비스 기업들은 세계도시가 아직도 필요한 것이다. 즉, 세계도시의 의미는 개개의 기업이나 은행에 있는 것이 아니라, 시장터(market-place)와 생산장소(production site)로서 파악되어야 한다(Sassen, 1991:7).

사유화(privatization)와 탈규제(deregulation)는 세계도시의 주요 특성이다. Sassen(1997:183)은 "법적인 분야의 혁신과 사유화가 뉴욕과 런던과 같은 도시가 세계경제를 관리하는 장소가 될 수 있게 하였다[20]"고 주장한다. King(1990:87)에 따르면 세계체제에서 런던의 주요 기능은 금융센터로서이다. 이러한 역할은 증권거래의 탈규제로 인하여 더욱 두드러졌다.

세 번째로, 세계도시에서는 제조업이 아닌 금융과 생산자서비스가 경제와 사회형태를 좌우한다. 세계적 통제는 제조업에서의 대규모 실업, 서비스산업의 급성장, 외국이민자의 증가, 극심한 부의 집중, 사회적인 양극화, 도시의 재정적인 능력을 넘어서는 사회적 비용과 연결된다(Friedmann, 1986:324-326).

제조업은 국제금융관련 부동산 투기와 '중산층 이상이 낙후된 도심에 재진입하는 현상(gentrification)' 때문에 대도시로부터 밀려나게 된다. 세계도시에서 제조업은 양적인 쇠락 뿐 아니라 그 질의 저하도 겪게 된다. 세계도시에서 흔히 볼 수 있는 '열악한 작업장(sweatshop)'과 '가정하청(industrial homework)'이 그 예이다. 이민인력의 유입으로 인한 임금하락 압력과 노조가 전통적으로 강한 분야의 탈산업화가 이러한 현상과 연결되어 있다.

세계도시는 한편으로는 법률, 금융, 보험, 기업서비스, 회계, 광고 등에 종사하는 고소득계층을 양산하고, 다른 한편으로는 저급 저임금의 건물관리, 청소, 사무, 판매, 가사, 호텔, 식당 등의 직종에 있어 거대한 수요를 창출한다(King, 1990:28). 이러한 사회적 양극화는 주거지역에서도 나타나며, 고소득자들의 주거지역은 도심의 저소득층을 위한 공간을 차지해버리는 결과를 가져온다.

---

20) "privatization and innovation in legal practice make cities like New York and London key sites for the governance of global economic processes."

또한 도시정치에서의 고소득층의 입김은 이 계층이 부담하는 낮은 세율로 연결되어서 도시재정에 심각한 타격을 가져온다(Friedmann, 1986:326).

네 번째로, 국제자본을 유인할 수 있는 능력에 따라 세계도시간 위계질서가 성립한다. 이 위계질서의 제일 위에는 뉴욕, 런던, 토쿄가 차지하고 있다. 위계질서내에서 순위는 도시가 세계적 투자를 유치할 수 있는 능력에 따라 결정된다(Friedmann, 1995:26). 세계도시의 상위자리를 차지하기 위한 경쟁은 치열하며, 도시들은 이 위계질서에서 올라가거나 내려가곤 한다.

다섯 번째로, 초국가 자본가 계급이 세계도시를 운영에 큰 영향을 미친다. 이들은 세계시민적인 문화와 소비주의적인 이념을 가지고 있으며, 세계적 자본축적체제가 부드럽게 작용하기를 바란다. 이들은 지역적인 관심을 가진 토박이 계급과 충돌하기도 한다(Friedmann, 1995:26).

여섯 번째로, 세계도시들은 서로간에 연합하여 초국적 자본가들이 지배하는 새로운 도시체제를 만든다. 세계도시간은 더욱 더 서로를 닮아가고, 이러한 세계도시들은 같은 국가의 다른 도시들과도 갈수록 더욱 더 다른 면모를 보인다. 국가성장과 그 국가안의 세계도시 발전간의 연관성은 작아지는 경향을 보인다. Sassen(1991:13)은 세계도시의 성장을 촉진하는 조건들이 미국, 영국, 일본의 다른 지역 쇠퇴를 초래했다고 주장한다. King(1990:145)은 자신이 런던을 연구하면서 받은 가장 강한 인상은 세계도시가

소속국가로부터 점차 '분리되고(unhooked)' 있다는 점이라고 밝히고 있다.

3.3. 세계화와 국가

> 통신수단이 발전되고 이동이 자유로워짐에 따라 세계는 거미망 형태에 기초해서 조직된다. 지역적이건 국가적이건 간에 모든 경계는 점차 의미를 상실한다. 테두리가 아닌 경로가 더욱 더 관심거리가 되는 것이다. 현대의 경쟁은 문화나 정치적 영역이 아닌 지역들과 중심지들간에 이루어진다. 정치적 경계가 계속 관심의 대상이지만, 이에도 불구하고 이러한 관심의 현대적 의미는 군대의 이동에 대한 것이 아니라 상품의 이동에 대한 것이다(McKenzie, 1927:32).[21)]

통신교통의 발달로 인해 공간적 지배는 점점 더 정치가 아닌 경제에 의해 결정된다고 본 McKenzie(1927)의 주장에는 날카로운 면이 있다. 그는 1920년대에 벌써 세계경제의 중심축이 앞으로 아시아로 넘어갈 가능성에 대해 자세히 언급하기도 하였다.

세계화와 관련된 논쟁에서 국가의 존재는 핵심적이다. 저자가 보았을 때, 크게 두 가지 정도의 입장이 있다. 첫 번째는 세계화

---

21) As the agencies of communication improve and as the impediments to movement are overcome, the world becomes organized on the pattern of a spiders web... All the old boundaries, both local and national, are gradually losing their significance; routes, rather rims, are becoming the subject of stressed attention. Modern competition is between regions and centers rather than cultural and political areas. While political boundaries continue to receive much attention, nevertheless their modern significance is with reference to the movements of commodities and people rather than the movements of armies.

가 국가의 힘을 약화 내지 소멸시킨다는 주장이다. 두 번째는 세계화에도 불구하고 국가는 건재하거나 오히려 그 영향력을 강화시킨다는 것이다.

도시화의 분야에서 국가소멸을 강조한 연구자들은 많다. Soja (2000)는 국가라는 공간 단위를 중심으로 한 과거의 국제적 분업은 초국적 기업에 의해 추진되는 경제 세계화와 새로운 정보통신기술의 발달에 의해 와해되었다고 주장한다. Ohmae(2001)는 세계경제의 통합과 정보화가 민족국가의 쇠퇴를 수반하고 있다고 지적한다.

Mike Douglass (2000)는 국가의 쇠퇴가 아시아 지역에서도 마찬가지라고 주장한다. 그에 의하면, 아시아 지역의 국가들 역시 세계화의 흐름속에서 약화되고 있다.

예를 들어 아시아 지역의 빠른 성장을 이룩해온 발전국가들 역시 다음의 세 가지 힘에 의해서 이제는 심각한 도전을 받게 되었다고 한다: 분권화되고 민주적인 정치를 원하는 시민사회의 대두, 국제기구와 다른 국가들의 무역 및 금융의 자유화 압력, 그리고 대규모 기업 네트워크로 이루어지는 세계경제의 변화.

Douglass는 기업유치를 위한 아시아 도시간의 경쟁도 강조한다. 도시와 지역들은 중앙정부들을 우회해서 직접적으로 각기 외국투자의 대상지로서 입지강화를 위해 경쟁하고 있다고 한다. 세계시장의 초국적기업에 의한 흡수는 민족국가의 관세 및 국경통제를 통한 전통적 정책도구들을 무력화시켰다는 것이다.

이러한 국가의 약화라는 입장과는 달리, 두 번째 입장은 세계화에도 불구하고 국가의 힘은 건재하거나 오히려 더 강화되었다는 것이다. Dicken(2003:122-163)은 세계경제 지도를 그리는데 있어서 국가는 여전히 유효하다고 주장한다. 그에 의하면 국가형태는 각 사회의 고유한 문화와 생산체제 등을 기반으로 하고 있고, 이러한 배태성은 쉽게 변하지 않는다는 것이다.

그에 의하면 세계는 하나의 자본주의라고 하기보다는 영국과 미국으로 대표되는 '신자유주의적인 시장경제자본주의(neo-liberal market capitalism)', 독일과 스칸디나비아의 '사회민주주의적 자본주의(social-market capitalism)', 일본과 다른 동아시아 국가에서 볼 수 있는 '발전주의 자본주의(developmental capitalism)'로 이루어져 있다.

이들 다른 자본주의 체제에서 각 국가는 고유성을 바탕으로 다양한 규제력을 가진다. 그는 Michael Porter (1990:10)를 인용하면서 국가경쟁력이라는 개념을 인정한다면 치열해지는 세계적 경쟁에서 중요한 기능과 기술은 국가에 의해서 더욱 더 좌우된다는 주장을 한다.

Hill & Kim(2000) 역시 배태된 각 국가의 고유성을 주장하며 세계도시론의 세계보편적 적용을 비판한다. McKinnon & Ohno (1997)와 Rosen & Reagan(1997)의 주장을 인용하면서, 그들은 심지어는 뉴욕의 금융과 생산자서비스 분야에 있어서의 강점은 지불, 계산, 가치보전으로서의 미국 달러화에 기초하고 있다고 주장한다. 이러한 미국 달러화는 미연방정부의 힘과 무관하지 않다는 것이다. 또한 Wall Street의 투자은행 뿐 아니라 뉴욕 도시의 개발계획가들까지도 뉴욕의 금융 및 생산자서비스 회사가 외국 시장에 접근할 수 있도록 공개적으로 워싱턴에 요청한다는 것이다. 세계도시론의 원형인 뉴욕에서도 국가의 중요성은 나타난다는 것이다.

이들에 의하면, 토쿄와 서울의 경우 국가의 중요성은 더욱 부각된다. 이 도시들의 세계도시화는 정부관료가 후발근대화를 극복하기 위한 포괄적인 산업정책과 금융기관을 이용한 지원을 통해 이루어졌다. 따라서 세계도시 가설에 나오는 다양한 현상들은 이 도시들에서 그대로 찾아보기는 힘들다.

Hill & Kim(2000)은 세계도시론이 세계 자본주의의 미국식 수렴을 가정하고 있지만, 현실적으로 세계경제는 단일한 자본주의 체제로 이루어져 있지 않다고 주장한다. 토쿄와 서울의 도시화는 발전국가와 연결해서 보아야 한다는 것이다.

Bunnel(2002)은 말레이시아의 MSC(Multimedia Super Corridor) 사례를 들면서 세계화 시대에 있어서도 국가 차원의 개입이 여전히 중요하다는 점을 강조한다. 실제로는 말레이시아 수도인 쿠알라룸푸르의 확장사업인 이 대규모 개발계획은 기존의 균형발전을 중시해온 말레이시아의 국토계획과 모순된다.

하지만 이 사례는 국가 계획이 세계화의 힘에 의해 무너진 사례로서 단순히 파악될 수 없다. MSC는 국가가 세계화 과정에 적극적으로 관여하고 있음을 의미한다. 첨단기술이 구현된 이러한 도시는 국가의 힘과 이상을 보여주는 이른바 '국유화(nationalization)된' 장소가 된다는 것이다.

이러한 Bunnel의 분석은 국가의 의미가 공간과 지역을 통해 나타난다는 점에서 Brenner의 연구와 연결되고 있다. Brenner(2004)에 따르면, 1980년대 중반이후 유럽의 공간정책은 이전의 분배 위주로부터 점차 벗어나고 있다고 한다. 유럽연합(EU)이나 여러 국가들이 지역에 '시장경쟁'이라는 압력을 행사하고 있다는 것이다. 시장원리에 따른 자연스러운 세계화가 아니라 국가가 지역이라는 단위(scale)에서 효율 위주의 세계화 정책을 구현하는 주체로서 막강한 영향력을 행사하고 있다는 것이다.

저자는 이러한 논쟁에서 Marcuse & Kempen(2000)의 지적을 심각하게 생각해볼 필요가 있다고 주장한다. 그가 언급하였듯이, 세계화가 공간에 미친 영향은 아직 분명한 형태로 드러나지 않았다.

구체적인 상황을 이해하는데 이 책은 조금이나마 기여할 수 있을 것이라고 본다. 한국의 송도나 서울에 대한 논의는 이런 면에서 의미를 찾을 수 있을 것이다.

3.4. 세계화와 문화

세계도시 가설은 세계도시 문화가 초국적 자본가들이 주축이

된 소비주의적 세계시민주의적 문화라고 얘기하고 있다. 소비주의(consumerism)는 세계화와 연결하여서 이해할 수 있다.

Featherstone(1987: 21; Sklair, 1991: 76에서 인용)은 세계적 자본주의와 소비주의가 연결되는 과정을 다음과 같이 세 가지로 정리하여서 설명한다. 상품은 소비자를 끌기 위해 만들어지고, 전시되어지며, 구매는 드러나게 상징적인 행위가 된다. 대중매체에 의해 끊임없이 만들어지고 전파되는 이미지는 이에 중요한 역할을 한다. 마지막으로, 상품의 소유는 현실의 '미화'와 연결된다.

세계시민주의(cosmopolitanism)는 세계의 다양한 문화를 수용하는 태도를 말하며, 다문화주의(multiculturalism)와 일맥 상통한다.

이러한 세계시민주의는 초국가 자본주의 계급의 형성과 관련지어 볼 수 있다. Sklair(1996)에 의하면, 세계화가 진행될수록 이러한 과정에 관여되어 있는 일부 상위계층들은 자기 나라의 다른 계층보다 다른 나라의 자신과 비슷한 계층과 더욱더 연대감을 가지게 된다.

Sklair(1996)는 호주의 초국적 자본가 계급을 네 개의 집단으로 나누어서 설명한다. 이는 다국적기업과 그 현지 계열사의 간부들, 세계화되어 가는 관료들, 자본주의적인 정치인과 전문인, 그리고 상인 등의 소비지향적인 엘리트이다. 이들 상위계층은 일련의 사회문제에 있어서 국제적 감각에 기반한 지향을 가지고 있으며, 세계 여러나라에서 왔으며, 그들 자신들을 세계시민으로 간주하고 있으며, 비슷한 생활습관을 가지고 있다.

Short & Kim(1999)은 세계도시의 세계시민주의를 두 가지 과정으로 이해하고 있다. 하나는 세계도시의 다양한 외국산 상품들과 이 상품과 연결된 정체성이다. Short & Kim(1999)은 뉴질랜드의 Parnell Road에 있는 이탈리아 제과점, 프랑스 가구상, 독일 케이크가게, 미국 서남부 음식전문점 등의 예를 들고 있다.

다른 하나는 세계도시내의 다양한 인종집단으로부터 생겨나는 세계주의이다. 세계도시는 세계 곳곳에서 온 사람들과 그들의 거주지역으로 가득차 있다. 그리고 세계도시들은 이러한 다양성을 세계도시의 특성으로 뽐내고 있다. 다양한 요리, 소수인종의 축제, 그리고 여러 인종집단의 존재 그 자체가 지방도시와 차별화되는 점이다.

그렇다면 이렇게 소비주의적 세계시민주의적인 문화가 뉴욕, 런던, 토쿄와 같은 세계도시 어디에서도 동일한 것일까? 이 질문에 대해서는 심도있는 연구가 많지 않지만, 두 가지의 입장으로 구분해 볼 수 있다.

첫째는 세계도시들이 '세계문화(global culture)'라는 동일한 문화를 가진다는 것이다. 두 번째는 이러한 세계문화 자체도 각 세계도시에 따라서 다양성을 가져서 '여러 개의 세계문화(global cultures in the plural)'가 존재한다는 것이다.

동일한 세계문화쪽에 무게를 둔 연구자들 중에 한명은 Knox

(1995)이다. 그는 세계문화를 ‘세계적 도시주의(global metropolitanism)’ 라고도 명명하면서 세 가지 특징을 정리하였다.

첫 번째는 폭발적으로 늘어나는 초국가적 자본가 계급, 신흥 부르조아지, 신흥 뿌띠부르조아지들이다. 이들은 자신들을 세계적으로 지향하고, 대중적 가치체계를 가지며, 그리고 고급 소비재[22]를 소유하면서 자신들의 정체성을 찾는다.

두 번째는 위성방송, 여러 채널을 가진 케이블 방송, TV를 통한 세계 광고시장 등으로 특징지워지는 일시적이고 즉각적으로 접근가능한 통신망이다. 통용어는 미국 드라마에서, 의상은 MTV에서, 생활방식은 버드와이저나 나이키 광고를 따라 한다는 것이다.

세계도시주의의 세 번째 특성은 ‘빠른 세계(fast world)’라는 점이다. 세계의 주요 세계도시들은 다른 여타의 ‘늦은 세계(slow world)’와 대조된다. 경제적 양극화, 교통시설, 그리고 시공간압축(視空間壓縮, time-space compression)은 이러한 빠른 세계를 뒷받침한다.

Toffler & Toffler(1991: 56)가 얘기하였듯이, “시간은 돈이다” 라는 격언은 옛날 이야기가 되고 말았다. 가속화된 부 창출 시스템은 단위시간보다 더 많은 돈을 벌게 하였다. 그러므로 아낀 한 시간은 실제로 지난 한 시간보다 더 많은 가치를 가지게 되었다.

---

22) 고급 소비재의 예를 들자면, Hugo Boss와 Issey Miyake 의류, BMW와 Jaguar 차량, Cartier 시계, Braun과 Krups 주방용품, Bang & Olufsen 음향기기, 1월 달에 사용하는 Grand Cayman에 입지한 콘도 등이다.

경제과정이 빨라짐에 따라서, 더 많은 부가 같거나 작은 자원을 가지고 만들어지는 것이다.

Knox와는 달리 하나의 세계문화의 존재를 부정하는 시각도 있다. Anthony King(1995)은 세계화라는 것이 언뜻 보기에는 세계적인 문화적 동일화를 가져올 것 같지만 실제로 "차별적인 파급효과(differential reach)"를 가진다고 주장한다.

그는 McGrew(1992: 74-75)의 세계화에 대한 다섯 가지의 양극을 인용하면서, 세계화란 것이 불균등하게 진행될 뿐 아니라 변증법적인 성격을 가진다고 주장한다. 세계화의 영향은 경제적이든, 정치적이든, 문화적이든 시간, 장소, 그리고 상황에 따라서 다르게 나타난다는 것이다. McGrew의 다섯 가지 양극을 King은 다음과 같이 정리한다:

1. 보편주의(universalism) 對 특수주의(particularism) : 세계화가 민족국가, 소비자 패션 등 다양한 현대사회생활의 영역을 보편한다. 반면, 동시에 장소(place)와 배경(locale)을 상대화시킴으로서 특수화를 촉진시킨다. 민족주의의 부활과 인종간 차이에 대한 강조 등이 예이다.
2. 동일화(homogenization) 對 차별화(differentiation) : 세계화가 도시생활, 기술, 관료화 등의 어떠한 생활의 영역이 전 세계에 있어서 같다고 보이게 한다. 하지만 동시에 세계적인 것을 지역환경에 대한 반응으로 표명하게 한다(사람들은 같은 것에 대하여 다르게 해석한다).

3. 통합(integration) 대 분열(fragmentation) : 비록 세계화는 국경을 넘어서 사람들을 합치는 국제노동조합과 다국적기업같은 공동체를 만들어 낸다. 하지만, 이것은 또한 전통적인 민족국가 경계 내에서와 밖에서 사람들을 분열시킨다. 따라서 노동자들은 지역, 업종, 국적, 민족, 인종별로 나뉘어져있다.
4. 집중화(centralization) 대 분산화(decentralization) : 세계화는 권력, 정보, 지식의 집중을 가져온다, 하지만, 동시에 새로운 사회운동 등 분산화되는 지역적 저항을 불러일으킨다.
5. 병렬(juxtaposition) 대 융합(syncretization) : 세계화는 시간과 공간을 압축함으로써 문명, 삶의 방식, 사회관습을 병렬화시킨다. 세계화는 발상, 가치, 지식, 제도, 문화적 관습 등을 혼합시키는(예를 들어 음식과 건축에서) 동시에 문화적 사회적 편견과 경계를 재강화시킨다.

King(1995)은 이러한 McGrew의 통찰을 세계도시의 문화이해에 적용한다. McGrew에 따르면, 현재에 존재하는 어떠한 것도 최종 산출물이 아니다. 공간은, 그것을 만드는 힘과 같이, 언제나 유동적이다. 따라서 세계화는 세계도시의 안팎으로 문화적 민족주의를 강화한다. 여기서 문화적 민족주의는 단순히 우익의 외국인혐오증을 얘기하는 것이 아니라, 문화적 엘리트에 의한 '전통(tradition)'과 '사투리(vernacular)'의 재발명도 포함한다.

이러한 시각에서 본다면 세계화는 세계도시의 동질화만 이끌어내는 것이 아니라, 특수성의 심화도 초래한다. 이러한 시각에 따르면, 세계도시들은 점점 같아지면서 또한 점점 달라지는 것이다.

이 논쟁에 대해 기존의 세계도시 관련 연구자들의 다소 모호한 태도들을 보인다. 기본적으로 세계도시는 경제적인 특성에 의하여 결정되고 문화는 이차적인 중요성을 가진 것으로 이해하는 듯하다.

물론 문화를 세계도시의 정의적 변수로 파악하고 있는 연구자들도 있다. Knox(1995)는 세계도시로서의 토쿄는 주로 경제적인 차원에 있으며 런던과 뉴욕과 같은 문화적 다양성과 활력에 기초하고 있지는 않다고 주장한다. Short & Kim(1999) 역시 세계도시가 동일하게 세계시민적인 것은 아니며, 토쿄는 세계도시라기보다는 더욱 더 일본적인 도시라고 지적한다. 이 대목에서 King(1995)이 얘기한 자본주의 자체도 경제적인 것이기에 앞서서 문화적인 산물이라는 주장을 되새겨 볼 필요가 있다.

이런 의미에서 Hill & Kim(2000)의 주장은 주목할 만 하다. 이들은 뉴욕과 토쿄는 다른 경제체제 뿐 아니라 문화도 상이하다고 주장한다. 뉴욕의 문화는 소비주의적이고 야피(Yuppie), 인종집단위주이다. 이에 반해, 토쿄의 문화는 생산주의적이고 월급쟁이 문화를 가지고 있다는 것이다. 물론, 이들의 주장은 경제적인 요인에 대한 분석을 전제로 하고 있다. 뉴욕의 주도적인 관계망은 초국가적 자본가 계급과 수직적으로 연결된 기업들간인 반면에 토쿄의 경우에는 주요 은행들을 통한 관료집단과 기업간이라는 것이다.

한국의 경우 IMF이후 경제관계망 변화는 아직도 구체적인 분석이 되어 있지 않는 상태이다. 상당한 정도의 사유화와 탈규제가 이루어지고 세계적 자본의 참여가 이루어진 반면에, 아직도 정부의 영향력을 통한 시장통제에 대한 논란은 끊이지 않고 있다. 강남의 청담동이 뉴욕의 문화와 비슷하다는 분석이 가능한 반면, 생산주의적 월급쟁이 문화의 존재도 서울에 남아 있다고 볼 수 있다. 이에 대해서는 앞으로 좀더 현장중심적인 분석이 필요할 것이다.

2부

다른 국가와 다른 도시화

제4장 발전국가와 약탈국가: 싱가포르와 마닐라의 도시화

제5장 인구와 경제기능의 분포

제6장 싱가포르와 부산의 “선택되지 않은 지역문화”

제7장 세계화와 국가의 반응: 송도경제자유구역

제8장 지역단위에서의 국가: 내생적 발전과 정책

4 발전국가와 약탈국가: 싱가포르와 마닐라의 도시화

4.1. 동남아 도시화의 맥락

Evers(1974)는 동남아 도시들의 구조적 변화를 통찰력 있게 바라본 논문을 발표한다. 그에 의하면, 과거 동남아 도시들을 만들어나가는 사회적 구성 동력은 '인종과 민족(race and ethnic origin)'이었다. 하지만 제2차 세계대전 이후로 동남아 도시에서 인종분리는 점차 완화되어 갔다. 대신, '사회적 계급(social class)'에 의한 분리가 강화되어 갔다.

그는 이러한 '인종으로부터 계급으로'의 과정을 두 가지 요인으로 설명한다. 첫째는 정치적 독립획득 이후의 관료제 발전이다(Evers, 1974:9-10):

> 1950년대 초반 대부분의 동남아시아 국가들에서는, 식민지 지위에서 독립국가로의 전환과 더불어 식민지배와 연결된 특권층이 그들의 직위와 거

주지를 잃게 되었다. 공원 같은 곳에 입지한 넓은 집들은, 경제적 부를 가지고 있거나 정치권력을 누리는 새로운 토착엘리트들이 차지하게 되었다. 정부부문의 조직 확장에 따른 대규모 인력충원은 어느 정도의 인종간 섞임을 가져왔다. 공기업을 포함한 대규모의 조직에서의 인종차별 없는 충원은 인종보다는 사회경제적 지위에 따라서 구분되는 관리계급과 노동자 계급의 출현을 초래했다.

두 번째는 인구구성의 변화이다(Evers, 1974:10-11):

도시인구는 이주와 자연증가로 늘어났다. 도시의 공간적 성장은 이미 밀집거주되고 있는 주변 농촌지역이나 자연적 제약 때문에 어려운 경우가 많았다. 자연적 제약이란 자카르타를 둘러싼 늪이나 싱가포르를 둘러싼 바다를 예로 들 수 있다. 따라서 인구증가는 인종으로 분리된 지역들의 틈을 채우곤 했다. 한 인종집단이 다른 인종집단 영역을 생태적으로 침입하는 경우가 빈번해졌다. 인구증가와 다른 사회적 과정들이…… 1970년대의 도시지역에의 투기와 치솟는 토지가격을 가져왔다. 특정 선호지역은 하층과 중산층의 손에서 멀어졌다.

일반적으로 볼 때, 애버스의 관찰은 현재의 동남아 도시화에도 유용하다. 도시거주는 점점 소득에 의해 결정된다. 하지만 애버스의 폭넓은 역사적 관찰은 동남아 도시들간의 계급적 불평등의 현저한 차이를 설명하지는 않는다.

이 장은 국가의 역할과 싱가포르의 낮은 도시불평등을 연결시킨다. 이 과정에서 필리핀의 국가 성격과 도시화는 비교 준거점을 제시한다. 먼저 싱가포르와 마닐라에 대한 간단한 설명을 이 두 도시에 익숙하지 못한 독자들을 위한 제시할 것이다. 이어서, 앞서 언급된 발전국가와 약탈국가라는 두 가지 개념을 중심으로 싱가포르와 필리핀의 국가성격을 알아볼 것이다. 싱가포르 도시화의 주요 특성들은 마닐라와 대조되어 분석될 것이다. 이러한 특징들이 "발전국가 도시화"라는 하나의 유형으로 제시될 수 있다고 저자는 주장한다. 이러한 분석이 한국 도시화에 가지는 정책적 함의도 조망해 볼 것이다.

4.2. 싱가포르에 대한 소개

어촌과 해적들의 섬이었던 싱가포르에 현대 역사가 태동한 것은 19세기 초이다. 현대의 싱가포르는 유럽 식민지로 시작하였다. 18세기 중엽, 인도에서의 지배를 확장시켜나가는 동시에 중국과의 무역을 확대해나가던 영국은, 동인도에 자리잡은 네덜란드의 진격을 막고 영국 상선들을 수리하고 보호할 항구의 필요성을 절감하였다. Stamford Raffles가 1819년 싱가포르 섬에 도착하였고, 이때부터 영국 무역항으로서 현대 싱가포르 역사가 시작된다(IDA, 2000).

습기가 많은 기후와 습지가 많은 지형, 호랑이와 악어가 가득한 정글, 그리고 말라리아를 옮기는 모기가 극성을 부리는 열악한 자연조건에도 불구하고, 자유무역항으로서 싱가포르는 빠르게 성장해갔다(Chiew, 1985). 1860년대 중반부터 증기선의 등장과 1869년 수에즈운하의 개통으로 싱가포르는 유럽과 동아시아를 이어주는 중요한 항구가 된다. 그리고 1870년대 이후 고무나무

재배의 발전으로 주요 고무 수출항으로서의 기능을 하게 된다. 1873년부터 1913년 사이의 무역량이 8배가 증가하였고 인근에서 이민자들이 몰려들었다(IDA, 2000).

그러나 이러한 평화와 풍요는 1941년 일본 전투기의 공습으로 끝이 나고 1942년에 싱가포르는 일본수중으로 넘어갔다. 1945년에 영국군이 싱가포르로 돌아왔으며, 영국군정을 거쳐서 1946년 싱가포르는 다시 영국의 식민지가 되었다. 독립정부가 성립된 것은 1959년 5월에 총선을 통해 51명의 의회 의원들을 선출하면서이다. 이때 리콴유가 속한 정당(PAP, People's Action Party)은 53.4%의 득표를 하면서 43석을 차지하였으며, 같은 해 6월 5일에 리콴유(Lee Kuan Yew)가 수상으로 취임하였다(IDA, 2000).

이 때 PAP는 영국식민주의와 싸우기 위하여 공산주의자들과 연대하여 투쟁했었다. 공산주의자들은 노동자와 학생 등의 대중운동조직을 장악하고 있었다(IDA, 2000). PAP내에서 온건파는 비공산주의 말레이시아에서 독립된 싱가포르의 건설을 목적으로 하고 있었고, 공산주의자들은 말레이시아에 대한 공산주의화를 노리고 있었다. 두 파간의 갈등은 증폭되었고, 1961년에 공산주의자들은 사회주의 계열 정당(Barisan Sosialis)을 창당하고 PAP에서 갈라져 나왔다. 1961년에 말레이시아 연방이 싱가포르와 합쳐졌으나, 이 합병은 1965년 8월에 싱가포르가 떨어져 나옴으로써 끝이 난다. 싱가포르는 이로써 1965년에 독립된 도시국가로서의 역사를 시작한다(IDA, 2000).

1968년 총선을 계기로 실질적인 일당체제가 성립되었다. PAP는 1968년 모든 의회의석을 차지하였다. 이는 사회주의 정당(Barisan Sosialis)과 말레이시아계 정당(Singapore Malays National Organization), 그리고 다른 한 정당(Singapore Chinese Party)이 선거에 불참했기 때문이다. 51개 선거구에서 PAP는 단독 출마했고 남은 7개 경합지에서 PAP 입후보자들은 5명의 무소속과 2명의 노동계 정당(Workers' Party) 입후보자들에게 큰 차이로 승리하였다(Nam, 1969). PAP는 이후 세 번의 총선 (1972년, 1976년, 그리고 1980년)에서 모든 의석을 차지하였다(IDA, 2000). 1984년에는 두 의석을 잃었고, 1988년에는 한 의석을 잃었다. 1990년 11월에는 리콴유의 뒤를 이어서 고촉통(Goh Chok Tong)이 수상의 자리에 올랐다. PAP는 1991년 총선에는 네 의석을 내어주었고, 1997년 선거에는 총 83의석 중 81의석을 석권하였다(Chua, 1994). 2004년 8월에는 리콴유의 아들인 리셴룽(Lee Hsien Loong)이 수상이 되었다.

1968년 야당의 선거불참으로 시작하여 오늘까지 PAP는 '생존을 위한 경제개발'이라는 이념을 내세워 싱가포르 사회를 이끌어 나갔다(Chua, 1994). 실제로 경제성장은 인상적이었다. 1965년 이래 싱가포르는 일인당 국민총생산(GNP per capita)에 있어서 연 9% 정도의 성장을 거듭해왔다(Perry, Kong, and Yeoh, 1997). 이러한 경제성장과 더불어 부정부패의 실질적인 부재가 PAP의 정당성을 담보해주었다(Chua, 1994).

4.3. 마닐라에 대한 소개

마닐라의 발전은 400년에 달하는 식민지 시대에 기인한다. 열도에서의 마닐라의 중심적 위치와, 가장 큰 섬인 루손(Luzon)에의 입지, 파시그(Pasig)강이 마닐라 만으로 흐르는 것이 식민지 수도로서의 합리적 선택이 되게 했다(Caoili, 1988:23).

마닐라는 스페인이 필리핀을 여러모로 바꾸는 중심이었다. 식민지배자들은 마닐라를 근거지로 해서 16세기에 필리핀을 통일했고, 마닐라로부터 필리핀 사람들을 개종시키기 위한 선교사들을 내보냈다. 유럽문화의 진보적인 생각들은 마닐라로 수입되고 자라났다. 필리핀 민족주의는 이러한 과정을 통해 혁명적 열정으로 바뀌었으며, 1898년 스페인 지배의 전복으로 이어졌다(Caoili, 1988:23).

식민지 수도와 항구로써 16세기에 시작된 마닐라의 기능은 스페인의 중상정책을 실행하는 상업적 역할이었다(Schurz, 1939:38; Nemeth & Smith, 1985:191). 스페인이 동인도의 향료와 중국의 비단으로 이르는 항로를 개발한 이래, 마닐라는 정박지와 무역항의 역할을 했다(Schurz, 1939:44-45; Nemeth & Smith, 1985:191).

마닐라는 미국지배하에서도 식민수도이었다. 필리핀인들은 스페인에 대항하여 독립투쟁을 하는데 미국과 협력하였다. 하지만, 얼마 지나지 않아서 미국이 필리핀 독립을 인정하지 않고, 필리핀을 식민지로서 지배하고 싶어 한다는 것이 분명해졌다

(Agoncillo and Guerrero, 1973:245-64; Nemeth & Smith, 1985:19). 미국군대는 1898년에 마닐라를 통해 필리핀으로 진결하였고, 필리핀을 반세기동안 지배하였다(Caoili, 1988:23). 미국지배하에서 필리핀 경제의 핵심은 농산물 수출이었다(Caoili, 1988:13-16). 미국에 의한 항구의 확장과 현대화는 마닐라를 통해 더 많은 상품이 유통되게 하였다(Wernstedt and Spender 1967:385; Nemeth & Smith, 1985:196). 일본의 짧은 지배(1942-1945)가 끝나자, 마닐라는 1946년에 독립국가의 수도가 되었다.

'수도권역(NCR, National Capital Region)'이라고도 불려지는 '마닐라권역(Metropolitan Manila)'은 필리핀의 대표적 도심권역이다. 그림 4.1에서보면 가장 큰 섬인 루손 섬에 위치하고 있다는 것을 알 수 있다. 마닐라권역은 그림 4.2에서 왼쪽에 위치한 필리핀만을 접하고 있는 마닐라市 (Manila City)라는 원래 지역에서 더 뻗어나간 지역을 일컫는다. 8개의 시(city)와 9개의 자치체(municipality)로 이루어져 있다(National Statistics Office, 1996:1)[23].

---

23) 마닐라권역은 636제곱킬로미터의 땅으로 이루어져 있다. 이는 서울의 면적(605제곱킬로미터)과 비슷하다. 1995년 9월 1일 기준 인구는 9,454,040명이다. 시와 자치체 가운데 가장 많은 인구를 가진 곳은 퀘존市(Quezon city)로서 1,989,419명 이다. 전체 1,765,644 가구를 가진 NCR은 1994년 기준으로 가구평균 173,599 페소(peso)의 소득을 가지고 있다. 이는 미화로 US$6,571에 해당한다(National Statistics Office, 1996).

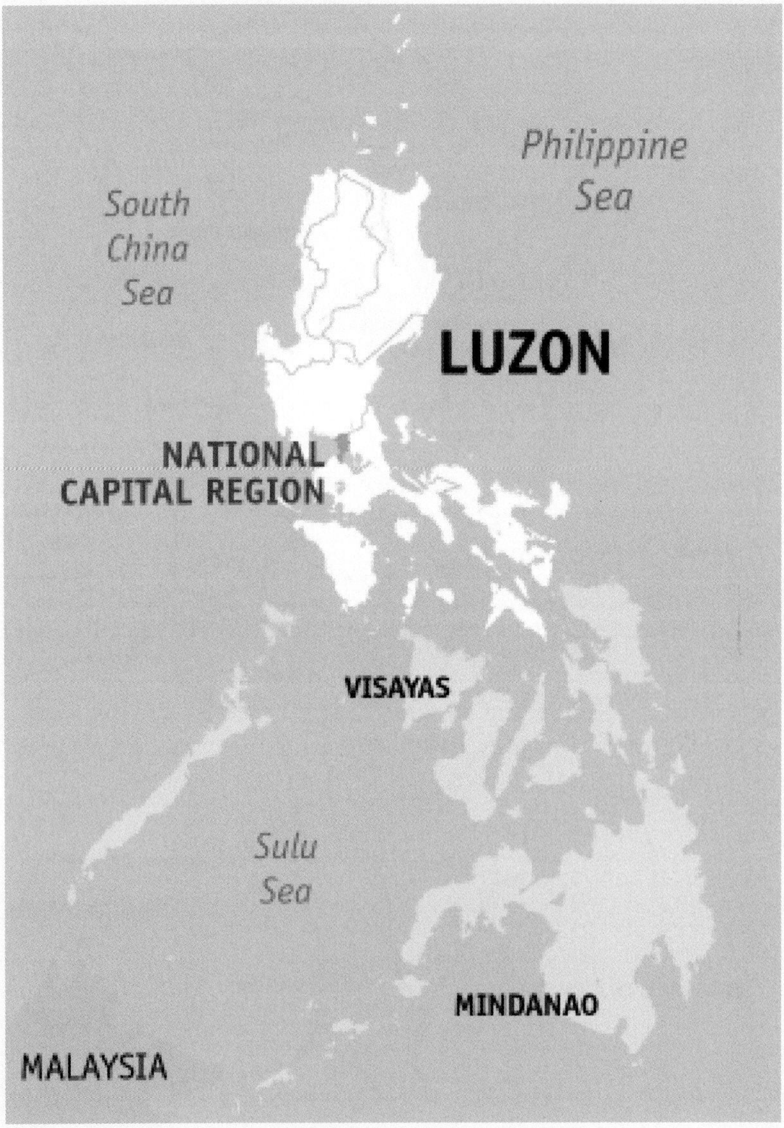

자료: Wikipedia. 2006. "Image: Ph locator ncr.png"

그림 4.1. 필리핀에서 마닐라권역의 위치.

그림 4.2. 마닐라권역의 행정구역.

4.4. 싱가포르의 '발전국가 도시화'

저자는 싱가포르 도시화의 주요 특성을 네 가지로 분석한다. 이는 (1)국가의 대규모 토지소유 내지 토지수용의 용이성, (2)정부주도의 도시화, (3)부동산 투기의 억제, (4)미미한 공간적 불평등이다. 싱가포르 정부는 대부분의 땅을 가지고 있고 이를 공급함으로써 도시화의 방향을 주도하고 있다. 민간의 토지투기는 강제매입과 엄격한 장기계획에 의하여 억제되었다. 싱가포르의 공간적 불평등은 공간적으로 분산된 공공주택의 건설 등으로 다른 도시에 비하여 현저하게 낮은 수준이다. 이러한 특징들이 '발전국가 도시화'라는 하나의 유형으로 제시될 수 있다고 저자는 주장한다.

이러한 싱가포르의 도시화 면면들은 마닐라와의 비교를 통해서 제시된다. 사실 저자는 '약탈국가 도시화'의 유형도 간접적으로 제시하고 있는 셈이다.

4.4.1. 국가의 대규모 토지소유 내지 토지수용의 용이성

싱가포르는 국유지를 많이 가지고 있을 뿐 아니라, 국가가 쉽게 토지를 수용할 수 있다. Wong(1996)에 따르면, 약 80 퍼센트 정도의 땅이 국가소유이다. 한 부동산 업계의 보고서(Salomon Brothers, 1994:14)에 따르면, 택지가 점점 희소해지고 있기 때문에 민간부문 주택건설 역시 점점 더 정부의 토지공급에 의존하고 있다. 통념적으로, 정부는 매년 민간건설업계의 예상필요분의 절반정도를 공급한다. 회계연도 1994년을 보면, 정부는 대략 3,000가구를 충분히 지을 수 있는 40헥타르[24] 정도의 땅을 공급하였다(Salomon Brothers, 1994:14).

공공목적을 위한 강제 수용도 광범위하게 이루어진다(Motha, 1976:199). 1966년에 통과된 관련 법안(Land Acquisition Act)은 다음과 같은 경우에 있어서 국가에 의한 토지수용을 손쉽게 하였다(Loh, 1991):

(1) 어떠한 공공목적을 위해서나; 혹은
(2) 해당 부처가 공공목적 혹은 공공이익에 부합한다고 생각하거나
(3) 어떠한 거주, 상업, 산업 목적

공공목적을 위한 해당 토지수용이 관련매체(Singapore Government Gazette)에 인쇄되어 나오면 토지수용 관련기관(The Collector of Land Revenue)이 절차를 밟는다. 관련기관은 실사를 통해 수용되는 토지의 보상가를 책정한다. 관련기관은 토지소유주가 보상가에 만족하지 않더라도 수용을 할 수 있다. 여기서 중요한 점은 법률적 절차를 거칠 필요 없이 수용이 진행된다는 것이다. 토지소유자는 관련민원기관(Appeals Board)에 보상가에 대해

24) 1변이 100m인 정사각형 넓이가 1 헥타르(hectare)이다. 1헥타르는 3,025평에 해당한다. 100헥타르가 1제곱킬로미터이다. 참고로 서울의 면적은 605제곱킬로미터 정도이다.

항의할 수는 있지만, 정부의 수용권한 자체에 대해 항의할 수는 없다(Dale, 1999:90).

정부는 보상과정에서도 강자의 입장에 선다. 정부는 수용비용을 줄이기 위해, 보상가를 예전의 가격기준으로 책정한다. 1974년에서 1988년 사이에 보상가는 토지의 1973년 가격에 묶여 있었다. 현재가격이 더 낮으면 현재가격을 적용하였다. 1993년부터의 보상은 1992년 1월 1일 가격에 고정되어 있었다. 이는 1995년에 다시 보상가 기준이 바뀔 때까지 적용되었다(Perry, Kong, and Yeoh, 1997:166). 1970년대와 1980년대 동안 관련기관은 토지소유주들의 불만에 대해 이렇게 대응하였다. 정부가 공공목적으로 토지를 수용한 결과 건설된 기반시설과 공공투자로 인한 부동산값 상승으로 사회구성원 전체가 크게 혜택을 보았다는 것이다(Motha, 1990).

1959년과 1984년 사이에 싱가포르 정부는 17,690헥타르의 토지를 수용하였다. 이중 8,297헥타르는 공공주택 관련기관(HDB, Housing and Development Board)에 의해 수용되었다(Au, 1987). 1999년 기준 싱가포르의 전체 토지면적이 64,810헥타르라는 것을 감안하면 수용된 토지는 상당한 수준이다.

이러한 토지수용을 통해 국유지는 점차 늘어났다. PAP가 집권했을 때, 식민정부로부터 섬의 44%에 해당하는 토지를 물려받았다. 국유지는 1985년에 70%로 늘어났고, 1992년에 80%로 늘어났다. 이러한 증가는 대부분 수용에 의해 이루어졌다(Perry, Kong and Yeoh, 1997:166).

싱가포르에게 있어 마닐라는 좋은 대조점이다. 마닐라권역의 거의 절반(44%)에 해당하는 땅이 몇 가족에게 집중되어 있다. 다음과 같은 묘사는 그 정도를 나타낸다(Mendiola, 1983:476; Berner, 1995:23): "마닐라권역의 한 요지(Mandaluyong)에는 650헥타르의 땅이 46명 소유이다. 한 명당 14.1헥타르를 소유한 셈이다." 가장 좋은 예는 마카티(Makati)[25]이다. 이 지역은 실질적으로 하나의 가문에 의해 소유되어 있다(Cornelio-Pronove and Cheng, 1999: 191).

4.4.2. 정부주도의 도시화

싱가포르 도시화에 있어서 국가주도권은 도시계획과 이의 철저한 실행에서 잘 나타난다. 결과적으로 도시발달은 시장의 힘에만 맡겨지지 않고, 토지사용에 있어 공공이익을 강조하는 도시계획가들의 의중을 반영한다.

두 가지 계획이 싱가포르 도시화를 실질적으로 만들어나간다. 이는 '20년계획(The Concept Plan)'과 '5년계획(The Master Plan)'이다. 20년계획 관련부서(Planning Department, Ministry of National

---

25) 마카티(Makati)는 마닐라권역의 중심부분에 위치해 있다. 이 지역 바로 북쪽에는 파시그(Pasig)강이 있다. 면적은 27.36제곱킬로미터로서 마닐라권역의 4.3%를 차지한다. 2000년 인구조사에 따르면 444,867명이 살고 있다. 이 지역은 마닐라권역의 대표적인 금융지구이다. 증권시장(Philippine Stock Exchange)이 위치해 있어서 업무지구 중심을 관통하는 대로(Ayala Avenue)를 '필리핀의 월스트리트(Wall Street)'라고도 부른다<http://en.wikipedia.org>.

Development)는 교통을 포함한 미래의 물리적 발전을 포함하는 토지이용을 계획한다(Loh, 1987).

1971년에 만들어진 첫 번째 계획<그림 4.3 참조>은 직선과 원으로 이루어진 도심형태를 설정하였다. 기반시설로는 창이국제공항(Changi International Airport), 고속도로망, 경전철(MRT, Mass Rapid Transit)체제를 구상하였다. 이러한 교통통로 주위로는 고밀도의 공공주택단지가 계획되었다. 섬의 남쪽에 위치한 중심업무지역은 도심재개발을 통해 국제적 금융, 상업, 관광 중심지로 발전하게끔 계획되었다(Perry, Kong, and Yeoh, 1997).

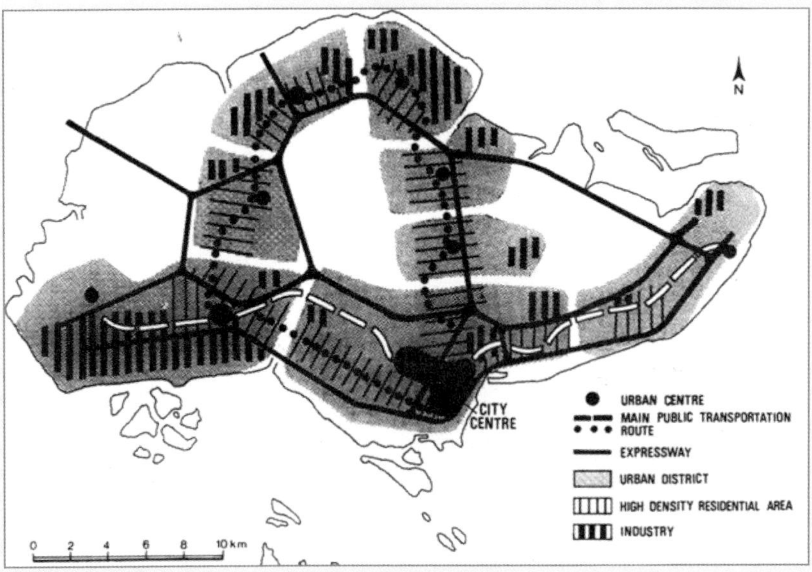

자료: Perry, Kong, Yeoh, 1997:197

그림 4.3. 1971년도 concept plan.

세부적인 부분은 5년계획이 맡는다(Loh, 1987). 5년계획은 물리적 발달과 지가의 통제, 개발부담금(development charge)의 부과 등을 법적으로 뒷받침한다. 5년계획은 조정의 역할도 맡는다. 민간부문과 공공분야, 토지이용지정을 통한 보존과 개발, 사회적 요구의 감안 등이 이러한 조정적 역할이다(Perry, Kong, and Yeoh, 1997).

이러한 면에서도 마닐라는 좋은 비교대상이다. 마닐라의 공무원들은 계획과 이의 실행을 제대로 못하고 있다. 공공부문 발전을 잘 통제하지 못하기 때문에 접근이 되지 않는 큰 규모의 토지들이 남겨지게 되기도 한다(Henward, Jr. 1985:25). 마닐라권역은 발전전략으로서 도시계획이 실제로 없다(Santiago, 1976: 138).

도시화의 주도권은 공공부문의 손에서 떠나있다. 예를 들어, 마카티(Makati)를 독점적으로 소유하고 있는 가문(Ayala family)은 이 지역 발전을 주도하였다. 소유토지에 기반시설을 제공하고, 구획을 나누었으며, 땅들을 팔거나 장기임대하였다. 이와 비슷하게, 한 가문(Ortigas family)이 마닐라권역에서 두 번째로 큰 업무지구(Ortigas Center[26])를 개발하였다(Cornelio-Pronove and Cheng, 1999: 191).

결혼을 통해 이러한 가문중 하나(Ayala family)의 일원이 된 사람(Eduardo Lachica)은 1946년 마카티(Makati) 개발의 시작부터

26) 이 업무지구(Ortigas Center)는 마닐라권역에서 두 번째로 큰 업무지구이다. 면적은 100헥타르 정도이다. 위치는 다음 세 지역의 경계에 있다: Pasig City, Mandaluyong City, Quezon City. (http://en.wikipedia.org).

도시화의 방향을 바꾸었다는 사실을 인정한다(Lachica, 1984:163):

> 2차 세계대전이 끝날 때, 마닐라는 두 지역으로 나누어져 있었다. 이는 파시그(the Pasig)강[27] 남쪽의 황폐화된 부분과 북쪽의 멀쩡한 부분이다. 이 멀쩡한 부분은 빠른 속도로 성장하였다. 남쪽은 정체되었고, 일부는 빈민가가 되어갔다. 불행하게도 우리 가족의 땅은 모두 마닐라권역 남쪽끝에 위치해 있었다. 우리는 기존 동북쪽 발전을 바꾸어 놓을 만큼 우리지역을 매력적인 곳으로 바꾸기로 했다.

4.4.3. 부동산 투기의 억제

싱가포르 정부는 민간부문의 도시개발 사업을 통한 투기를 적극적으로 규제하였다. 개발분담금(development charge)이 가장 대표적이다. 개발분담금은 초기에는 고정세율이었으나, 1979년 부동산 시장의 호황으로 개발이익금 환수의 성격을 가지게 되었다. 1980년 2월 1일부터는 5년계획에 명시된 것보다 초과된 건축허가분에 대해서는 토지상승분의 70%를 부과하였다. 이후 1985년 6월 1일에는 50%로 줄어들었다. 개발부담금은 각 지역마다의 토지이용 범주에 대한 산정가격에 기준한다(Dale, 1999:86). 투기의 조짐이 있을 때는 거래시 보증금이나 대출기준 강화 등의 다양한 규제가 강화되기도 한다(Salomon Brothers, 1994:16).

부동산 투기의 억제는 시장상황을 감안한 공급을 통해서도 이루어진다. 앞서 언급하였듯이, 국가는 민간부문 주택수요를 감안

---

27) 그림 4.2에서 동남쪽에 위치한 필리핀에서 가장 큰 호수인 바이湖(Laguna De Bay)의 물을 서쪽의 마닐라만(Manila Bay)으로 흘러나가게 하는 강 (Yahoo<http://www.yahoo.co.kr> '백과사전'에서 "Pasig")

하여 토지를 공급한다. 하지만 직접 공급에 적극적으로 참여하기도 한다.

HDB는 1980년대에는 한해에 평균 40,000채의 아파트를 공급하였다. 1989-1993년 기간동안에는 공급을 줄였는데, 이는 기본적으로 국민전체를 위해 어느 정도 충분하게 주택공급을 하였기 때문이다. 또 다른 이유로는, 소비자 선호가 민간부문 주택으로 이동하였기 때문이기도 하다(Salomon Brothers, 1994:14).

하지만 민간부문 집값이 상승하자 민간부문 토지공급 증가 뿐 아니라, 직접적 주택공급을 늘이기로 하였다. 좋은 입지의 대규모 택지공급을 위해, 공업지역을 주거지역으로 용도변경하기도 하였다. 대표적인 한 지역(Bukit Timah)은 기존에 입지한 공장들을 1988년까지 다른 지역으로 이전하도록 하였다(Salomon Brothers, 1994:16).

마닐라의 경우는 많이 다르다. 토지관련 세금은 낮게 매겨진 가격에 의존하거나, 일관성있게 적용되지 않는 경우가 많다. 토지가격 산정에 대한 전국적 기준이 존재하지 않고, 산정가의 변동은 법적분쟁으로 이어질 수 있다(Strassmann and Blunt, 1994:281). 실거래에 기반한 과세(RPT, Real Property Tax)의 실행에 가장 걸림돌이 되는 것은 부정확하거나 불공정해지기 쉬운 '사례별 가격산정(case-to-case method of valuation)'이다(Tan, 1993:169; Strassmann and Blunt, 1994:281). 필리핀의 경우, 기업의 토지소유나 상속, 그리고 판매가격에 대한 아무런 제재도 없다. 거래는 관련 사법부(Land Titles and Registration Authority)와 행정관청(Bureau of Lands)에서 관할하고 있다. 모든 땅은 등기되어 있지만, 이러한 등기는 토지이용 구분이 명기되어 있지 않고 또한 공개되어 있지 않다. 심지어 소유권이 분쟁중인지도 알 수 없다(Strassmann and Blunt, 1994:281).

마닐라에서는 실제로 공공부문이 투기에 앞장서고 있다. 지방자치체들은 토지이용을 주거에서 다른 용도로 바꾸기를 선호해왔다. 마닐라의 1994년도 토지이용계획에 의하면 주거용 토지의 83.7%가 '복합용지(mixed land)'로 바뀌어 졌다. 이는 복합용지가 시에 더 많은 세수를 보장하기 때문이다(The Urban Consortium, 1999).

앞서 약탈국가 자이레에 대해 Evans(1994)가 '모든 건 다 팔아치울 수 있다(Everything is up for sale)'라고 표현한 정서가 마닐라에 적용될 수도 있다. David(1990:9)는 마닐라에 위치한 공공(중앙정부, 지방정부, 공기업) 소유의 땅들이 이러한 공적기관들의 예산증가를 위해 팔려왔다고 주장한다. 도시빈민을 챙겨야 할 관련부서(DSWD, Department of Social Welfare and Development) 역시 특권층을 위한 주거단지 조성에 주력하고 있는 한 민간기업(Ayala Corporation)에 토지를 판매하였다.

4.4.4. 미미한 공간적 불평등

싱가포르의 공간적 불평등은 매우 작다. 1990년도 싱가포르의

55개 센서스 구역에서의 평균 월 소득 분포는 최저소득 지역(Boon Lay)의 S$906으로부터 최고소득 지역(Tanglin)의 S$3,045까지이다<표 4.1 참조>. 거의 대부분의 구역은 S$906에서 S$2,000 사이에 놓여있다. 예외는 네 개의 고소득 지역(Siglap S$2,598, Ulu Pandan S$2,397, Cairnhill S$2,328, Tanglin의 S$3,045)이다.

표 4.1. 싱가포르의 지역별 소득격차 (1990년도 기준)

55개 센서스 구역 (Census)	월 소득 (S$)
Tanglin	3,045
Siglap	2,598
Ulu Pandan	2,397
Cairnhill	2,328
Bukit Timah	1,989
Serangoon Gardens	1,884
Thomson	1,681
Pasir Panjang GRC	1,618
Marine Parade GRC	1,594
Telok Blangah	1,587
Braddell Heights	1,565
Moulmein	1,555
Buona Vista	1,502
Changi	1,489
Nee Soon South	1,487
Potong Pasir	1,476
Aljunied GRC	1,458
Bukit Batok	1,455
Bukit Gombak	1,412
Paya Lebar	1,410
Ayer Rajah	1,390
Cheng San GRC	1,381
Tampines GRC	1,376

Yuhua	1,361
Tangjong Pagar	1,348
Hong Kah GRC	1,315
Eunos GRC	1,307
Hougang	1,297
Kebun Baru	1,287
Chua Chu Kang	1,279
Bedok GRC	1,271
Yio Chu Kang	1,268
Leng Kee	1,264
Tiong Bahru GRC	1,257
Toa Payoh GRC	1,246
Kallang	1,243
Fengshan	1,235
Kim Keat	1,205
Bukit Panjang	1,203
Punggol	1,189
Ang Mo Kio	1,183
Nee Soon Central	1,172
Teck Ghee	1,168
Mountbatten	1,166
Brickworks GRC	1,165
Kim Seng	1,150
Sembawang GRC	1,148
Kampong Glam	1,132
Whampoa	1,114
Macpherson	1,113
Jurong	1,109
Kreta Ayer	1,097
Bukit Merah	1,088
Jalan Besar GRC	1,075
Boon Lay	906

자료: Department of Statistics. 1994. Singapore Census of Population 1990. Census of Population Office, Singapore.

이러한 싱가포르 센서스 구역에 대한 이해는 그림 4.4를 참조하면 된다. 저자는 여기서 한 예로 Ang Mo Kio라는 센서스 구역이 싱가포르에서 어떻게 위치하고 있는지를 제시하였다[28].

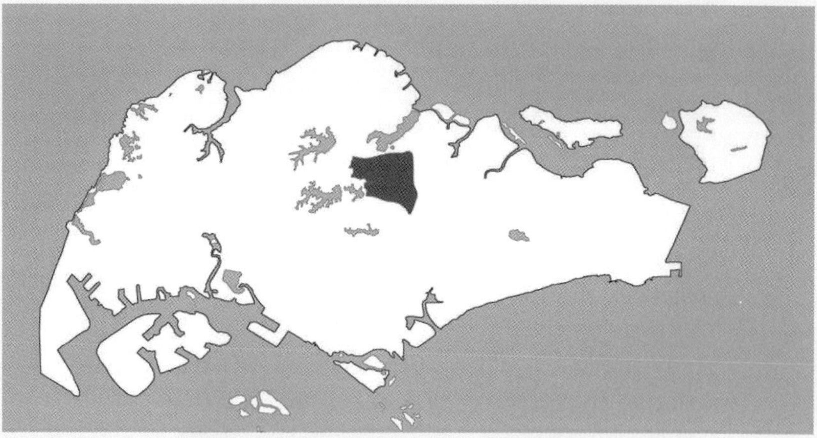

그림 4.4. 싱가포르의 Ang Mo Kio 구역.

공간적 불평등 정도를 알아보는 또 다른 척도는 토지가격이다. 표 4.2에 나오는 토지가격을 보면 어떠한 토지이용이던 그 격차는 그리 크지 않다는 것을 알 수 있다. 예를 들어 상업지구인 A를 보자. 토지이용분류는 표 4.3을 참고하면 된다. 가장 높은 가격을 보인 1구역(S$7,000)이 두 번째로[29] 낮은 가격인 33구역

28) 1990년대에 센서스 구역이 변화하였고, 1990년 당시 센서스 지도를 저자가 구하기가 어려웠다. 가장 가깝게 사용할 수 있는 자료가 인터넷 백과사전(wikipedia)에 수록된 선거구역에 대한 자료이다. <http://en.wikipedia.org>에 접속하여, "Subdivisions of Singapore"을 검색하면 나오는 소제목 중 "Electoral Districts"를 참조하면 된다.

(S$1,260)보다 5.6배 비쌀 뿐이다. 주거용인 B의 경우에도 가장 비싼 구역과 두 번째로 싼 구역간의 비율은 3.1배에 불과하다. 산업지구인 D의 경우에 비율은 2.4이다.

표 4.2. 1995년 8월에서 1996년 8월까지 47개의 개발부담금 구역에 대한 1제곱미터당 토지가격

지역 번호	토지이용							
	A	B	C	D	E	F	G	H
1	7,000	1,780	1,480	1,140	860	12	-	2
2	5,600	1,780	1,480	1,140	860	12	-	2
3	4,600	1,780	1,480	1,140	860	12	-	2
4	4,400	1,780	1,480	1,140	860	12	-	2
5	3,120	1,780	1,480	1,230	860	12	-	2
6	5,000	1,780	1,480	1,140	860	12	-	2
7	4,000	1,780	1,480	1,030	860	12	-	2
8	2,720	1,780	1,480	1,230	860	12	-	2
9	3,140	1,780	1,480	1,140	860	12	-	2
10	3,180	1,780	1,480	1,140	860	12	-	2
11	2,340	1,710	1,480	1,290	860	12	-	2
12	2,180	1,710	1,480	1,230	860	12	-	2
13	2,180	2,130	1,500	1,140	860	12	-	2
14	4,670	3,840	1,500	1,140	860	12	-	2
15	3,000	3,590	1,500	1,140	860	12	-	2
16	3,150	3,840	1,480	1,230	860	12	-	2
17	5,670	4,100	1,850	1,140	860	12	-	2

29) 원자료에서 구역이 어느 곳들인지를 밝히고 있지 않다. 상업지구인 A의 경우 47번이 가장 낮은 가격을 보이고 있다. 저자는 47번 구역과 다른 구역들과의 현저한 차이를 고려한다면, 47번 구역이 섬이나 저수지 지역이 아닐까 추측하고 있다. 따라서 비교에서는 47번 구역을 제외한다.

18	4,860	4,100	1,850	1,140	860	12	-	2
19	4,840	4,100	1,850	1,140	860	12	-	2
20	4,860	4,360	1,850	1,140	860	12	-	2
21	2,390	2,950	1,850	1,140	860	12	-	2
22	3,890	4,100	1,850	1,140	860	12	-	2
23	3,000	3,590	1,850	1,140	860	12	-	2
24	2,470	3,080	1,480	1,140	860	12	-	2
25	3,740	3,760	1,850	1,140	860	12	-	2
26	2,960	3,460	1,500	1,140	860	12	-	2
27	3,740	3,840	1,500	1,140	860	12	-	2
28	3,000	3,200	1,500	1,140	860	12	-	2
29	2,860	2,130	1,300	1,140	860	12	-	2
30	2,530	2,130	1,360	1,200	860	12	44	2
31	2,530	2,560	1,720	1,100	860	12	44	2
32	1,880	1,900	1,360	1,000	860	12	44	2
33	1,260	1,320	870	600	480	12	44	2
34	1,600	1,650	1,230	800	640	12	44	2
35	1,280	1,290	870	520	480	12	44	2
36	1,870	1,900	1,360	900	620	12	44	2
37	2,450	1,650	1,300	1,400	860	12	44	2
38	2,000	2,000	1,300	1,300	860	12	44	2
39	1,390	1,410	1,000	600	480	12	44	2
40	1,320	1,410	870	600	480	12	44	2
41	2,000	2,010	1,360	1,140	860	12	44	2
42	2,310	2,560	1,480	1,140	860	12	44	2
43	1,950	2,050	1,300	800	640	12	44	2
44	1,620	1,670	980	800	640	12	44	2
45	2,040	2,310	1,300	800	620	12	44	2
46	2,020	2,050	1,360	960	620	12	44	2
47	460	440	400	340	280	12	44	2

자료: Wong (1996:70-72)에서 다시 계산.

표 4.3. 싱가포르 토지이용 분류

토지이용	이 용 사 례
A	상점, 사무실, 협회사무실, 극장, 유흥시설, 의원, 식당, 주유소, 차량정비소, 주차장, 시장
B	주거, 호텔
C	병원, 건강관련 시설
D	산업, 창고, 과학단지, 공항, 부두시설, 전기시설
E	종교시설, 공동체 회관, 교육시설, 공공시설
F	공지, 자연보호지역
G	농지
H	배수시설, 도로, 철도, 묘지

자료: Wong (1996:69)

이러한 평등함에 가장 기여한 것은 공공주택의 건설이다. 1819년에 Raffles가 싱가포르에 도착하였을 때, 거주자는 150명에 불과하였다. 인구는 주로 중국으로부터의 이민에 의해 급격히 증가하였다. 1947년에 인구는 938,000명이었다. 주택은 인구증가를 따라가지 못하고 있었다. 1947년에 식민지 정부에 의한 조사에 의하면 인구의 72%가 전체토지의 1.2%인 섬 남쪽 중심지(Central Area)에 살고 있었다. 많은 이들은 부실하고 불결한 주거상태에 있었다(Loh, 1991).

HDB는 이러한 문제를 해결하기 위해 1960년 2월 1일 설립되었다. PAP는 최대한의 정치적 자원과 재정적 뒷받침을 해주었다. 앞서 언급한 토지수용관련 법안(Land Acquisition Act)이 택지 확보의 기초가 되었다. CPF(Central Covenant Fund)는 초기의 재정적 조달을 가능하게 하였다.

1960년대 HDB의 과제는 노동자들을 위한 주택을 최대한 많이 공급하는 것이다. 이 시기의 공공아파트는 모두 저소득층을 위한 것이었다. 표준화된 작은 규모의 아파트들이 지어졌고 월세는 가구소득의 15%선에서 머물도록 정부보조가 이루어졌다. 이러한 공공아파트의 입주자격은 소득이 S$500을 넘지 않고 부동산을 소유하지 않아야 했다(Perry, Kong, and Yeoh, 1997:229). 1970년대부터는 노동자와 중산층 모두를 수용할 수 있는 신도시들(Clementi, Bedok, Woodlands, Ang Mo Kio)이 건설되었다(Perry, Kong, and Yeoh, 1997:233).

공공주택의 건설은 싱가포르의 지역사회를 지리적 그리고 경제적으로 변화시켰다. 지리적으로 보았을 때, 공공주택의 건설은 기존의 중심지의 지역공동체들을 교외로 분산시키는 결과를 가져왔다. 그림 4.3에서 볼 수 있듯이 신시가지들은 중심지인 섬 남쪽 중간지역에서 동서로 뻗어나가고 또한 중심지에서 북쪽으로 연결되어서 벨트를 형성하고 있다.

이러한 새 거주지역들은 부의 평준화를 의미하였다. 싱가포르에는 HDB가 1960년대에 설립된 이래 35년 동안 70만 가구를 지었고 또한 86%의 인구를 수용하고 있다. 이렇게 공공아파트에 살고 있는 주민들 10명중 9명 꼴로 주택을 소유하고 있다(HDB, 2001).

고층아파트촌인 공공주택의 일률적인 거주환경은 경제적 평준화를 가져왔다. 각 신시가지는 25만에서 35만 정도의 인구를 수용하고, 그 신시가지 자체가 쇼핑, 교육, 여가생활, 종교활동, 공동체생활 등에서 자족적일 수 있도록 설계되어 있다. 토지이용에 있어서 각 신시가지는 거의 유사한 유형을 보인다. HDB가 신시가지 개발에 있어서 계획, 건설, 분배의 전 과정을 관장하기 때문이다. 공공용지(학교, 체육, 정원 등)가 34%, 주거지 33%, 공업용지 19%, 상업용지(TC, NC 포함)가 14%로 이루어지는 비율이 4만 가구 정도의 신시가지의 기본공식이다(Loh, 1991).

'신시가지 업무중심지구(TC, Town Center)'와 '동네 업무중심지구(NC, Neighborhood Center)'의 공간적 배치는 신시가지의 일률적인 상업 및 공공시설의 위계질서를 보여준다. 그림 4.5에서 보듯이 TC의 중심에서 반경 1.25 내지 1.5 킬로미터 내에 하위시설인 NC가 자리잡고 있다. TC의 경우 쇼핑몰, 개인서비스, 은행, 식당가, 유흥업종 등의 상위 서비스 시설들이 자리잡고 있다. 공공적인 시설로는 도서관, 우체국, 보건소, 기타 공동체 서비스 시설들이 배치된다. 아파트로 둘러싸인 TC에는 수영장과 체육시설이 자리잡고, 그 주변으로 학교, 종교시설, 및 녹지 등이 배치되어 있는 것이 일반적인 지역환경이다(Loh, 1987). 주민들은 자기 집에서 싱가포르 다른 곳으로 이동할 때 버스를 타고 TC에 도착한 다음 경전철(MRT)을 이용하는 것이 일반적이다. 하위시설인 NC는 지역주민의 일상적인 필요를 충족하기 위해서이고, 4

천에서 6천 정도의 가구를 설정하고 있다. NC는 반경 400미터 내지는 걸어서 10분 정도의 거리에 있는 거주가구를 위해 소매점, 식당, 시장, 의원, 문구상, 제과점, 미용실 등의 하위서비스를 제공한다(Loh, 1991).

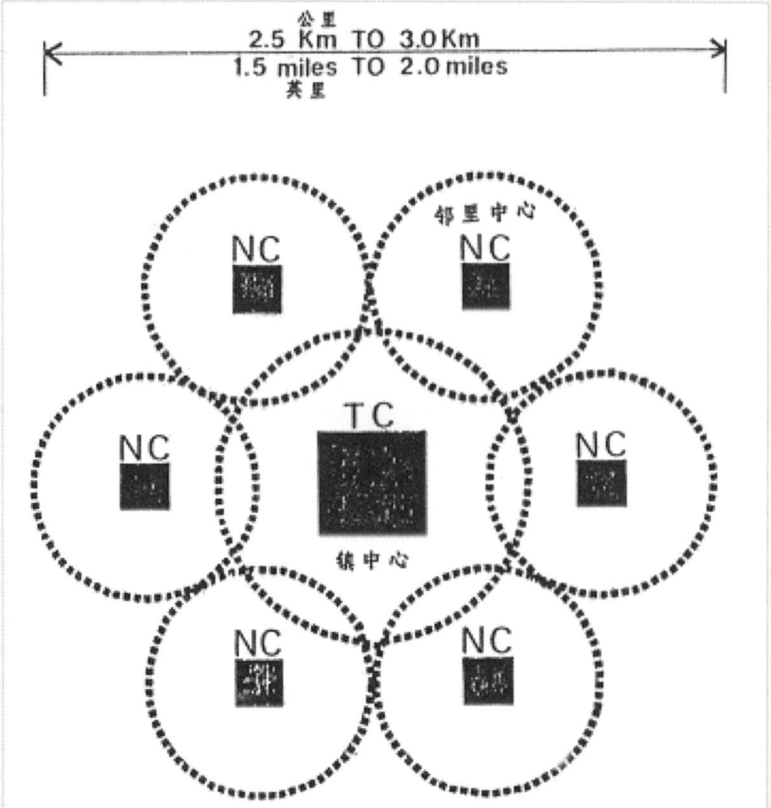

자료: Loh, 1987

그림 4.5. 싱가포르 신시가지의 '신사가지 업무중심지구(TC, Town Center)' 와 '동네 업무중심지구(NC, Neighborhood Center)'

이러한 공공주택 건설은 역사적 관점에서 이해해야 한다. 1959년 독립 후 정부는 고실업을 해결하기 위한 산업화와 공공주택에 집중한다. 이러한 집중을 통해 정치적 안정, 사회발전, 그리고 국민정체성 형성이 이루어질 수 있다고 보았기 때문이다(Loh, 1991). Chua(1997:132)는 광범위한 주택소유가 모든 시민에게 물질적인 투자자 입장을 가지게 한다고 주장한다. 이는 특히 주택가격의 상승 때문에 더욱 그러하다. 주택소유 기회와 투자이익은 PAP의 이념적 주도권과 이에 대한 주민들의 합의를 이끌어 냈다는 것이다.

싱가포르와는 달리, 마닐라권역의 도시불평등은 심각하다. 가장 부유한 곳들 중 하나는 마카티(Makati City)이다. 1960년대와 1970년대부터 많은 금융기관의 본점은 이 지역으로 옮겨갔다. 1992년 기준으로 볼 때 필리핀 모든 은행중 57%의 본점이 위치해 있다. 국제적인 은행의 경우에는 90%가 이곳을 근거지로 삼고 있다. 이런 금융가는 고급호텔, 쇼핑센터로 가득 차 있다(Berner, 1995:20). 한편 도시의 다른 곳에서는 쓰레기더미위에서 텐트와 같은 집을 짓고 살고 있는 사람들을 보게 된다.

마닐라를 한번이라도 방문해본 사람들이 쉽게 느끼는 공간적 불평등은, 공식 가구소득 통계에서는 잘 나타나지 않는다. 표 4.4에서의 가구소득 차이는 미미하다. 지역에 대한 이해는 그림 4.2를 참조하면 된다. 1997년에 마카티(Makati City)의 평균 가구 연소득은 464,406 페소[30](peso)이었다. 반면, 가장 소득이 낮은 지역(Malabon)은 157,385페소이다. 마닐라권역에서 가장 부유한 지역과 가장 가난한 지역의 1997년 가구평균 소득 차이가 2.95배에 불과한 것이다.

표 4.4. 마닐라권역의 가계소득

지 역	1997년 가구수	1997년 평균 가구소득
Manila	418,043	194,455
Quezon City	392,631	414,029
Caloocan City	149,333	174,576
San Juan	33,948	335,115
Makati City	108,611	464,406
Paranaque City	91,027	356,612
Pasay City	90,406	213,220
Marikina City	79,249	227,885
Pasig City	113,031	250,943
Mandaluyong City	62,635	238,175
Muntinlupa City	68,667	202,266
Malabon	60,844	157,385
Navotas	42,085	191,310
Las Pinas	98,034	276,875
Valenzuela	117,317	196,071
Taguig/Pateros	66,125	201,682

자료: National Statistics Office, 1997.

30) 1997년 1월 2일 기준 1페소(peso)는 32.62190원이다. 참고로 2007년 1월 2일의 환율은 19.24590원이다<http://www.oanda.com/convert/fxhistory>. 1997년 필리핀의 1인당국내총생산(GDP per capita)은 33,003페소이며, 2005년의 경우는 63,557페소이다 <National Statistical Coordination Board, htttp://www.nscb.gov.ph>

저자는 이러한 공식통계의 신뢰성이 낮다고 생각한다. 예를 들어, 실질적 거주자인 불법으로 집을 짓고 사는 사람들이 통계에서는 빠졌다고 볼 수 있다. 따라서 다른 자료를 동원하여 마닐라의 공간불평등을 제시하려고 한다. 실제로 거래되는 토지가격을 사용하려 한다.

표 4.5에서 제시되는 것은 특별한 기준없이 선택된 53곳의 1998년 1제곱미터당 실제거래가격이다. 이 자료는 여러 신문의 광고란에 나온 가격을 참조하여 작성되었다. 이 자료를 작성한 기관(The Urban Research Consortium, 1999:3.1)은 이러한 광고된 가격이 공식적 산정가보다 정확하다고 주장한다. 이 기관에 따르면, 정부기관(Assessor's office)에 의한 공식 산정가는 누락된 토지가 많으며 정기적으로 재조정되지도 않는다. 공식 산정가는 평균적으로 볼 때 시장가격의 40-45% 정도라는 것이다. 이 기관의 주장에 따르면, 공식 산정가를 매기는 표준절차조차 없다.

마닐라권역에서 가장 비싼 땅은 마카티(Makati City)의 한 도로변(Makati Avenue)에 있으며 1제곱미터에 220,000페소이다. 이에 반해, 가장 싼 곳(Don Jose subdivision, Quezon City)은 1제곱미터당 3,000페소로이다. 두 땅의 단위면적당 가격차이는 73배이다. 물론 이 통계는 전체를 조사한 것도 아니며, 비교 단위도 훨씬 작다는 한계를 가진다. 하지만 각 지역의 전반적인 가격들을 보면 상당한 차이를 느낄 수 있다.

표 4.5. 1998년 2월 5일 기준 마닐라권역 몇 지역의 시중 토지가격

Area		1994	1995	1996
Pasay				
	Near Airport	8,000		
	Pasay (nr. EDSA*)		20,000	
	Roxas Blvd.		70,000	
	Taft Avenue			37,000
Makati				
	Ayala Avenue	150,000		
	Buendia		70,000	
	Dasmarinas Vill.		55,000	
	Forbes			60,000
	Legaspi Vill.			200,000
	Makati Avenue			220,000
	Pasong Tamo		45,000	
	Salcedo Vill.		25,000	
Maldaluyong				
	EDSA, near Shaw		55,000	
	Shaw near EDSA			45,000
	Wack Wack		25,000	
San Juan				
	Greeenhills (near EDSA)			60,000
	Greenhills			38,000
	Greenhills commercial			41,000
	Ortigas Ave., Greenhills		35,000	
Pasig				
	Ortigas			135,000
	Valle Verde			26,000
Quezon City				
	Green Meadows			35,000
	Corinthian Garden			40,000
	White Plains			25,000

	New Manila			20,000
	near Santolan	95,000		
	Murphy		14,000	
	Cubao, near ali mall		17,000	
	Cubao, near New york		15,000	
	EDSA near Cubao	27,000		
	Ermin Garcia near Q Mart	9,000		
	Kamias	17,000		
	Kamuning			28,000
	EDSA Scout/Timog		32,000	
	Mother Ignacia			22,000
	Scout area			21,000
	Timog			40,000
	Tomas Morato		25,000	
	West Avenue			65,000
	EDSA near West			37,000
Quezon City				
	EDSA Munoz			20,000
	Teachers/Sikatuna Vill.		11,000	
	Ayala Heights		25,000	
	Banlat, Tandang Sora		7,000	
	North Susana		8,000	
	Tierra Bella		4,500	
	Tierra Pura		5,000	
	Commonwealth (nr UP)			14,000
	Don Antonio/Enrique Subd.		4,500	
	Don Jose Subd.	3,000		
	Filinvest	4,100		
	north Fairview			5,300
Caloocan				
	Callocan (BF homes)	17,000		

자료: (The Urban Research Consortium, 1999)에서 계산

* EDSA(Epifanio de los Santos Avenue)는 마닐라권역을 남북으로 연결하는 10차선 도로

싱가포르와 달리 마닐라는 주민들의 기본적인 거주를 해결하지 못했다. 주택관련 기관(NHA, National Housing Authority)이 1975년에 설립되었고, 가장 가난한 30%에게 주택을 제공한다는 명시된 목표를 가지고 있었다(Berner, 1995:29). 하지만 마르코스 시절 이 기관의 실적은 한심하였다. 1975년 10월과 1985년 12월 사이에 필리핀 전역에 걸쳐 총 4,054 가구를 지었을 뿐이다. 이는 일년에 400 가구 정도에 불과하다(National Statistical Office 1987:611; Berner, 1995:29).

약탈국가적인 성향이 도시에 영향을 미친것도 분명하다. 대통령 부인(Imelda Marcos)이 기관장으로 있는 1978년에 설립된 주택관련기관(MHS, Ministry of Human Settlements)은 큰 예산을 가지고 있었다. 1985년 예산이 1,200만 미국달러에 달했다. 이 기관이 추진하는 저소득층을 위한 주택제공사업(BLISS, Bagong Lipunon Improvement of Sites and Services)의 돈이 이멜다의 수하(Jose Benitez)가 운영하는 기업으로 흘러들어간 것이 하나의 사례이다(Naerssen, Ligthart, and Zapanta, 1997:176).

4.5. 비교의 의미와 한국에의 정책적 함의

이 장은 싱가포르 도시화의 특성을 기술하고, 이에 기초하여 도시발전의 한 유형의 정립가능성을 탐색해보았다. 싱가포르의 국가형태는 사회 각 영역에 있어서 적극적인 국가개입으로 성격지워지는 '발전국가'이며, 이러한 발전국가에 의한 도시발전 유형이 '발전국가 도시화'라고 저자는 주장하였다.

싱가포르의 '발전주의적 도시화' 특성은 (1)국가의 대규모 토지 소유 내지 토지수용의 용이성, (2)정부주도의 도시화, (3)부동산 투기의 억제, (4)미미한 공간적 불평등이다. 싱가포르 정부는 대부분의 땅을 가지고 있고 이를 공급함으로써 도시화의 방향을 주도하고 있다. 민간의 토지투기는 강제매입과 엄격한 장기계획에 의하여 억제되었다. 싱가포르의 공간적 불평등은 공간적으로 분산된 공공주택의 건설 등으로 다른 도시에 비하여 현저하게 낮은 수준이다.

싱가포르를 분석하는 과정에서 비교의 준거점으로 마닐라를 택하였다. 약탈국가의 하나로써 필리핀을 이해할 수 있다고 저자는 주장하였다. 마닐라는 싱가포르와는 달리 약탈국가와 연관된 도시화의 특성을 보인다. 민간엘리트 주도의 도시화와 극심한 공간적 불평등을 마닐라는 보이고 있다.

'발전'이라는 단어 자체가 긍정적인 의미를 담지는 않는다는 점을 밝혀두고자 한다. 발전국가가 싱가포르 사회를 사회공학적으로 통제하는 모습은 제2장에서 자세히 설명되었다.

부동산과 국토정책을 두고 많은 논란을 거듭한 한국이 싱가포르와 마닐라의 도시화 분석에서 얻을 수 있는 정책적 함의는 많을 것이다. 여기서는 저자가 생각했을 때 중요한 몇 가지를 간략히 제시하려고 한다.

첫째는 주거문제에 대한 높은 정책적 우선순위 설정이다. 한국은 주거문제에 대해서 낮은 우선순위를 두어왔다. 한국은 저소득층 주택공급을 위해 싱가포르만큼 정부 지원을 해왔다고 볼 수 없다. 다른 사업들을 위해 쓰였던 자원들이 우선적으로 서민 주거안정을 위해 사용되어야 할 것이다.

둘째는 장기계획을 잘 세우고 지키는 것이다. 한국은 장기계획인 국토종합계획에서조차 계획들 자체와 그 실행과정에서 일관성을 찾기 힘들다. 오랜 기간동안 계속되어온 수도권 규제를 둘러싼 갈등은 실제적인 장기계획의 부재를 반영하기도 하다. 전문성과 일반국민들의 실질적인 참여를 보장하는 장기계획의 내실있는 수립과 이의 충실한 실행이 필요하다고 할 수 있다.

셋째는 市場에 대한 존중이다. 싱가포르의 주택정책은 돈 안 들고 손쉽게 할 수 있는 규제에만 의존하지 않는다. 수요자들의 욕구를 존중하고 이에 맞는 정책적 대안을 제시하는 것 역시 중요하다. 저소득층을 위한 주택공급에 정부가 실질적으로 돈을 부어야하는 것과는 달리, 중산층과 상층의 주거는 기본적으로 시장기능에 맡겨져야 한다.

넷째는 열려진 정책담론이다. 싱가포르의 사회공학적 국가개입은 경제적 성공을 가져왔지만 동시에 무기력한 시민사회를 낳았다. 한국에서의 갑작스러운 사업의 제안과 강행은, 정책담론이 닫혀있다는 것을 반증한다. 어느 날 국민들이 갑자기 어떤 일을 듣게 되고 또 이 일이 진행되는 것은, 정책담론이 제한된 몇몇 사람들에게 한정되어 있다는 것을 의미한다. 이 현상은 상당한 기간동안 정치적 지형과는 무관하게 계속될 것으로 예상된다. 작은 지역공동체로부터 정책담론을 열어나갈 수 있는 방안들을 고민해 보아야 한다.

5 인구와 경제기능의 분포

이 장은 앞서 언급한 국가의 유형과 도시간 자원의 집중 문제를 다룬다. 흔히 도시의 '종주성(宗主性, primacy)'이나 '불균형발전'이라는 용어로 표현되는 분야이다. 여기서는 이 분야의 기나긴 논쟁을 다 다루려고 하지는 않는다. 기본적인 개념들 역시 독자들이 숙지하고 있다고 전제하고 글이 진행될 것이다. 대신 이 글에서는 기존의 논쟁에서 간과하였던 몇 가지 문제점을 심층적으로 다루려고 한다.

첫 번째로 도시종주성 이론의 배경을 이루는 가정들이 분석될 것이다. 이 글에서는 도시종주성에 대한 상이한 이론들이 동일한 가정들을 가진다는 주장이 제시된다. 또한 이러한 가정이 현실적용에 있어서 가져오는 결과를 살펴볼 것이다.

두 번째로는 분석방법을 살펴볼 것이다. 이러한 분석방법의 문제점은 앞서 제시되는 가정과 연결되면서도 독자적인 중요성을 가진다. 여기서는 비교분석적인 관점으로 방법론의 구체적 사항들을 제시할 것이다.

마지막으로 국가와 자원집중을 탐색적으로 유형화시켜보는 작업을 할 것이다. 앞서 언급된 약탈국가와 발전국가를 지표와 연결시켜보는 것이다. 물론 이러한 작업은 거시지표를 가지고 이루어지기 때문에 탐색적인데 그치지만 향후 연구를 위한 기초연구의 의미를 가진다.

5.1. 가정 1: 경제주의적 가정

도시 연구자들은 전반적으로 도시화가 경제적인 힘에 의해서 이루어진다고 생각한다. Gurr and King(1987: 3)은 미국과 영국의 신보수주의적 우익과 네오마르크스주의적 좌파사이에 묘한 합의가 있다고 주장한다. 이는 도시의 성장과 퇴화가 기본적으로 경제적인 요인에 의해서 이루어진다는 것이다. 그들에 따르면, 좌파는 도심의 쇠퇴를 사적인 자본이 더 큰 이윤을 위해서 도심으로부터 옮겨가는 것을 원인으로 지목한다. 한편, 우파에서는 도시들의 운명은 시장의 복원기능에 맡겨져야 한다고 얘기한다. 즉, 살아남을 가치가 있는 도시들은 시장이 살릴 것이라는 주장이다.

저자가 보기에 이러한 경제주의적 가정은 영미 뿐 아니라 여타 다른 지역의 종주성 및 불균등발전을 논하는 자리에서도 동일하게 발견된다. 도시생태학/근대화론이나 종속이론/세계체제론에서도 동일하게 경제적인 논리를 우선시하는 경향이 발견된다. 단지 이들의 차이는 전자는 시장의 혁신기능을, 후자는 착취적 성향을 강조한다는 것이다.

제1장에서도 설명이 된 도시생태학과 근대화론의 기저에 있는 기본적인 설명원리는 "자율적 시장(self-regulating market)"이다. 당연히 지역격차는 지역사회의 내부적인 요인보다 시장이라는 외부적인 요인에 의해 좌우된다고 주장한다.

Adna Weber(1967)의 "The Growth of Cities in the Nineteenth Century"에서는 시장의 힘이 농업에서의 기계사용과 이에 따른 도시로의 이주효과에서 어떻게 발현되는지를 잘 보여준다. Weber에게 시장의 힘은 자연스러운 것이었다(Weber, 1967; Timberlake, 1985: 4-5):

> 경제발전 혹은 고립된 사회경제 집단의 통합은, 상업도시에서 어느 정도 인구의 집중을 요구한다. 유사하게 ... 마을경제로부터 세계경제로 가는 산업사회의 성장과정의 한 측면인 시장의 확대는 제조업의 집중과 새로운 인구의 산업 혹은 상업도시로의 집중을 강화했다[31].

---

31) [E]conomic development, or the integration of isolated social and economic groups, demands the concentration of a portion of the population in commercial cities. Similarly ... the enlargement of the market, which is one aspect of the process of growth of industrial society from the village economy to the world economy, has brought about centralization in the manufacturing industries and enforced the concentration of another portion of the population in industrial, or ... commercial cities.

권력(power)의 집중에 대해서도 도시생태학과 근대화론은 시장의 중요성을 강조한다. 역사적 시각을 가진 Keyfitz(1965)는 산업화이전 사회에서는 도시가 주변 지역을 일반적으로 힘과 조직력으로 지배한다고 한다. 하지만 한 사회가 산업화되면서, 한 도시의 주변 지역에 대한 지배는 기본적으로 생산의 효율성으로 인해 결정된다는 것이다.

시장을 지역격차의 주요 원인으로 판단한다는 점에 있어서, 종속이론과 세계체제론은 도시생태학/근대화론과 맥을 같이 한다. 종속이론/세계체제론의 공통점은 이러한 시장의 작동이 자본의 착취에 근거하므로 이에 대해 부정적인 입장을 가진다는 것이다. 즉 이들 이론은 시장이 "자연스럽다" 혹은 "자율적이다"라는 표현에 동의하지 않는 것이다.

종속이론가인 Castells(1973: 13-14)은 서구의 자본주의적 도시화를 자본가계급과 연결시킨다. Castells에 따르면 중세의 도시는 봉건주의와 중앙집권과의 투쟁을 통해 자유를 얻으려는 상업자본가 계급의 해방을 의미한다. 그리고 산업자본주의의 발전은 도시에서의 산업자본가 계급의 사회적 지배를 초래했다. 이러한 자본주의자들의 지배는 기술발달에 기반한 사실이 아닌 산업화의 기저에 깔린 자본주의 논리의 표현이라는 것이다.

Frank(1972: 59-60)는 어떻게 라틴아메리카의 수위도시(한 국가 내 다른 도시보다 확연하게 인구 기능 등이 집중된 도시; 首位都市, primary city)들이 세계시장의 착취적인 측면에서 설명될 수 있는지를 얘기한다. 그에 의하면, 전 세계가 자본착취를 바탕으로 한 '중심지-위성(metropolis-satellite)' 체제로 연결되어 있다.

라틴아메리카의 가장 낙후된 촌락이 위성(satellite)이라면 주변의 지방도시는 중심지(metropolis)로서 촌락에 대한 착취(예를 들어, 지대를 받거나 일차상품의 집결지로써)를 한다. 이러한 관계는 지방도시와 국가 내 주요도시간에도 형성된다. 더 나아가 국가 내 주요도시와 서구의 세계적인 도시와도 위성-대도시 관계는 유지된다.

저자는 세계체제론을 세련화된 종속이론이라고 본다. 종속이론은 기본적으로 중심(core)과 주변(periphery)이라는 두 가지 구분을 가진다. 세계이론은 반주변(semiperiphery)라는 구분을 보탠다.

이러한 중심-주변 개념은 Frank의 '중심지-위성' 개념과 원리가 비슷하다. 즉, 중심은 자본착취를 하는 부유한 서구의 나라들이며 주변은 착취를 당하는 가난한 제삼세계 국가들을 지칭한다. 반주변부는 한편으로는 착취를 하지만 동시에 다른 한편으로는 착취를 당하는 중진국 수준의 나라를 일컫는다.

세계체제론 도시연구자들에 의하면, 세계체제에서 한 국가의 위치(중심, 반주변, 주변)가 한 국가의 도시화 형태를 대체적으로 결정짓는다. David Smith(1985)는 필리핀의 도시화를 주변부 도시화로 그리고 한국의 도시화를 반주변부 도시화로 간주한다. 필리핀의 경우 마닐라와 여타 지역간의 심각한 지역격차는 수입대체(import substitution industrialization)라는 주변부 산업화 양식을 반영한다. 한국의 비교적 심각하지 않는 지역격차는 제조업수출(export manufacturing)이라는 반주변부 산업화 양식을 반영한다.

5.2. 가정 2: 도시종주성 각 차원의 비례성 가정

도시종주성에는 여러 가지 차원이 있다. London(1980)은 태국의 도시체계에 있어서 방콕의 지배성을 설명한다. 정치적, 경제적, 사회문화적, 상징적일 수 있는 '기능적 종주성(functional primacy)'과 다른 도시나 전체 도시규모에서 종주도시가 차지하는 비율을 의미하는 '인구규모 종주성(size primacy)'을 그는 구분하고 있다.

Carol Smith(1985) 역시 기능을 인구와 구분한다. 변호사와 산업체 숫자와 같은 지수로 평가되는 도심기능은 인구규모로는 잘 측정되지 않는다는 점을 그녀는 지적한다. 예를 들어, 구아테말라의 경우 인구종주성과 기능종주성에 있어서는 큰 차이가 있다. 1970년도에 구아테말라시티는 두 번째로 큰 도시에 비해서 16배나 크다. 하지만 산업체 숫자로 보았을 때 이러한 비율 차이는 훨씬 작은 8:1로 나타난다.

Gugler and Flanagan(1977)은 1950-1970년 사이의 서아프리카의 도시간 불평등을 조사하였다. '삶의 기회(life chance)'와 경제력 같은 자원에 그들은 관심을 가진다.

도시종주성에 있어서 권력·인구·부와 같은 다양한 차원들이 비례적으로 존재한다는 가정을 도시연구자들이 가져왔다고 저자는 주장한다.

도시생태학에서도 이러한 경향은 쉽게 드러난다. 독일의 지리학자인 Walter Christaller는 도시체계에 있어 중심지의 기능적 순서는 인구규모와 관련이 있다고 가정하였다 (Bradford and Kent, 1977: 6,10). 중심지의 순서는 취급되는 상품과 서비스에 의해 결정되며, 이는 또한 수요자와 공급자의 공간적 배치에 의존한다는 것이다. 다양한 종류의 상품과 서비스는 더 많은 고용자를 의미한다는 것이다(Bradford and Kent, 1977: 9). Hawley(1950: 122)는 인구규모가 분업의 정도와 동시에 처리될 수 있는 여러 활동의 숫자에 제한을 가한다고 주장한다.

종속이론 성향을 보이는 London(1979)은 방콕에서의 지배엘리트 거주가 착취구조와 연결될 뿐 아니라 기능적 집중을 가져온다는 것을 설명한다. David Smith(1985)는 시대별 지배엘리트의 거주가 어떻게 마닐라에 집중되었는지를 필리핀의 시대적 산업변화와 병렬시켰다. 범선무역으로부터, 농산물 수출, 공업화 진전에 이르기까지 산업변화는 부와 권력의 마닐라 집중 형태를 변화시켜왔던 것이다.

5.3. 분석단위

UN (1996)에 의하면 두 가지 정도의 도시 분석단위가 제시된다. 첫 번째는 '행정구역(city proper)'이다. 두 번째는 '도시권역(urban agglomeration)'이다. UN기준에 의하면, 첫 번째는 보통 어느 정도의 지역 정부로 규정되는 행정적으로 공인된 도시지위이다. 두 번째는 행정경계와 상관없이 도시수준의 인구밀도를 가진 분리되어있지 않은 지역의 인구밀집을 의미한다.

인구규모 측정에 있어서 도시권역의 개념을 사용할 경우, 도시내의 인구 뿐 아니라 주변의 인접한 교외도 포함하게 된다. 미국은 도시권역을 관련기관(The US Bureau of Census)이 광역권(metropolitan area)이란 이름으로 측정한다. 통근자의 비율과 같은 경제통합의 정도가 특정지역의 광역권 포함여부에 있어 기준이다.

행정구역과 도시권역의 차이는 한국에도 분명히 나타난다. 서울의 경우, 일산 · 분당과 같은 거주지역 뿐 아니라 수원 · 인천과 같은 주변 도시들도 교통권이나 생활권으로 보았을 때 서울도시권역으로 볼 수 있다. 부산의 경우도 김해 · 양산 · 마산 · 창원 · 진해와 같은 인근 지역을 권역에 포함할 수 있다.

이렇듯이 다른 두 가지 분석단위의 사용은 통계결과에 당연히 큰 차이를 보인다. UN(1996) 자료에 의하면 1991년 기준으로 캐나다의 인구규모 큰 도시 순서는 행정구역상으로는 몬트리올

(1,017,666), 캘거리(710,677) 순서이지만, 집합지역으로는 몬트리올(3,127,424), 뱅쿠버(1,602,502) 순서로 바뀐다.

다음절에 제시하는 지표들은 각 나라들의 도시권역(urban agglomeration)을 기준으로 제시된다. 예를 들어 토쿄의 경우 도시권역은 동경도(東京都, Tokyo-to)에 세 개의 인접한 현(縣, ken)을 합친 것이다. 이 세 현은 지바(Chiba-ken), 사이타마(Saitama-ken), 가나가와(Kanagawa-ken)이다.

따라서 시 행정구역과 도심권역은 큰 인구차이를 보인다. 예를 들어 1996년 동경의 경우 행정구역인 東京都 인구는 1,180만인 반면에 도심권역은 3,270만을 기록한다(National Land Agency, 1997).

이러한 도시권역 기준을 제시한 UN(1996)의 통계도 각 국가의 통계청이나 관련된 정부 부서의 자료를 기초로 해서 이루어져 있기 때문에 때론 부정확하다. 현실적으로 각 국가에서는 도심권역에 해당되는 자료를 정확하게 조사하지 않는 경우가 많다. 한국의 경우에도 UN은 도심권역 통계를 제대로 사용하지 않았다.

한국의 경우도 UN 통계가 그 한계를 드러내지만, 대안부재로 그대로 사용한다. 참고로 도시권역으로 본다면 한국의 경우, 표 5.2의 수치보다 좀더 Davis Index[32]가 올라갈 것이다.[33] 서울의

32) Davis Index(데이비스 지수)는 한 나라에서 가장 큰 도시의 인구를 두 번째 세 번째 네 번째 큰 도시의 합으로 나눈 값이다.

33) 필자의 한국관련 수치는 일관성 문제 때문에 대부분 UN 기준을 따랐다. 도심

도시권역이 행정구역보다 훨씬 크다고 판단되기 때문이다. 하지만 그렇게 극적으로 Davis Index가 올라갈 것으로는 예상되지 않는다. 이는 부산이나 대구와 같은 다른 대도시들도 행정구역보다 큰 도시권역을 가지기 때문이다.

5.4. 가정들과 관련된 문제점

경제주의적 가정과 비례성 가정이 같이 작용하여, 연구자들의 이론적 성향에 맞는 현상만을 증거로서 선택한다고 저자는 주장한다. 경제주의적 가정은 한 국가의 경제성장 정도와 도시종주성을 연관시킨다는 점을 바로 이전의 절에서 자세히 설명하였다. 인구와 기능 등이 비례적으로 분포한다는 가정 역시 언급되었다. 이러한 가정들이 각 연구자들 입맛에 맞는 현상의 취사선택으로 이어진 것이다.

Mills & Song(1979: 48,53)의 경우 한국의 경제성장과 도시종주성을 연결시켰다. 이 과정에서 그들은 인구의 도시간 분포에만 관심을 집중했다. 그들의 현상이해에 대한 적절성을 떠나, 현상선택에 있어 당시에도 심각했던 서울로의 기능 집중 현상은 언급되고 있지 않다는 점을 저자는 지적한다.

권역에 대한 국가 통계가 가능한 경우에는 국가통계를 사용하였다. 한국의 경우 UN은 서울・부산 등의 행정구역내 인구수를 사용하였다. 이는 서울권역에 대한 학계의 합의를 찾기 어렵기 때문이다.

한국은 근대화와 함께 나타나는 흘러내림(trickle-down)을 잘 나타내어 주는 경우라고 Mills & Song은 주장한다. 이들은 동남아나 남미와 비교해서 그리 높지 않은 한국의 인구 종주비율과 새로운 공업도시의 출현을 주목하고 있다. 부의 지역적 확대와 더불어서 한국의 인구규모 종주성은 Davis Index로 1970년의 1.53에서 1975년에는 1.51로 감소했다는 것이다. 당시에도 심각했던 기능적 종주성은 편리하게 빠진 것이다.

세계체제론자인 Nemeth and Smith(1983: 183) 역시 마찬가지이다. 그는 "서울은 기능적 · 문화적으로 다른 도시보다 지배적인 위치에 있다"라고 언급한다. 하지만, 실제 분석에 있어서는 한국의 반주변부 지위와 어울린다고 생각되는 인구 종주성을 자료로 삼았다.

표 5.1과 표 5.2에서 알 수 있듯이, 한국의 경우 기능의 집중이 인구의 집중보다 훨씬 더 심각하다. 기능과 인구의 분포가 상당히 다르게 나타난다.

표 5.1. 기능 도시종주성 국제비교

순위	국가	기능 종주도시	기능 종주비율 E/F×100	A	B	C	D	A+C =E	B+D =F
1	Philippines	Manila	100	20	20	20	20	37	40
2	Thailand	Bangkok	97.5	20	20	19	20	39	40
3	Chile	Santiago	97	12	13	20	20	32	33
4	Malaysia	Kuala Lumpur	92.5	19	20	18	20	37	40
5	Argentina	Buenos Aires	90.5	1	1	18	20	19	21
6	Finland	Helsinki	89.5	15	18	19	20	34	38
8	Korea	Seoul	82.5	17	20	16	20	33	40
8	Belgium	Bruxelles	82.5	16	20	17	20	33	40
9	Ireland	Dublin	82.4	13	14	15	20	28	34
10	Indonesia	Jakarta	82.1	16	19	16	20	32	39
11	Peru	Lima	81.5	5	7	17	20	22	27
12	Venezuela	Caracas	78.6	3	3	8	11	11	14
14	U. Kingdom	London	77.5	16	20	15	20	31	40
14	South Africa	Johannesburg	77.5	14	20	17	20	31	40
15	Turkey	Istanbul	76.5	12	14	14	20	26	34
16	New Zealand	Auckland	73.1	5	6	14	20	19	26
17	France	Paris	72.5	18	20	11	20	29	40
18	Austria	Wien	71.1	13	18	14	20	27	38
19	Japan	Tokyo	70	15	20	13	20	28	40
20	Taiwan	Taipei	68.8	11	12	11	20	22	32
21	Sweden	Stockholm	67.5	16	20	11	20	27	40
23	Hungary	Budapest	66.7	0	0	6	9	6	9

23	Mexico	Mexico City	66.7	7	10	13	20	20	30
24	Pakistan	Karachi	62.1	8	9	10	20	18	29
25	China	Shanghai	57.1	0	1	12	20	12	21
26	Spain	Madrid	52.5	10	20	11	20	21	40
27	India	Bombay	50	2	4	10	20	12	24
28	Australia	Sydney	45	10	20	8	20	18	40
30	U. S.	New York	42.5	8	20	9	20	17	40
30	Canada	Toronto	42.5	12	20	5	20	17	40
31	Denmark	Kobenhavn	37.5	7	20	8	20	15	40
32	Colombia	Bogota	35.7	4	9	6	19	10	28
33	Brazil	Sao Paulo	35.3	8	14	4	20	12	34
34	Poland	Warsaw	35	2	4	5	16	7	20
36	Italy	Rome	30	7	20	5	20	12	40
37	Netherlands	Amsterdam	25	5	20	5	20	10	40
38	Germany	Muenchen	20	5	20	3	20	8	40

주: 1) 기능 종주도시 : 한 국가의 각 도시를 기능 종주도시로 가정했을 때 가능한 E/F*100 값이 다른 도시보다 가장 높게 나오는 도시.

2) A : B의 기업본사 중 기능 종주도시에 위치한 숫자.

B : 출처자료에 나오는 금융관련 기업본사의 숫자(매출 순으로 최대 20개까지).

C : D의 기업본사 중 기능 종주도시에 위치한 숫자.

D : 출처자료에 나오는 비금융 기업본사의 숫자(매출순으로 최대 20개까지).

3) 금융관련 : 제1금융권, 투신사, 투자회사, 보험사, 부동산 관련회사, 렌탈 및 리스회사, 저축은행, 증권사, 기타 금융회사.

자료: 1996년 10월 World Scope 데이터베이스(이 데이터베이스는 각국의 공식정부 자료와 각 국가당 최소 한 개의 경제지의 기록을 기본으로 함). 부수적인 자료로는 기업이 주주에게 발행하는 연례보고서 등이 사용됨.

표 5.2. 인구규모 도시종주성 국제비교

순위	국가	인구 종주도시	Davis Index	연도
1	Thailand	Bangkok	7.79	90
2	Philippines	Manila	4.17	90
3	Peru	Lima	4.03	90
4	Argentina	Buenos Aires	3.52	90
5	Hungary	Budapest	3.45	90
6	Chile	Santiago	3.3	90
7	France	Paris	2.7	90
8	Austria	Wien	2.53	90
9	Mexico	Mexico City	2.22	90
10	Denmark	Kobenhavn	2.2	93
11	Finland	Helsinki	1.59	93
12	Japan	Tokyo	1.58	90
13	Indonesia	Jakarta	1.38	90
14	Korea	Seoul	1.36	90
15	Ireland	Dublin	1.35	86
16	Turkey	Istanbul	1.26	90
17	United Kingdom	London	1.22	90
18	Colombia	Bogota	1.17	90
19	Pakistan	Karachi	1.14	90
20	New Zealand	Auckland	1.13	91
21	Taiwan	Taipei	1.1	95
22	Sweden	Stockholm	1.03	90
23	Brazil	Sao Paulo	1.01	91
24	Spain	Madrid	0.98	91
25	Malaysia	Kuala Lumpur	0.9	90
26	Venezuela	Caracas	0.88	90
27	Poland	Katowice	0.83	90
28	Switzerland	Zurich	0.79	93
29	United States	New York	0.71	90
32	Belgium	Bruxelles	0.66	90-91
32	Germany	Essen	0.66	90
33	Australia	Sydney	0.65	91
34	Italy	Milan	0.61	90
35	South Africa	Cape town	0.59	90
36	China	Shanghai	0.54	90
37	India	Bombay	0.51	90

자료: UN(1995, 1995).
Taiwan의 경우, Executive Yuan(1996).

5.5. 국가형태에 따른 도시화 분류

표 5.1과 표 5.2를 살펴보면 국가성격에 따른 유형화를 살펴볼 가능성이 있다. 하지만 이러한 유형화는 탐색적인 성격에 머무를 수밖에 없다. 거시적 지표가 가지는 높은 추상성은 제한적 이유 중 하나이다. 풀어서 설명하자면, 한 나라의 인구 종주성이나 기능종주성은 각 나라마다의 고유한 경험과 특성을 반영하고 있기 때문이다. 국토면적, 식민지 경험, 국가안보, 경제체제 등을 들 수 있다. 국가라는 변수는 이러한 다양한 변수 중 하나 일 뿐이다. 다른 이유는 비교가능한 나라 숫자의 제한이다. UN자료를 기반으로 하는 표 5.1과 표 5.2에서도 나라수가 40에 미치지 못하고 있다.

이러한 제약에도 불구하고, 탐색적인 유형화를 시도해보자. 먼저 눈의 띄는 부분은 약탈국가 형태와 연결된 높은 인구종주성과 높은 기능종주성이다. 필리핀의 경우 인구와 기능에서 각각 서열 2위와 1위를 차지하고 있다. 약탈국가는 유형화 된 국가가 많지 않기 때문에 더 이상 자세한 분석은 힘든 면이 있다.

발전국가와 관련된 부분은 조금 더 분명한 모습을 보인다. 흔히 발전국가로 분류되는 일본, 한국, 대만 세 나라의 통계가 두 표에 나타나 있기 때문이다.

발전국가는 인구와 기능의 분포에 있어서 중간 정도의 분포를 보인다고 할 수 있다. 인구에 있어서 일본, 한국, 대만의 순위는 각각 12위, 14위, 21위이다. 기능에 있어서 일본, 한국, 대만의 순위는 각각 19위, 8위, 20위이다.

이러한 탐색적 유형화는 그 자체로서 보다는 향후 연구에 있어서 하나의 참조가 된다는 점에서 의미를 가진다.

6 싱가포르와 부산의 "선택되지 않은 지역문화"

요즘에는 모든 지역문화가 관광과 연결되는 듯한 착각이 든다. 각 지자체들은 '어떠한 지역문화'라도 관광자원화 시키려는 듯하다. 절, 고가(古家), 탑, 서원, 성(城)과 같은 '관광객들이 흔히 전통적이라고 생각하는 문화유산'이 아닌 새로운 형태의 문화가 관광객들을 위해 개발되고 포장되어지고 있다.

예를 들어 태백과 문경에 위치한 석탄박물관은 탄광촌으로서의 역사를 다룬다. 우리가 흔히 관광객의 이목을 끌만한 문화유산이라고 생각하기 힘든 주제를 관광자원화한 것이다. 인천은 한국인이 일반적으로 싫어하거나 무시하였던 중국화교의 역사적 집거지라는 점을 관광자원화하기 위해 차이나타운에 대한 지원을 하고 있다.

그러나 모든 문화가 관광자원화 되는 것은 아니다. 예를 들어 서울에 있었던 조선 총독부 건물은 그 나름대로의 역사적 가치가 있다는 주장에도 불구하고 철거되었다. 우리는 이 과정에서 있었던 많은 논란을 기억하고 또 그 정치적 의미에 대해서도 잘 기억하고 있다. 이렇듯 지역문화는 정치사회적인 이유에서 '선택' 되어지거나 혹은 '무시'되어질 개연성을 가지는 것이다.

이 장은 싱가포르와 부산에서 어떠한 문화가 관광자원화되고 또 무엇이 관광자원화 되지 않는지를 살펴본다. 이 과정에서 국가가 어떠한 역할을 하는지도 알아보도록 한다. 부산에 대해서는 역사적 설명을 먼저 하도록 한다. 싱가포르에 대해서는 이 책의 앞부분에 충분한 설명이 있었기 때문에 실용주의적 관광정책에 대한 분석이 제시된다. 현실정책적 시사점도 알아보도록 한다.

6.1. 지역문화의 관광자원화에 대한 기존의 논의

지역문화의 관광자원화에 대한 입장은 일반적으로 부정적이다. 전통문화가 관광화될 때 그 문화를 이루는 해당 주민들은 자신의 문화가 왜곡되는 것을 수동적으로 바라만 볼 수밖에 없다는 것이다.

특히 제3세계에 대한 경우, 이러한 시각은 더욱 강경하다. Robinson(1999)의 경우 현대의 문화관광은 관광객의 존재 자체가 원래의 지역문화를 관광산업의 입맛에 맞게 바꾸어서 변질시킨다고 주장한다. 그는 인도네시아 Sulawesi의 Toraja 원주민 중 일부가 아예 관광객 받기를 거부했다는 예를 들면서, 민속문화 상품화의 위험성을 지적한다.

Greenwood(1977)는 관광이 어떻게 스페인 서부 Pyrenees 산맥에 사는 Basque인들의 한 마을(the Alarde in the town of Fuenterrabia) 축제를 파괴했는지를 잘 설명한다. 상품화에 따른 문화적 몰락을 얘기하면서, Greenwood(1997:137)는 "지방정부가 고유문화를 공연화하는 데에는 몇 분밖에 걸리지 않았지만, 그로 인해서 350년의 역사를 자랑하는 의식은 죽어버렸다"고 얘기한다.

MacCannel (1973, 1976, 1992)과 Cohen (1988, 1989)에 의하면 민속 관광은 '미리 짜여진 진위성(staged authenticity)'과 '박물관화(museumification)'를 초래한다. 관광객을 유치한 사회는 관광객들과의 접촉을 통하여 경제적이고 문화적인 변화를 겪게 된다. 원래의 문화적 의의와는 거리가 먼 전통과 풍습들이 관광산업의 무대에 올려진다.

이러한 시각과 첨예하게 대립하는 입장은 지역민의 능동성을 강조한다. 지역민들이 자신의 문화에 대해서 적극적으로 대처하기도 하며 또한 문화의 관광화가 꼭 고유문화의 파괴로 연결되지는 않는다는 것이다.

이 주장에 따르면, 문화의 '진위성'이라는 것은 상대적인 속성부여이므로 관광화된 민속문화도 고유문화라고 생각할 수 있다. Picard(1990; Wood, 1998에서 인용)는 인도네시아 발리의 경우 국제관광이 발리 고유문화 외부에 있는 것이라고 말하기 힘들다고 주장한다. 그에 따르면, 발리문화 자체가 '관광문화'가 되었으며 관광객 및 관광산업과의 상호작용이 발리의 인종 정체성 형성에 아주 중요한 정의가 되었다(Picard 1995; Wood 1998에서 재인용). 발리 원주민들은 많은 관광객의 존재 자체가 발리 인종 문화의 진위성을 증명한다고 믿고 있다.

스페인 서부 Basque인들의 한 마을(the Alarde in the town of Fuenterrabia)축제에 대해서도, 1980년대 말 Stephanie Young은 이 축제가 잘 유지되고 있음을 발견한다. 다만 지역 원주민의 의미부여가 프랑스와의 전쟁에서 승리를 기념하는 것에서 바스크족의 고유성을 기념하는 것으로 바뀌었다(Wilson, 1993:37; Wood, 1998에서 인용).

인도네시아 Sulawesi에 있는 Toraja 원주민의 경우도, 관광산업이 원주민들에게 주체적인 역할을 가로막는다는 기존 학설을 반박하는 경우라고 Adams(1997)는 주장한다. Adams(1997)에 의하면, 이 원주민들은 자신의 집단 이미지를 높이기 위한 주체적 정치전략을 가지고 있으며, 또한 그들의 힘과 정체성에 대한 위협에는 적극적으로 대처해 나간다.

이렇게 외부인에게 주어지는 이미지를 재구성함으로써 이 원주민들은 자신들의 물질적인 이익뿐 아니라 인도네시아 사회의 인종계층에서 자기 인종의 위치를 높이려고 애쓴다. 장례행렬에서 희생되는 물소들은 낭비되는 것이 아니라 주변 마을에 가난한 사람들에게 나누어지며, 많은 원주민 사람들은 원시종교를 믿는 것이 아니라 기독교들이라는 점 등을 적극적으로 홍보한다.

또, Toraja 사람들은 관광화를 통해 그들의 인종문화에 더욱 더 관심을 가지게 되었다. 그들의 관습을 재해석하고, 자신들에 대하여 관광객들이 갖는 이미지를 재구성하려고 노력하였다. 구체적인 예를 들면, 과거에 크게 관심을 가지지 않았던 전통문화에 대한 관심이 원주민들 사이에서 높아졌다. 또 어떤 관습이 가장 전통적인가에 대한 논의도 활발해졌다. 이러한 시각에서 보면, 각 지역민들은 소극적이 아니라 적극적으로 지역문화의 관광자원화에 참여한다.

앞서 두 입장을 절충한 듯한 세 번째 입장은 거래적(transactional) 입장이다. 전세계적 관광산업화에 따라 지역문화가 외국관광객의 입맛에 맞추어지는 측면을 이 입장은 인정한다. 동시에, 지역사회가 문화의 관광자원화에 적극적으로 참여하는 측면도 중시하는 시각이다.

Nash(1989:44)는 관광개발은 외부주체(외래관광객과 초국적기업), 내부주체(지역기업과 생활공동체), 그리고 '문화적 중개자(cultural brokers)'인 관광계획당국이 서로 영향을 미친다고 주장한다(Chang, 1999:92에서 인용). Chang(1999)은 관광개발이 국제관광객의 필요와 욕구에만 맞추어지는 것이 아니며, 지역사회 주민들의 문화욕구를 반영한다고 주장한다. 다시 말해서, 관광개발은 세계경제 뿐 아니라 지역의 문화와 관련된 현실정치 그리고 사회적-공동체적 관심을 반영한다는 것이다.

거래적 입장은 지역문화의 관광개발에 있어서 '선택'의 문제를 심각하게 제기한다. 지역문화가 관광자원화될 때 어떤 경우에는 외국인관광객의 입맛에 맞게, 또 어떤 경우에는 지역사회의 요구에 의해 특정 방향으로 선택된다는 것이다.

이 장에서 저자는 거래적 입장을 전제로 싱가포르와 부산의 선택적 지역문화 관광자원화를 비교하여 '선택되지 않는 지역문화'를 알아보기로 한다.

문화선택 전반의 문제에 대한 Raymond Williams의 통찰은 이 글에서 적극 활용된다고 볼 수 있다. 그의 입장을 간단히 설명하자면[34], 소위 '문화전통'이나 '의미있는 과거'로 인식하고 있는 것

---

34) Raymond Williams의 문화론에 대한 이해를 위해 박거용(1992)의 논문에 나오는 내용을 인용하자면 아래와 같다.

마르크스주의적 문화이론에서는 '전통' 개념이 근본적으로 무시되어 왔다. 그것은 전통을 대개 상부구조로서 분석할 뿐만 아니라 한 사회적 구조의 비교적 무기력하고 유물화된 하나의 절편으로 이해해왔기 때문이기도 하다. 전통을 살아남은 과거 정도로 보는 기존의 해석은 전통을 실제로 하나의 능동적 형성력으로 보는 합병적 해석이 강점을 보이는 바로 그 대목에서 약점을 드러낸다. 왜냐하면 사실상 전통은 지배적이고 헤게모니적인 압력과 제약을 가장 뚜렷이 표현하기 때문이다. 그래서 윌리엄즈는 가장 강력하고 실질적인 합병수단인 의도적인 선별적 전통개념을 제시한다. 물론 특정한 사회내에서, 선별성을 지배하는 것은 계급이익을 포함한 많은 종류의 특수한 이익들이다. 실제 사회상황이 동시대 선별을 대체로 지배하듯이, 사회의 발전, 즉 역사적 변화의 과정이 선별적 전통을 대체로 결정한다. 선별적 전통은 과거와 현재, 그리고 필요한 경우 미래도 포함한 전 영역으로부터 특정한 의미와 실천을 가조하기 위해 선별하며, 다른 특정한 의미와 실천을 무시하고 배제하는 방식이다. 선별적 전통은 어떤 추상적이고 강요된 이데올로기보다 더욱 실제적이고 유연하기 때문에, 그리고 선별, 재선별, 재해석할 뿐만 아니라 자체를 능동적으로 조절, 적응하는 작용까지 하기 때문에 현대의 복잡한 사회내에서 문화지형을 그리는 데 설득력을 갖는다. 그래서 선별적 전통은 헤게모니의 능동적 합병과정의 가장 중요한 기제이며 문화과정의 생산, 재생산의 중요한 틀이고 윌리엄즈의 문화유물론의 핵심이다.

들은 실제로 선택적이라는 것이다. Williams(1980:39; Leong, 1989: 514에서 재인용)에 의하면 "가능한 모든 현재와 과거로부터 어떠한 특정의 의미와 관습은 강조되어지기 위해서 선택된다. 그리고 어떤 다른 의미와 관습들은 무시되거나 배제된다 ... 어떠한 의미와 관습은 재해석되거나 희석되거나, 아니면 지배적 문화를 지지하거나 최소한 모순되지 않게 변형된다[35)]."

저자는 이러한 Williams의 입장이 기본적으로 사회적 정당성을 둘러싼 사회집단간의 경쟁과 다른 집단이 상식으로 여기게 되어지는 특정집단의 '지배이념'을 얘기한 Antonio Gramsci 문화론의 연장선으로 이해한다. 따라서 Williams의 통찰은 특정 시기에 특정 집단이 어떠한 문화적 내용을 관광자원화하려고 선택하였느냐에 대한 분석으로써 이 글에서는 적용된다.

6.2. 부산 역사의 이해

개항 이전 부산의 역사는 곧 동래의 역사라 할 수 있다. 부산은 1876년 일본자본주의에 의해 개항후 지방제도가 개혁될 때까지는 행정구역상 동래부(東萊府)에 속하고 있었다(이해주, 1994:

35) From a whole possible area of past and present, certain meanings and practices are chosen for emphasis, certain other meanings and practices are neglected and excluded ... Some of these meanings and practices are reinterpreted, diluted, or put into forms which support or at least do not contradict other elements within the effective dominant culture.

42). 부산은 동래라는 지명에 소속된 속에서 역사에 등장되며 동래에 행정기구가 설치된 것이 1397년(태조6년)의 일이다. 이때 동래현에 병마사진이 설치되고 150년이 지난 1547년(명종2년)에 대일관계를 중시하여 동래현은 동래도호부(東萊都護府)로 승격되었다. 따라서 개항이전까지 부산지방의 도읍지는 동래도호부가 있었던 동래군 읍내면(현 동래구 복천동, 안락동 일대)이다(김성곤, 1993).

오늘날 우리가 부산(釜山)이라고 부르는 지명은 부산포(釜山浦)에서 유래된 것이다(김성국, 2000:208). 15세기 전반까지는 조선시대 이전 동래현에 부속되었던 부산부곡(富山部曲)이 소멸되고 항거왜(恒居倭)가 거주했던 지역으로서 부산포(富山浦)라 하였다. 15세기 후반에 이르러 현재 부산시 동구 좌천동에 있는 증산(甑山)의 그 당시 이름인 부산을 따라서 산 주변 아래의 포구 일대를 부산포(釜山浦)라고 부르게 되었다(김성국, 2000:208-209). 이 부산포(釜山浦)는 동래에서 남측으로 8km 떨어진 해안(당시 동평면)에 있었던 취락이었다(김성곤, 1993). 조선시대의 부산포는 동래현의 관할하에 있었다(김성국, 2000:209).

부산포의 역사는 일본과의 역사적 접촉과 밀접히 연결되어 있다. 부산은 지정학적으로 일본과 가장 가까운 입지이므로 일찍부터 대일관계가 깊은 곳이다. 대마도까지는 불과 53km의 거리이고 본토의 시모노세키까지도 246km의 가까운 거리이다(김성곤, 1993:47).

태종 7년(1407년), 왜구의 해적행위와 무단출입에 따른 폐단을 감소하기 위하여 부산포(富山浦)와 내이포(웅촌)를 개항하여 왜인들의 출입을 허가한다. 왜인의 수가 점차 증가함에 따라서 태종 18년(1418년)에는 염포(경남 울주군)와 가배량(경남 고성군)을 추가로 개항하고, 각 포구에 왜관을 설치하여 항거왜인을 이 지역에만 거처하도록 생활범위를 제한하였다.

왜관은 접대, 무역, 유숙, 외교교섭 등의 다양한 기능을 수행하였던 공관으로서, 부산포 왜관의 위치는 현재의 부산진 자성대(부산진지성) 부근으로 추측되며, 항거왜인 거주지도 그 일대인 범일동 부근으로 추측된다. 당시의 왜인인 항거왜인(恒居倭人: 포구에 정착한 왜인), 향화왜인(向化倭人:귀순한 왜인), 흥리왜인(興利倭人: 교역상인), 수직왜인(受職倭人: 관직을 받은 왜인) 등이 있었는데 태종 10년(1410년)에는 경상도 지방에 도래한 자만 2,000명에 달한다(김성국, 2000:209-210).

그러나 왜인들의 행패와 왜구들의 노략질이 그치지 않자, 세종원년(1419년)에 대마도 정벌이 단행되고 포구는 일시 폐쇄되나, 그들의 요구를 받아들여 세종 5년(1423년)에 부산포와 내이포를 개방하고 세종 8년(1427년)에는 염포를 개방함으로서 소위 말하는 삼포개방이 이루어진다. 그렇지만 삼포개항 이후에도 항거왜인의 횡포는 계속되어 중종 5년(1510년)에는 삼포왜란을 일으킨다. 삼포는 즉시 폐쇄되었다가 중종 7년(1512년)에 임신약조(壬申約條)를 맺어 제포만 개항하나, 중종 39년(1544년) 왜관을 부산포로 옮긴 그 해에 다시 난동이 발생하여 왕래가 두절되고,

다시 명종 2년(1547년)에 정미약조(丁未約條)를 체결하여 부산포가 조선유일의 개항장으로 등장한다. 그 후 명종 10년(1555년)에 을묘왜변이 터지고 임진왜란이 발발하기까지 조선과 일본사이에는 정식교섭이 두절된 채 대마도를 매개로한 사송(私送)만 계속되었다(김성국, 2000:210).

임진왜란 기간동안 부산은 일본군의 전략적 요충지였다. 부산지역은 왜군의 최초 진출지이자 최후의 방어지로써 임진왜란 7년의 전 기간에 걸쳐 시종일관 왜군의 점령아래 있었다. 주지하듯, 임진왜란은 선조 25년(1592년) 4월 13일 일본의 조선 원정군 제 1진 1만8천7백여 명이 700여척의 병선을 타고 부산 앞 바다에 침입함으로써 시작되었다(김성국, 2000:211-212).

임진왜란후 외교기관이자 교역기지인 왜관은 부산포로부터 초량으로 옮겨갔다고 할 수 있다. 임진왜란에 의한 10년간의 폐쇄기를 지나 1601년(선조34년)에 당시 부산포와 격리된 절영도(현재 영도)에 임시왜관이 설치되었으나 7년 만에 두모포(현재 수정동)로 이전되었다. 두모포 왜관은 70년간 존속되었다.

두모포 다음으로 최종적으로 이전된 곳은 지금의 용두산 공원에서 구시청자리가 있는 포구를 포함하여 확대시킨 초량왜관이다. 병자수호 조약에 의해서 부산이 근대적인 의미의 개항이 되기까지 200년간(1678-1876년) 존속되었다. 4차에 걸쳐 조성된 왜관 중 가장 규모도 크고 대표적인 것이었다(김성곤, 1993:48).

개항과 함께 동래와 부산의 관계는 바뀌어 갔고, 마침내 역전되어 버린다. 100여 년 전인 19세기말까지 부산지역의 중심은 지금의 동래지역이었다. 개항 이전까지만 해도 부산은 동래에 포함되어 있었다. 즉, 동래지역은 관아가 있던 읍지역, 어민들이 살던 지금의 부산진 일대의 부산포지역, 그리고 용두산 일대의 왜관지역으로 나누어져 있었다. 예전의 동래지역은 전통적인 동래양반들이 거주하는 정치행정의 중심지였다. 경제적으로도, 동래상인들이 상업을 발전시켜 대내외적인 유통센터의 역할을 수행하였다. 이에 비해, 부산이라는 지명의 유래가 된 부산포지역은 어업에 종사하는 사람들이 거주하는 한적한 어촌이었다. 왜관지역 또한 폐쇄적이고 고립된 장소에 불과하였다.

하지만 개항이후 부산지역이 교통, 공공시설 등에 있어서 비약적으로 발전하면서 정치, 경제, 문화의 중심지로 대두하게 된다. 한때는 동래라는 지명마저 사라지기도 했으며, 일제말기에는 동래지역 전부가 부산지역에 편입된다(김성국, 2000:217).

6.3. 싱가포르의 실용주의적 관광정책

이 절에서 저자는 싱가포르의 독립이후 관광정책이 싱가포르 사회를 주도하는 관료들의 이념인 실용주의를 반영한다는 것을 주장한다. 싱가포르의 전반적 경제정책을 주도해온 경제관련부서(Economic Development Board)의 조직문화를 지칭해 Schein (1997)은 '전략적 실용주의(Strategic Pragmatism)'라는 표현을 썼다. '장기적인 목표에 대한 분명한 인식에도 불구하고, 동시에 일상적인 문제를 해결하는데 있어서 민첩하고 전술적으로 유연하다'는 것이 그의 분석이다.

여기서는 싱가포르 관광정책들이 어떻게 실용주의적 성격을 가지고 있는지를 관련자료와 사진들을 참조하면서 제시하려고 한다. 각 사업단위 내지 세부정책이 구체적으로 어떻게 실용주의 이념을 실현하고 있는지 제시하고자 한다. 이 절이 가지는 가치는 실용주의와 싱가포르 관광정책이 연결되는 방식에 대해 저자 나름대로의 분류를 제시하는 것이라고 할 수 있다.

6.3.1. "무에서 유": 지역실정과 관련없는 주제의 관광산업화

적도의 크리스마스는 재미있는 발상이다. 싱가포르 최고의 중심가인 오차드거리(Orchard Street)에 있는 크리스마스 전등장식은 영국 런던의 리젠트/옥수포드(Regent/Oxford Street)의 거리를 본떠서 만들었다<그림 6.1 참조>. 이럼으로써 원래 싱가포르에는 없는 크리스마스의 정취를 창조해 낸 것이다.

비현실적 환상의 관광자원화는 여기서 그치지 않는다. 아파트와 고층건물로 가득 찬 야성미 전무한 콘크리트 도시에 '열대의 야성'이 등장하기도 한다. 이러한 작업 결과가 야간동물원이다.

야간동물원이라는 발상과 그 운영은 '창의적'이라고 밖에 할 수 없다. 야간동물원(Night Safari)은 1994년 5월에 개장하였으며 100종 1,200마리의 야행성 동물을 기르고 있다<그림 6.2 참조>.

자료: 김준우 사진 2000년.

그림 6.1. 오차드거리(Orchard Road)에 있는 크리스마스 장식.

연간 900,000명의 방문객들은 버스를 타거나 도보로 세계 8개 지역을 모방하여서 만든 코스를 돌아보게 되어 있다(Ministry of Information and the Arts, 2000). 버스를 타고 가면서 호랑이, 하이에나 같은 열대 야생동물들을 바로 몇 미터 간격에서 볼 수 있을 뿐 아니라, 이러한 동물들이 대부분 야행성이기 때문에 낮에 늘 졸고 있는 동물들을 보는 것 보다 흥미가 배가되는 점이 있다. 낮에는 동물원 구경을 하기 힘든 싱가포르의 덥고 습한 날씨와 밤에도 활발한 볼거리를 찾는 도심지 관광객의 욕구를 충족시키는 개념설정에 기초해 있다.

자료: Singapore Tourism Board(2000).

그림 6.2. 야간동물원(Night Safari) 광고.

6.3.2. 문화의 선택에서 “상업성”

관광자원화할 수 있는 지역문화로서의 선택기준 중 두드러진 항목은 상업성이다. 상업성 앞에서 자존심과 자긍심은 두 번째 기준으로 밀려나는 경우들을 볼 수 있다.

싱가포르의 경우 영국과 일본에 의해서 식민통치를 당한 경험을 관광자원화 하는 면을 보여 왔다. 식민시대의 호텔인 래플즈 호텔(Raffles Hotel)을 1억 6천만 싱가포르 달러를 투자하여 복원, 1991년부터 관광명소로 활용하고 있는 것은 식민시대 역사를 활용한 관광의 한 예이다<그림 6.3 참조>.

앞서 언급하였듯이, 문제의 소지가 있는 역사를 관광자원화 하는 것도 싱가포르 특유의 전략 중 하나이다. 인종갈등은 언제

자료: Singapore Tourism Board(2000).

그림 6.3. 래플즈 호텔 (Raffles Hotel) 전경.

나 다인종사회 싱가포르의 가장 큰 잠재적 문제 중 하나이다. 이에도 불구하고 싱가포르는 차이나타운(China Town), 리틀 인디아(Little India), 말레이 빌리지(Malay Village) 등을 적극적으로 관광자원화 하였다.

차이나타운 관광개발과 관련하여서 하나 주목할 점은, 예전의 차이나타운을 있는 대로 복원한 것이 아니라 관광객의 바쁜 일정과 취향을 고려한 상업적이면서도 고품격적인 개발을 하였다는 것이다.

그림 6.4에서 나오는 차이나타운 술집의 예와 같이, 차이나타운이라는 이국적인 관광분위기를 살리면서도 외국관광객들의 취향에 맞게 건물 장식한 것을 볼 수 있다.

자료: 김준우 촬영 사진 2000년

그림 6.4. 차이나타운(China Town)에 있는 한 술집.

수치스러운 역사도 복원 및 관광자원화한다는 싱가포르의 관광정책은 Sentosa에 있는 역사박물관(Images of Singapore)에 전시되어 있는 일본 강점시기의 사회생활상에서 볼 수 있다. 이는 싱가포르인들의 역사교육의 장으로 활용될 뿐 아니라 일본관광객의 주요 관광코스로 자리잡았다.

6.3.3. 수요에 의해 결정되는 관광정책

싱가포르는 찾아오는 고객의 중요성을 인식하고 그 필요에 적절하게 대응하는 방문고객위주의 관광전략을 구사하고 있다. 주요 고객인 말레이시아나 인도네시아 등의 ASEAN에서의 관광객과 일본인 관광객의 욕구에 맞추어가는 전략을 쓴다.

표 6.1에서 볼 수 있듯이 싱가포르 외래 관광객은 아세안과 일본인이 많다. 앞서 언급하였듯이 싱가포르는 ASEAN 지역의 인근 국가들과의 연계관광에 많은 정책적 고려를 하고 있고, 일본인의 관광욕구를 충족시키기 위한 많은 노력도 기울이고 있다.

대표적인 예가 일본관광객을 고려한 쇼핑관광에 있어서 일본계 자본유치이다. 현재 싱가포르에서 가장 큰 쇼핑몰로 간주되는 Orchard Road에 위치한 Takashimaya 쇼핑몰은 일본계 자본이 주축을 이루어 건립되었다. 그 내부도 일본 본토와 거의 유사한 백화점 시설로 많은 일본관광객들이 찾고 있다<그림 6.5 참조>.

싱가포르의 쇼핑관광에 대한 투자는 이러한 일본인의 쇼핑에 대한 욕구충족과 연관이 있는 것으로 보여진다. 싱가포르는 이러

표 6.1. 싱가포르 외래관광객 분포 (%)

국가	1991	1992	1993	1994	1995	1996	1997	1998
아세안:	31.5	30.7	30.7	31.6	31.2	31.3	32.6	30.1
인도네시아	—	—	—	14.6	14.7	14.6	16.3	14.9
말레이시아	—	—	—	9.5	9.5	9.6	9.5	8.3
태국	—	—	—	4.1	3.6	3.5	2.9	3.0
필리핀	—	—	—	2.1	1.7	2.1	2.3	2.3
기타	—	—	—	1.3	1.7	1.5	1.6	1.6
일본	16.1	16.7	15.6	16.1	16.5	16.1	15.2	13.5
오스트레일리아	6.8	6.4	5.7	5.0	4.9	4.8	5.3	6.8
대만	5.3	6.5	6.7	7.4	7.9	7.3	6.9	5.8
영국	5.1	5.1	4.8	4.4	4.0	4.3	4.6	5.7
미국	4.7	4.8	4.8	5.0	4.8	5.1	5.2	5.5
중국	0.8	1.6	3.5	2.4	2.8	3.1	3.3	4.7
홍콩	3.9	3.9	3.9	3.9	3.9	4.0	3.7	4.4
인도	3.9	3.3	2.8	2.5	2.6	2.8	3.2	3.9
독일	2.6	2.7	2.9	2.8	2.7	2.6	2.4	2.6
한국	2.5	2.6	3.1	4.2	4.9	5.3	4.2	1.6

자료: Singapore Tourism Board(1998); Khan(2001)에서 재인용.

한 쇼핑관광지로서의 매력을 유지하기 위해서 대규모 세일(Great Singapore Sale)을 매년 5월말부터 7월초까지 6주 동안 실시하고 있다. 이 기간동안 쇼핑객들은 싱가포르의 수백개 상점 및 쇼핑몰에서 최고 70%까지의 할인과 숙박업소의 경우 식사 및 음료의 무료제공 및 할인을 받을 수 있다. 이러한 대규모 할인이 가능한 것은 싱가포르관광청과 관광관련업소가 협력하여 추진해왔기 때문이다. 홍보에 있어서도 각종 추첨과 경품을 제시하여 쇼

자료: 김준우 촬영사진 2000년.

그림 6.5. Takashimaya 쇼핑몰 전경.

핑객들을 유인하고, 인터넷상으로 할인쿠폰을 게시하는 등 창의적인 방식을 활용하였다.

상거래의 확립 또한 실용주의의 발현이라 볼 수 있다. 싱가포르의 경우 상거래에서 소비자들이 불만사항이 있는 경우에는 소매진흥센터(Retail Promotion Centre)나 소액청구재판소(Small Claims Tribunal)에서 신속하게 처리해 준다.

인터넷을 이용한 편의성 제공도 눈여겨 볼 필요가 있다. 싱가포르관광청(Singapore Tourism Board)이 제공하는 New Asia-Singapore 홈페이지(http://www.newasia-singapore.com)에는 14개 언어로 광범위한 관광관련 정보를 제공한다. 예약까지를 한꺼번에 끝낼 수 있는 원스톱서비스(One-stop service)를 제공하기도 한다. 또한, 사용자 위주의 인터넷 지도(interactive map)도 있다. 예를 들어 숙박업체는 위치별 가격별로 검색이 가능하며 예약뿐 아니라 주변관광지에 대한 안내까지 연결된다.

6.3.4. 공간적집약적 관광정책

공간집약적인 개발은 관광객들의 시간효율성을 고려한다는 점에서 중요하다. 현대관광에서 관광객이 한 지역에 가서 몇 시간을 보낼 수 있도록 시설 및 서비스들을 집중화하고 있는 이유도 여기에 있는 것이다.

싱가포르의 경우 서쪽 남부에 있는 주롱지역은 공단지대이고 역사성을 가진 관광지가 없는 곳이었다. 하지만 싱가포르 정부는 이곳에 관광시설을 집중해서 투자함으로써 이러한 난점을 해결하였다. 그림 6.6에 있듯이 Singapore Discovery Centre, Chinese Garden, Japanese Garden, Jurong Bird Park, Jurong Reptile Park, Singapore Science Centre, Singapore Mint Gallery 등이 밀집해 있다.

이렇듯이 싱가포르에는 관광시설이 집적되어 있고 관광지간의 교통소통이 원활하여 짧은 시간 내에 다양하고 밀도있게 관광을 할 수 있기 때문에 '멀티콤팩트(Multi & Compact)'하다고 표현하는 경우도 있다(금성근, 2001).

싱가포르 관광정책에 있어서 대표적인 실패사례로 뽑히는 Haw Par Villa(Tiger Balm Gardens라고도 불리며, 중국전설과 관련된 조형물을 설치해 둔 주제공원)의 저조한 관광객 유치실적은 이 주제공원이 다른 관광지들과는 떨어져서 위치해 있다는 점도 작용했다고 저자는 판단한다.

이러한 공간밀집형 관광개발은 센토사 섬에서도 나타난다. 센토사는 본토섬의 585.4 제곱킬로미터에 비하면 아주 좁은 3.5 제곱킬로미터에 불과한 좁은 섬이지만 여러 가지 관광시설들이 밀집해 있다. Asian Village(각국 고유의 건물과 음식 그리고 공예품을 모아둔 아시아 민속촌), Butterfly Park and Insect Kingdom Museum(나비·곤충 박물관), Cable Car Towers(본토섬과 연결된 케이블카 타워), Central Beach(인도네시아의 하얀 모래를 가져다 만든 인공 해수욕장), Cinemania(입체영화관), Dolphin Lagoon(돌고래 쇼), Fantasy Island(물놀이 공원), Fort Siloso(옛 요새를 복원해 둔 자리), Images of Singapore(싱가포르 근현대사에 관한 박물관), Lost Civilisation/Ruined City(어린이들이 뛰어 놀 수 있게 만든 조형공간), Maritime Museum(해양박물관), Sentosa Orchid Gardens(센토사 난 정원), Sijori WonderGolf Sentosa(미니골프장), Simon Cabaret(야외 춤 공연), The Merlion(37 미터높이의 해사자 상징물), Underwater World(수족관) 등이 있다.

이 센토사는 회계연도 1995/6년 총 386만명이 방문하였고, 그 가운데 외국인이 251만명에 이르는 싱가포르의 대표적 유료관광지이다(금성근, 2001). 현재 3개의 호텔과 두 개의 골프코스가 있으며, 최근 부둣가(Marina)와 리조트형 체류시설이 대규모로 건설되었다.

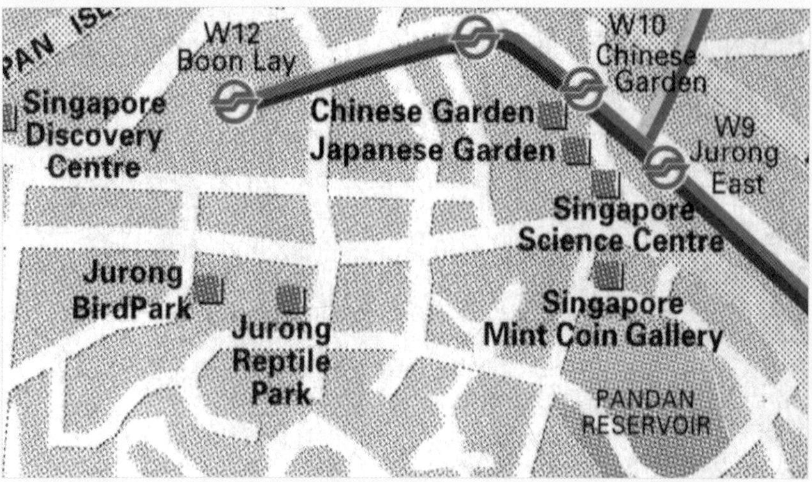

자료: Singapore Tourism Board. 2000. Singapore Official Guide Singapore.

그림 6.6. Jurong 지도.

6.4. 인종집단과 관광: 싱가포르의 예

싱가포르가 1960년대와 1970년대에 역점을 둔 사업은 서구인의 입맛에 맞는 관광지를 만드는 것이었다. 이러한 서구인을 위한 관광정책은 서구의 기준에 따른 도시경관의 재구성을 이루었다. 당시 가장 큰 구호는 '싱가포르를 깨끗하게(Keep Singapore Clean)'와 '정원도시를 향해서(Towards a Green Garden City)'이었다.

도로는 미국식의 바둑판 식으로 바뀌었고, 공원과 도심공간은 정원으로 꾸며졌다. 대대적인 나무심기가 이루어졌고, 썩은 과일이 떨어지는 과실수는 관상수로 바뀌었다. 가게주인들은 점포 앞을 깨끗이 청소하게끔 되었고, 길거리에서 쓰레기버리기와 침을 뱉는 행위는 벌금형에 처해지게 되었다(Leong, 1989).

1960년대 말과 1970년대 초 사이에 만들어진 세 가지 대표적인 주제관광지는 센토사(Sentosa), 주롱 새공원(Jurong Bird Park), 그리고 동물원(Zoological Garden)이었다(Ho, 2001). 센토사의 주제는 싱가포르의 상징인 해사자(Merlion)를 중심으로 한 환상의 세계이며, 새공원과 동물원은 열대도시의 이국성을 주제로 삼았다고 볼 수 있다. 물론 이러한 주제들은 싱가포르의 지역 역사를 조명한 것이 아니라 이국적인 열대도시라는, 서구인에게 통할 수 있는 환상을 창조한 것이라고 볼 수 있다.

가공과 더불어 지역문화의 '포장'도 싱가포르 정부의 주요한 정책이었다. 1960년대부터 싱가포르의 다문화주의가 적극적으로 관광자원화되었다[36]. 싱가포르의 예를 더 살피기 전에 인종집단

---

36) 1980년대의 관광정책은 이러한 "다문화주의"가 좀 더 적극적으로 시도되기 시작한 때로 볼 수 있다. 이시기의 관광정책은 산업으로서 관광에 대한 강력한 지원과 도심의 문화유적에 대한 보존과 복원으로 구체화 될 수 있다.

1983년에 관광객의 수가 3.5 퍼센트 감소하자 싱가포르 정부는 좀 더 강력한 관광진흥책인 "10조 싱가포르 달러짜리 패키지(A billion-dollar package)"를 준비한다. 패키지의 주요 목적은 방문객, 체류기간, 여행지출을 늘이는 것이다. 그리고 이 패키지는 싱가포르의 빠른 성장으로 인한 도시화가 관광유적을 파괴하고 있다는 인식에 기반하고 있다. "10조 싱가포르 달러짜리 패키지"는 싱가포르 관광에 다섯 가지의 주제(theme)를 부여하였다. 이는 (1) 이국적인 동양 (exotic east), (2) 식민지 시대의 역사유적, (3) 열대섬 휴양지, (4) 깨끗하고 푸른 정원도시, (5) 국제적 스포츠 관련 이벤트의 중심도시 라는 다섯 가지이다. 이 각각의 주제는 반나절 혹은 하루종일의 관광코스를 제공할 것으로 계획되었다 (Khan, 2001).

싱가포르 달러로 10조 싱가포르 달러를 투자하는 것 이외에 싱가포르 정부는 외국인들의 관광관련 투자를 늘리기 위해서 다양한 세금혜택을 제공하였다. 싱가포르 달러로 2천만불 이상을 투자하는 외국인에 대해서는 향후 5-10년 동안의 이익에 대한 세금을 면제해 주었고 처음 5년 동안의 재산세를 낮추어 주는 등의 혜택을 제시하였다 (Khan, 2001).

1984년에 발표된 정부보고서(Tourism Task Force Report)에 의하면 도시재개발이 도심의 문화유적을 파괴하고 있고, 관광진흥청(STPB)과 도시재개발국(Urban Renewal Authority)이 힘을 합쳐서 복원에 나서야 한다고 권고하였다 (Ho, 2001). 따라서 역사유적의 복원이 주요한 과제중의 하나가 되었다. 싱가포르의 차이나타운(Chinatown), 리틀인디아(Little India) 같은 오래된 동네에 대한 보전 및 복원에 대한 과감한 투자가 시작되었고 도시 전체에 있어서의 녹화사업과 싱가포르 강의 정화작업이 이루어졌다.

1996년에 발표된 '관광21(Tourism21)'에도 다인종적 전통은 중요한 관광자원으로 간주된다. 싱가포르관광청(STB)에 의하면, 관광21의 중요한 요소 중 하나가 '주제중심의 발전(Thematic Development)'이며, 현재 진행되고 있는 세 지역 중 하나인 차이나타운이 인종집단 위주 관광의 예를 보여준다(STB, 2001).

차이나타운은 관광21에서 가장 먼저 시행되는 발전지역이며 1998년을 기준으로 3년 내지 5년 정도에 싱가포르달러로 9,750만 불이 소요될 것으로 예상

과 관광에 대한 개론을 먼저 알아보도록 하자.

6.4.1. 인종문제와 관광

관광은 요즘 들어 더욱 더 인종관계를 이해하는데 중요한 요소로 평가되고 있다. 이러한 추세는 두 가지로 설명할 수 있다.

첫 번째로는 '다문화관광(multi-cultural tourism)'이라고도 불려지는 '인종관광(ethnic tourism)'의 중요성이 커지기 때문이다. 1990년 6월 미국의 두 관광 관련기관(The United States Travel and Tourism Administration, The Minority Business Development Agency)이 소수계 인종의 역사적 문화적 관광지에 대한 인식도를 높이고 여행 및 관광업 등에 종사하는 소수계 사업장들의 수익을 높이기 위한 방안을 내놓은 것이 그 좋은 예이다.

위 기관들은 흑인계(African-American), 아시아계(Asian-American), 중남미계(Hispanic-American), 그리고 본토인디언계(Native-American)의 역사에 있어서 중요한 건물과 경관 등을 조사하였다. 미국 각 주의 관광국, 인디언 부족회의, 상공회의소, 행정기관 등으로 구성된 연구팀에 의해 다음 표 6.2의 14개 소수계 인종 역사 문화중심지가 선정되었다(Doggett, 1993):

된다. 사업내역으로는 마을공연장(Village Theater), 전통시장(Street Market) 등이 있다. 관광21의 향후 개발할 세 가지 주제관광지역에는 리틀인디아도 포함되어 있다(STB, 2001).

표 6.2. 미국 소수계 인종 역사문화중심지

Atlanta, GA	흑인계
Chicago, IL	흑인계
Harlem, NY	흑인계
Kansas City - St. Louis, MO	흑인계
Los Angeles, CA	아시아계/중남미계
Philadelphia, PA	흑인계
San Antonio, Texas	중남미계
San Diego, CA	본토인디언계/중남미계
San Francisco, CA	아시아계/중남미계
Santa Fe - Albuquerque, NM*	중남미계
Southwestern, SD	본토인디언계
Tulsa - Pawhuska, Oklahoma	본토인디언계
Washington, DC-Fredericksburg, VA	흑인계
Williamsburg-Jamestown -Hampton-Norfolk, VA	흑인계

* 두 도시 모두 강한 본토인디언(Native-American) 영향을 받는 도시임.

이중 가장 대표적인 성공사례는 필라델피아(Philadelphia)이다. '필라델피아 컨벤션 및 방문객 사무국(Philadelphia Convention and Visitors Bureau)'에 관여하고 있는 '소수인종 자문위원회(Minority Advisory Committee)'는 흑인관광 상품을 개발하는데 성공적이었다. 필라델피아에서 열리는 전국적인 흑인관련 회의와 컨벤션도 1988년과 1991년 사이에 두 배 이상 늘어났다(Doggett, 1993).

이러한 인종집단 고유문화를 활용한 관광의 성장은 미국만의 현상은 아니다. 발리, 파푸아 뉴기니, 중국 등 많은 나라들이 자신의 인종문화를 관광자원화하기 위해서 애쓰고 있다.

두 번째 이유는 인종문화(ethnic culture)와 관광의 관계에 대한 인식이 바뀌고 있기 때문이다. 앞서 언급하였듯이, 기존 입장은 인종집단의 문화가 관광화될때는 그 문화를 이루는 해당 인종계 주민들은 수동적으로 자신의 문화의 왜곡을 바라만 볼 수밖에 없다는 것이었다.

하지만 새로운 시각에서 보면 '관광적 인종성(touristic ethnicity)'은 중요한 존재로써 인식될 수 있다. 또한 각 인종집단들은 소극적이 아니라 적극적으로 관광화에 참여하여 사회의 전체적인 인종관계에서 자신의 위치를 높이려고 노력할 수 있다고 할 수 있는 것이다. Kahn(1997)은 세계적 유일성에 대한 저항과 지역 다양성에 대한 축제가 바로 관광의 문화라고 지적한다.

인종집단 문화관광화의 또 다른 중요한 점은 이 과정이 인종문화에 대한 성찰과 선택을 가능하게 한다는 점이다. 부분적으로는 다른 인종문화와 차별화하려는 관광마케팅의 요구 때문에, 관광화는 인종집단으로 하여금 그들의 문화를 객관화하고 외부화하게 된다. 이러한 객관화, 외부화는 인종문화를 더욱더 성찰, 토론, 그리고 의식적 선택의 대상이 되게 한다(Wood, 1998). Waters(1990)는 이에 대해 '인종적 선택(ethnic option)'이라는 단어를 사용하기도 한다.

자기 인종의 정체성에 영향을 주는 동시에 관광은 인종관계의 변동을 유발한다. 현대에 들어 더욱 많은 인종집단들에 속한 사람들이 관광을 하고 다른 인종집단들의 문화에 대해 볼 기회가 생기고 있다. 대부분의 나라에서 인종적 관광의 관광객의 상당한 부분은 국내인이 차지한다는 것은 이러한 관광이 한 인종집단에 대한 이미지를 바꾼다는 것을 의미한다.

관광에의 관여는 한 인종집단의 다른 인종집단이나 국가와의 관계를 바꿀 수도 있다. 성공적인 인종적 관광으로 발리인들은 어느 정도의 지방자치를 중앙정부에 요구할 수 있다. 티베트의 경우에서와 같이 관광은 자기 인종집단의 정치적 고통을 세계에 알릴 수 있는 기회도 되어 왔다(Klieger, 1990; Schwartz, 1991; Wood 1998에서 인용).

이렇게 인종집단위주의 관광이 각 인종집단의 정체성과 인종관계에 영향을 미친다는 것은 다른 말로 다인종주의 관광이 국내정치에 영향을 준다고 풀어 해석할 수도 있다. 인종관계는 다인종사회의 국내정치에 매우 중요한 부분이다. 한 인종의 사회적, 경제적 지위의 상승은 기존 정치구도의 변화를 의미한다.

이러한 맥락에서 싱가포르의 국가주도 정치가 다인종주의적 관광에 미친 영향을 고찰해보는 일은 흥미롭다. 이러한 관광이 싱가포르 국내정치에 남기는 시사점 역시 탐구할 가치가 충분하다.

6.4.2. 싱가포르의 다인종주의 관광

싱가포르의 다인종주의는 관광정책과 직접적으로 연결된다.

PAP 주도의 정치체계에서 사용되는 민족구분이 그대로 사용되고, 평화로운 민족관계가 강조되며, 각 민족의 전통에 대한 인위적인 재포장이 시도된다.

차이나타운, 리틀인디아, 아랍거리 등지에서 시간을 보내라는 메시지를 싱가포르에 오는 관광객은 계속 받는다. 또한 중국사당, 힌두사원, 이슬람사원 같은 각 민족의 종교시설들은 관광지로서 각광을 받는다.

실제로 싱가포르는 많은 다른 종교를 가지고 있지만 '공식적으로 인정받은 민족'들의 종교가 적극적으로 관광상품화되고 있다(Leong, 1989). 싱가포르 관광안내 책자의 표지는 거의 대부분 중국계, 인도계, 그리고 말레이시아계의 민족들이 자신의 고유의상을 입고 나온다. 관광객들은 중국전통극, 인도와 말레이시아의 전통 춤을 보면서 이러한 문화가 싱가포르의 옛날 일상생활을 반영한다고 생각하게 된다.

이러한 공식적으로 인정된 인종집단들의 고유음식 역시 관광상품화된다. 예를 들어 중국음식의 대표로는 국수, 말레이시아의 경우로는 '고기를 양념에 절어서 구운 요리 (Satay)', 그리고 인도음식으로는 카레가 대표되는 것이다.

Leong(1989)은 이러한 다인종주의적인 음식문화를 관광객들이 쉽게 접할 수 있는 한 곳(Rasa Singapura Food Centre)을 예로 든다. 그에 의하면, 싱가포르 당국이 중국과 말레이시아 등의 일류급 요리사들을 이 곳에 모아서 다인종주의적인 음식문화를 외국인이 쉽게 접할 수 있도록 포장한 것이다.

1964년에 관광진흥청(Singapore Tourism Board:STB)이 설립되었을 때, 싱가포르를 이국적인 '한 곳에서 모든 것을 즐길 수 있는(all-in-one)' 아시아적 관광지로 만들기 위해 '즉석 아시아(instant Asia)'라는 개념이 만들어졌다. 이 용어는 1990년대까지 사용되었다. 'Instant Asia'는 한곳에서 아시아의 모든 이국적인 정취를 느낄 수 있는 곳이 싱가포르라는 의미로 개발되었다(Chang, 1999:99). 'Instant Asia'는 '오랜 기간동안 여행을 할 시간적 물질적 여유가 없는 서양이나 멀리 떨어진 나라에서 온 관광객들'을 위한 '이상적인 휴가장소'로 싱가포르를 선전하자는 의도였던 것이다(STB, 1966:24; Chang, 1999:99).

'Instant Asia'라는 구호는 차이나타운 <그림 6.7 참조>, 리틀 인디아와 같은 특정인종집단의 집거지에 대한 관광자원화나 각 인종집단의 다양한 음식문화와 축제 그리고 기념품 판매<그림 6.8 참조> 등으로 실제 현실에서 드러난다.

이러한 싱가포르 지역문화의 '다인종주의적-다문화주의적 포장'은 외래관광객들이 남기는 외화 획득 뿐 아니라 싱가포르 지역사회 내부의 정치적 필요성에서도 기인한다. Leong(1989)도 지적하듯이, 외국인이 즐겨 찾는 문화명소는 내국인도 방문을 자주하는 경우가 많다는 사실은 관광이 국내 정치상황에도 큰 영향을 미친다는 것을 알 수 있게 한다.

Chang(1999:99)은 다문화주의적 관광자원화가 싱가포르의 1965

년 독립이후 국가건설에 있어서 정치적으로 도움이 되었고 싱가포르 국가 정체성을 확립하게 하였다고 주장한다. 그에 의하면 'Instant Asia'는 외래관광객을 유인하는 전략일 뿐 아니라 공동체 건설전략이기도 하다는 것이다.

자료: 김준우 촬영 사진 2000년

그림 6.7. 차이나타운 (China Town) 전경.

자료: 김준우 촬영사진 2000년

그림 6.8. 차이나타운에 있는 한 기념품 가게에 있는 엽서.
(흔한 영어이름을 붓글씨체 중국어로 적어 놓았음)

Chang에 의하면 독립이래 정부의 과제는 다인종적이고 분열하기 쉬운 국민들을 통합하는 것이었고 다인종주의-다문화주의는 관광정책 뿐 아니라 싱가포르 사회정책 전반에 실행되었다. 따라서 다인종주의는 교육에서의 복수언어정책, 종교의 자유, 정치적 안배, 국민주택의 배당 등에서 나타났다.

이러한 여타 사회정책과 같은 맥락에서 관광정책도 자리잡고 있다. 여러 인종집단 각각의 전통을 관광자원화하는 다문화주의적 관광정책은, 싱가포르인들로 하여금 자신의 지역사회를 평등하고 모두가 존중받는다고 생각하게 한다는 것이다. 심지어 어떤 문서에서는 STB가 'Instant Asia'를 인종간 화합과 일치, 그리고 싱가포르의 새로운 정체성과 연결시키기도 했다는 것이다(Chang, 1999:99).

6.5. 관광자원화되지 않는 지역문화: '싱가포르의 국가건설이념에 벗어나는 문화'

이렇듯 돈을 벌기위해서나 정치적 통합을 위해 추진되는 싱가포르의 문화관광정책을 살펴본 후에는 자연히 '관광자원화되지 않는 것들'이 있을까 하는 생각을 하게 된다. 싱가포르의 선택되는 않는 지역문화는 '국가건설 이념에 벗어나는 문화'라고 규정할 수 있다. 좀 더 구체적으로 얘기하자면 '공식적 다문화주의에 잘 맞아들어가지 않는 지역문화'이다.

필자는 성공적으로 보이는 싱가포르의 이러한 다인종주의 관광정책은 싱가포르 정치체제가 가지고 있는 모순을 그대로 가지고 있다고 주장한다. 이러한 모순은 두 가지 항목으로 나누어 볼 수 있다.

첫째는, 관광에 있어서 인종집단 정체성의 문제이다. 싱가포르 정부는 PAP위주의 정치체제에서 유지되는 인위적인 중국인, 말레이시아인, 인도인, 그리고 기타로 나누어지는 소위 CMIO (Chinese, Malay, Indian, Others) 공식을 관광산업에 적용하였다. 그 결과 중국, 말레이시아, 그리고 인도계의 전통문화만 공식화되었다.

관광산업에 있어서 다른 소수인종 내지 혼합인종의 전통은 무시된 것이다. Leong은 싱가포르 관광정책에서 중국과 말레이시아의 혼합인종인 '바바[37](Babas)'의 무시를 CMIO 위주 싱가포르 다인종주의 관광정책의 맹점이라고 지적하고 있다.

바바는 겉모습은 중국인이지만 말레이시아 의복과 언어를 택하고 있다. 이 바바들은 논야(nonya)라는 중국재료와 말레이시아의 소스를 섞는 독특한 음식문화를 가지고 있다. 이러한 바바들의 전통 음식문화는 실제로 다인종주의를 가장 잘 발현하고 있는 데에도 불구하고 싱가포르의 공식 관광정책에는 채택되어 있지 않다는 것이다.

---

37) '바바'는 'Peranakan' 'Baba-Nyonya' 'Straits Chinese (土生華人:해협에 정착한 중국인이라는 의미에서 유래)'이라고도 불린다. 바바는 말라야와 자바에 일찍 정착하고 현지에 동화되기 위해 말레이 문화를 받아들인 중국인을 의미한다. 15세기 말레이 반도의 도시국가들은 중국과 긴밀한 관계를 유지하곤 했다. 이러한 관계속에서 중국 공주인 항리포(Hang Li Po)가 Malacca의 술탄인 Mansur Shah에게 선물로 주어졌다. 공주와 동반한 신하와 종들이 이 지역에 정착하면서 바바라고 불리게 되었다. 이들 대부분은 호키안(Hokkien) 출신이었다. 이들은 구정신년과 조상숭배와 같은 자신의 문화를 대부분 유지했지만 말레이 언어와 문화에 동화되었다. 이들은 독특한 문화와 요리를 만들어나갔다. 20세기 중반에 바바는 대부분 영어교육을 받았다. 새 문화에의 개방성과 말레이 원주민과의 친화성 때문에 이들은 영국의 말라야 통치하에서 관료직으로 많이 진출하였다. 출처: www.wikipedia.org

두 번째는 인종집단 관계의 문제이다. PAP주도의 정치체계가 중국인, 말레이시아인, 인도인의 인종집단별 사회세력화를 막는 것을 기본으로 하는 기조가 관광정책에도 반영되어 있다는 것이다.

Leong(1989)은 관광정책에서 기존 인종관계의 유지 및 통제라는 정치적 의도가 여지없이 드러난다고 주장한다. PAP 주도의 정치체계에서 사용되는 민족구분이 그대로 사용되고, 평화로운 민족관계가 강조되며, 각 민족의 전통에 대한 인위적인 재포장이 시도된다. 이러한 관광정책에서의 다문화주의는 싱가포르는 공평하고 누구나 존중받는 국가가 싱가포르라는 국가건설이념을 반영할 뿐 아니라 인종집단간의 경계와 관계 유지라는 정치적 통제의 의도도 있다는 것이다.

앞서 설명한 필라델피아의 흑인관광사업정책과는 정반대로 싱가포르의 인종집단별 관광은 정부에 의해 주도되어 왔다. Chang (1999)에 의하면, 1984년도의 정부 보고서(Report of the Tourism Task Force)는 어떻게 문화적 풍습과 장소가 '재창출(re-create)'되어야 하느냐에 대해서만 얘기할 뿐 그 인종계 주민들이 그것에 대해 어떻게 생각하는지는 거의 다루지 않았다고 한다.

Chang(2000)은 차이나타운 개발에 있어서도 실제 과거의 모습은 복원과정에서 무시되었다고 주장한다. 예전을 특징짓는 모습 중 하나는 고급문화와는 거리가 먼 창녀촌이라는 것이다. 하지만 싱가포르 정부는 이러한 과거 문화를 무시하고 '적절하다고' 생각되지만 실제 과거의 모습과는 거리가 먼 문화(예를 들어 Village Theatre에서의 태극권이나 전통서예)를 재연했다는 것이다.

중국계, 말레이시아계, 인도계의 민속문화 역시 정부의 공식적 입장에 부합하지 않는 부분은 실제로 무시되었다는 주장도 있다. Chang(2000)은 리틀인디아의 보존사업에서 정부가 주도권을 잡고 그 방향을 설정해 갔다고 기술한다. 이 과정에서 전통적인 인도식 생활 풍습은 경시되거나 무시되었다. 인도인들의 정체성이나 결속에는 처음부터 싱가포르 정부가 아무 관심도 없었기 때문에 인도의 전통적 분위기를 내지만 현대적 시설을 갖춘 상가들은 누구에게나 동일한 조건으로 임대되었다. 결과적으로 많은 중국인들이 리틀인디아에서 장사(예를 들어 귀금속 가게 등)를 시작하게 되었다. Chang이 강조한 점은 이러한 보존이 인종집단의 고유성을 약화시켰다는 점이다. Chang의 주장을 저자가 다시 표현하자면 이러하다: 초라하지만 인도인들이 모이고 장사하는 리틀인디아의 있던 그대로의 문화는 무시되었다.

6.6. 부산의 선택

부산 역시 싱가포르와 마찬가지로 없는 지역문화를 가공해서 관광자원으로 만들어 내는데 열중하고 있다. 물론 이러한 가공이 비난받아야 되거나 잘못된 관광정책이라는 판단을 저자가 가지고 있는 것은 아니다. 상업적인 측면에서 볼 때, 싱가포르는 이러한 성공적인 가공을 통해 관광산업의 급격한 발전을 이룰 수 있었다.

부산시의 경우 '바다' '대중성' 등이 이러한 가공의 대상이 되곤 한다. 2001년에 부산광역시가 발간한 "2021년 부산도시기본계획"에는 관광정책의 기본방향중 하나를 '동북아 해양관광거점도시로 육성'이라고 명시해 두기도 하였다. 필자는 현재 부산에서 추진되고 있는 4대 문화축제 (부산국제락페스티발, 부산바다축제, 자갈치문화관광축제, 부산국제영화제)의 성격에 대해 나름대로 분석해보고 저자는 이러한 판단을 하였다.

저자는 부산의 4대 축제가 모두 지역문화로서의 역사적 기반이나 내용이 분명하게 제시되지는 않았다고 생각한다. 예를 들어서 부산은 영화도시로서의 전통을 실제로 가지고 있지만, 부산국제영화제의 홍보에서 이런 점이 집중적으로 강조되지는 않는다.

자갈치 시장이 가지고 있는 높은 전국적인 인지도에도 불구하고 자갈치문화관광축제가 어떻게 '자갈치아지매의 억센 생활력'을 행사내용과 연결시켰는지는 논란의 여지가 있을 수 있다고 본다.

부산국제락페스티발과 부산바다축제의 경우의 경우는 지역문화와의 연계를 얘기하기에 좀 더 어려움이 있을 것이라고 판단된다. 2000년 부산 국제 Rock Festival의 경우 추진목적중 하나가 '부산국제문화제에 이은 또 다른 부산의 대표적인 문화관광상품 개발'이다. 행사주제도 '자유, 화합 그리고 미래 (부산문화관광축

제조직위원회, 2001)'로 부산의 지역성과 직접적인 연결이 어렵다고 판단할 수 있다. 부산바다축제의 경우 그 경제적 성공(2000년 행사기간인 8월 1일과 8월 4일 동안 맥도날드 해운대점 1만 2천명 입점)에도 불구하고 (부산문화관광축제조직위원회, 2001), 공연행사인 MBC 전국 락 페스티발, 재즈 댄스공연은 지역성과 거리가 먼 것으로 저자는 판단한다.

부산은 싱가포르와 마찬가지로 지역문화의 관광상품화를 위한 포장에 관심을 가지고 있다. 2001년에 부산광역시가 발간한 "2021년 부산도시기본계획"에는 관광정책의 기본방향 중 하나를 '역사문화자원을 활용한 국제적인 문화관광 도시로 발전'이라고 정하였다. 그 세부사항으로 '부산지역 고유의 역사문화자원의 발굴, 보존, 개발을 통하여 거점지역 육성' ' ... 지역문화의 정체성을 살린 독특하고 다양한 문화관광자원 및 프로그램 개발'등을 들고 있다.

부산정체성을 찾고 이를 관광자원화하려는 구체적인 시도는 2000년 8월 31일 부산광역시청에서 발표된 "부산뿌리 찾기 사업의 추진방향과 과제"라는 토론회에서 잘 나타난다. 이 사업을 위해서 부산에 거주하는 전문가 (학계, 언론계, 문화예술계, 교육계, 시민단체 등이며 경제계와 정계는 거의 포함되지 않음) 100명을 대상으로 2000년에 실시되고 토론회에서 발표된 설문조사 결과는 의미있는 정보를 담고 있다 (부산발전연구원, 2000).

부산정신[38] 또는 지역정체성을 가장 잘 나타내는 개념으로 나타난 순서는 다음과 같다 (개방성, 저항성, 민중성, 해양성, 민주성, 진취성, 국제성, 선구자정신, 공동체의식, 민족성, 개척정신, 비판의식, 자주성, 주변성<변방성>, 창조성, 모험성, 합리성).

부산정신 또는 지역정체성의 상징물로 적합한 대상물의 순서는 다음과 같다 (부산항, 복천동 고분, 범어사, 백산 안희제, 자갈치시장, 1987년 6월 항쟁, 동래학춤, 동래야류, 금정산, 임시수도기념관, 충렬사, 조선통신사, 4.19 학생의거, 낙동강하구 <을숙도>, 동래중 항일학생의거<일명 노다이 사건>, 박차정 열사, 국제시장, 영도다리).

부산항에 관해 추천된 사업내용을 보면 부산항의 발전사를 정리하고 전시하기 위한 항만박물관의 건립, 영가대와 왜관 등 관련 역사유적의 발굴 복원, 친수공간 확보, 개항기념행사의 개최 등이 가장 많았다.

이러한 설문조사를 요약해 줄 수 있는 단어는 '바다' 내지 '해양성'이라고 볼 수 있다. 또한 이는 부산시의 관광정책의 방향과 일치한다. 앞서 설문조사에서 나온 '개방성'과 '부산항'을 연결시켜주는 것이 바다이다.

현재 부산시의 관광정책을 보면 '바다'가 가장 주요한 단어라고 볼 수 있을 것이다. 앞서 언급하였듯이 2021년 부산시 도시기본계획의 관광부문에서 가장 먼저 나오는 기본방향이 '해양관광거점도시'이다. 앞서 언급한 4대 축제중 많은 부분이 바다와 직

38) "부산정신"에 대한 개념적이며 구체적인 정보는 김성국(2000)을 참조.

접적으로 (예를 들어 자갈치축제와 바다축제) 연결되기도 한다.

부산광역시가 발간한 “2001 부산시정: 변화와 발전, 부산이 제2의 개항시대를 펼쳐갑니다”에 의하면 특색있는 관광자원개발로서 주로 바다나 해양성과 관련이 있는 다음과 같은 항목들이 들어 있다 (해상관광호텔, 해운대해저테마수족관, 해양자연사박물관 제2전시관, 관광도로 및 거리 조성<해운대 달맞이길 등 2개사업>, 외국인전용 편의시설 건립<초량동 일원>).

싱가포르의 다문화주의가 관광 뿐 아니라 사회체제를 반영하듯 부산의 ‘해양성’은 관광 뿐 아니라 시정의 기본방향과 일치한다. 방금 언급한 “2001 부산시정”의 시장인사말 부분에서 현재 부산시장인 안상영은 다음과 같이 적고 있다: “시민여러분! 저는 21세기의 첫해인 2001년을 해양수도 부산건설을 위한 ‘제2개항시대의 원년’으로 선언하였습니다. 이에 따라 올해는 해양수도 기반을 착실히 다지며 ... 우리 부산을 명실상부한 국제교류거점 해양도시로 거듭나게 할 것입니다 ... 우리 모두 제2개항의 정신으로 부산 재창조를 이루어갑시다.”

같은 책자에서 부산의 해양수도 기능 확충이 언급되고 있다. 해양수도 기반확충을 위해 ‘해양수도21’ 계획수립, 부산항만공사 출범, 부산항 관세자유지역지정추진, 런던금속거래소 지정창고 유치 등을 추진사업으로 내세웠다.

싱가포르의 건설이념인 다문화주의가 결국 투표에서의 득표율과 연결되는 것과 마찬가지로, 부산시의 새로운 구호인 ‘제2개항’

도 안상영 시장의 선거와 연결이 된다고 주장하는 시정관련 사람들을 저자는 만난 적이 있다. 이들에 의하면 안상영 시장의 '제2개항'은 2002년 부산시장 선거를 앞두고 '부산시민을 하나로 통합하기 위한' 것이다.

'제2개항'이 관련된 정책을 추진하고 대중행사를 치르면서 시장의 이미지를 좀 더 긍정적으로 만들겠다는 의도를 가졌다고 피면접자들은 대체로 주장하였다 (2001년 12월 저자와 대면면접: 이름, 직위를 밝히지 않음). 물론 부산시의 '해양성 강조'가 전적으로 부산시장의 선거를 위한 것은 아닐 수 있다[39].

이러한 '해양성'을 중심으로 한 부산 지역문화의 관광자원화는 사업으로서 추진되었다. 부산광역시 문화관광국의 "2001년 주요 업무계획"에 의하면 '부산 뿌리찾기사업 종합계획수립'이 잡혀있다.

추진목적은 다음과 같다: (1) 부산지역사 속의 역사적 인물, 자료, 유물, 유적발굴, 보존 (2) 발굴된 내용 대시민 홍보 (3) 자긍심, 향토애 고취, (4) 유물 유적 등의 보존과 선열의 업적과 정신을 기리고 계승 발전시키고자 함.

2001년 추진사업은 기초자료조사 및 발간으로써 다음과 같다: (1) 부산학 연구문헌 목록집 발간 (2) 부산금석문 자료조사 학술

39) 면접자들의 내부사정에 대한 이야기도 정황적인 내용이 많고, 어떠한 사건의 의도 및 실행이 시장에서 비롯된다는 확실한 근거는 제시하지 못하였다. 그러나 다른 한편으로 이러한 사안에 대해서 확증을 제시하는 것은 극히 어렵다는 점도 고려되어야 한다.

용역 (3) 부산지역 매장 문화재 분포집 보급 (4) 부산을 빛낸 인물 조사 및 홍보 (5) 향토사 편찬 중장기 계획 수립.

저자는 이러한 정치적 통합 목적을 가지고 있는 부산의 관광정책에서 같은 '해양성'을 나타내는 지역문화라도 관광자원화를 위한 '선택'의 기준은 부산의 민족주의적 지역자부심에 부합하는 정도라고 주장한다.

민족주의적 지역자부심에 부응하는 지역문화는 적극적으로 관광자원화되고 있다. 부산광역시 문화관광국의 2001년 주요업무보고에는 영가대 복원과 조선통신사 행렬 재현이 보고되어 있다. 영가대와 조선통신사는 서로 연결되어 있고 민족주의적 지역자부심에 적합한 문화유산이다. 영가대는 조선시대 통신사가 일본으로 향할 때 항해의 안전을 위해 해신제를 지내는 곳이었다[40]. 조선통신사는 잘 알다시피 임진왜란 이후 조선과 일본사이의 공식적 외교방문 이었을 뿐 아니라 조선 입장에서는 앞선 문화의 전파라는 의미를 가지고 있었고, 그 방문은 부산에서 준비되었고 출발하였던 것이다.

언급한 주요업무보고에 의하면 영가대는 동구 범일동 부산진지성내 누각이 복원되고 기념관이 조성된다고 한다. 또한 조선통

40) 1614년 경상도 순찰사 권반이 자성대 근처 해안에 선착장을 만들면서 파 올린 토사를 쌓아 올려 작은 언덕이 되자 여기에 8각의 정자를 세웠으며, 1623년에 선위사 이민구가 권반의 고향 영가를 빌려 영가대(永嘉臺)라 이름지었다. 그러나 지금은 없어지고 성남초등학교 철로변에 1951년에 세운 기념비만 남아있다 (범일2동 254-6). 경치가 아름다워 지방관리들의 관월루로도 이용되었다. 출처: http://donggu.busan.kr

신사 행렬은 2001년 8월 부산바다축제에서 조선통신사 행렬이 재현되었다고 한다.

반대로 민족주의적 지역자부심의 기준에서 볼 때 적합하지 않은 부산문화는 무시되거나 아니면 어느 정도 탈색이 된다고 필자는 주장한다. 대표적인 경우가 앞서 언급되었던 왜관과 부산진지성(자성대)이다. "부산뿌리 찾기 사업의 추진방향과 과제"라는 토론회 (부산발전연구원, 2000)에서 왜관복원이 부산항과 관련된 사업으로 전문가들에 의해서 추천되었지만 현재 부산시가 이를 적극적으로 추진하지는 않고 있다.

이는 왜관이 부산의 민족주의적 지역자부심과 부드럽게 연결되지 않기 때문인 것 같다. 물론 어떤 의미에서는 왜관이 지금의 외교공관과 같은 역할을 하였지만, 또 어떤 면에서는 불법상거래, 지역 부녀자들과의 성관계 등으로 인한 풍기문란 등의 오명을 가지고 있었기 때문이다[41]. 부산지역은 조선시절 뱃사람과 왜놈이 들끓는 곳이라는 편견과 천대를 받았던 것이다[42].

자성대(부산진지성)[43] 역시 임진왜란 때의 왜성이었던 역사를 가지고 있어서[44] 부산의 민족주의적 지역자부심과는 거리가 있

41) 구체적인 내용과 부산인의 이에 대한 정서에 대해서는 김성국(2000)을 참조

42) 자세한 내용과 이의 현대적 해석은 김성국(2000)을 참조

43) 부산진 지성을 자성대라고 부르는데 이것은 부산진성을 본성 또는 모성이라는데 대해 자성대의 성을 지성 또는 자성이란 뜻으로 그리 말하기도 하고 또 산정에 자성을 만들어 장대로 삼았다고 하는데서 자성대라고 하게 되었다고도 말하고 있다. 출처: http://donggu.busan.kr

44) 현재에 남아있는 이 성지는 임진왜란 때에 침범한 왜군이 부산에 주둔하면서

을 수도 있다. 이러한 자성대는 잘 보존되어 있다고 하기는 어렵다. <그림 6.9>에도 나타나 있듯이 자성대 부근 이곳저곳에는 상가가 위치해 있다. <그림 6.9>에서 볼 수 있듯이 자성대의 성문조차 상업건물에 의해 가려져 있는 현실이다. 이는 자성대 자체의 관광지로서의 홍보효과를 감소시킬 뿐 아니라 역사적 장소성의 의미를 훼손한다.

부족하나마 자성대에서 현재 보존, 복원, 내지 포장, 개발되어 있는 지역문화는 부산의 민족주의적 지역자부심을 부각시키는 부분이 많다고 할 수 있다. 예스런 맛을 복원했다고 하기도 어렵고 현대적인 고급스러운 건물도 아니지만, 최영장군 사당이 자성대공원 동편에 있다. 이 사당은 왜구격퇴에 힘쓴 무인공 최영장군을 기리기 위한 것이다. 또한 임진왜란에 참가한 명나라 명장 천만리의 후손이 비를 세워 단을 만든 만공단이 있다(http://donggu.busan.kr).

영가대를 자성대에 복원하려는 계획은 특히 주목할 가치가 있다. 부산광역시 문화관광국이 2001년 7월 11일 보사문화환경위

부산진의 지성을 다시 쌓은 성으로 지금 남아있는 성의 일부분은 1593년(선조 26) 모리휘원(毛利輝元) 부자에 의해 일본식으로 축성되었다. 성의 둘레는 1,689척 높이 13척의 산성이었고 동문, 서문, 남문, 북문을 가지고 있었다. 성내에는 공진관(객사), 검소루, 진남정 등이 있었다. 일제 점령기 때 성은 철거되고 말았으며 자성대 부근의 바다는 매축으로 옛 모습은 사라져 버렸다. 현재도 왜성임을 일견 알 수 있지만 남아있는 성지는 2단이며, 성곽의 남겨지고 있는 것은 최고 10m에 최저 1.5m이다. 현재 동문과 서문 및 문루, 성벽의 일부가 복원되어 있으며, 왜성은 정상부 주변을 중심으로 아래로 내려오면서 남아있다. 출처: http://www.visit.busan.kr

원회에 보고한 주요업무보고에 있는 사업계획중 하나가 영가대 복원이다. 구체적인 내용은 다음과 같다: "동구 범일동 부산진지 성내, 2001-2002, 10억원, 영가대 누각복원 등 - 영가대 누각복원 및 기념관 조성으로 일본관광객유치 코스로 활용". 영가대의 옛 위치가 정확하게 자성대는 아니지만 영가대를 자성대 내에 복원하겠다는 것이다[45].

이는 조선의 문화적 우월성을 과시하는 조선통신사와 연결된 민족주의적 지역자부심을 느낄 수 있는 지역문화를 자성대에 공간적으로 유치한다고도 볼 수 있다. 영가대(계획단계)의 경우 왜성으로서의 자성대의 의미를 탈색하는 기능을 할 수도 있다고 저자는 주장한다.

같은 '해양성'과 관련있는 문화라도, 부산의 민족주의적 지역자부심과 부합하지 않는 경우는 관광자원화되지 않는다. 예를 들어 임진왜란 중 일본점령이나 왜관을 통한 일본인과의 교류는 '관광자원화를 위해 선택되어지지 않는 지역문화'라고 볼 수 있다.

앞서 언급하였듯이 왜관은 복원이나 보존되어 있지 않다. 왜성이었던 자성대 역시 부분적으로만 보존 복원되어 있으며, 왜성이라는 의미는 강조되지 않는다.

---

45) 문화관광국에서 역시 2001년에 발간한 "2001 주요업무계획"에 따르면 영가대 복원에 대해 "원 위치 복원불가로 인한 이전 복원지 선정 애로 - 전문가 자문 후 위치선정"이라고 언급되어 있다.

<화면중간의 녹지인 언덕이 자성대이다>
자료: 김준우 촬영사진 2001년

그림 6.9. 자성대 전경.

6.7. 정책적 함의

이 글의 정책적 함의는 '거래적 시각'과 '선택'의 문제가 어떻게 부산관광에서 적용될까 하는 문제에 제한하려한다. 바꾸어 말하자면, 관광관련 외래관광객과 지역민의 욕구를 살펴보고 지역문화의 관광자원화 관련 선택을 어떠한 방향으로 하여야 하는가 하는 것이다.

여기서 다시 하나를 부연해 두자면, 거래적 시각은 외래관광객의 욕구와 지역민의 갈망은 서로 대립 갈등할 수도 있지만 서로의 이해관계가 상호협력적일 수도 있다는 것을 전제한다는 것이다. 즉, 부산을 찾는 외래관광객의 입장과 부산시민의 관광개발에 대한 요구가 꼭 상호 대립적이라고 생각하지는 않을 수도 있다는 것이다.

먼저, 부산관광에 있어 외래관광객의 입장을 알아보자. 이 글에서는 부산이 장기적으로 세계화를 중요시한다는 사실에 기반하여 외국인 관광객에서만 언급하기로 한다. 표 6.3에서도 볼 수 있듯이 부산 외국방문객의 절반 정도는 일본인이며 러시아인이 10%가량 그리고 중국인이 7-8% 정도를 차지하고 있다.

표 6.3. 국적별 외국인 입국현황

(단위 : 천명)

연도	계		일 본		중 국		러시아		필리핀		재외동포		기 타	
	인원	%	인원	%	인원	%	인원	%	인원	%	인원	%	인원	%
1994	962	100	482	50	47	5	109	11	65	8	92	10	167	16
1995	1,090	100	520	48	60	6	135	12	56	5	86	8	233	21
1996	1,013	100	477	47	79	8	120	12	74	7	80	8	183	18
1997	1,097	100	558	51	93	8	107	10	81	7	80	7	178	17
1998	1,068	100	576	54	72	7	119	11	67	6	84	8	150	14
1999	1,281	100	593	47	125	10	76	6	112	9	64	5	311	23

자료 : 부산광역시 관광진흥과 내부자료; 부산관광종합개발계획(안)에서 재인용

일본인들은 수적으로 절반을 차지할 뿐 아니라 상대적으로 많은 부가가치를 부산지역에 남긴다. 예를 들어 부산시 주요 쇼핑몰들의 경우 외국인 단체손님은 한달에 3-20팀 (한 팀당 10명 정도)이며 거의 대부분이 일본인이다[46]. 부산 서면에 위치한 롯데

46) 밀리오레, 지오플레이스 등 주요 쇼핑몰 담당직원과의 전화 면담 (2001년 5월)

백화점의 경우 명품관 판매액의 15%정도, 그리고 김치판매의 10%정도를 외국인이 소화하고 있다. 이 경우 역시 외국인의 거의 대부분이 일본인이다[47].

이러한 일본인들에 대해서만 얘기하자면, 이들의 부산 지역문화에 대한 관심은 부산지역민들의 관심과 어떤 면에서는 일치하지만 다른 면에서는 서로 대립적일 수 있다고 저자는 생각한다.

예를 들어, '조용필의 도시 부산'이란 주제로 관광개발을 하는 경우 일본관광객과 부산시민간의 의견일치를 예상할 수 있다. 조용필은 일본인들에게는 엔카 음악의 한 맥을 이루는 중요한 인물로 생각되고 있다. 부산을 찾은 많은 일본인들은 조용필의 '돌아와요 부산항에'라는 노래를 부산과 연결시킨다[48]. 부산 지역민에게 '조용필 관광'의 매력은 노래가사 뿐 아니라 조용필의 개인사에 있어 부산이라는 장소의 의미에 많은 부분 기인할 것이라고 생각한다[49].

하지만 앞서 언급된 왜관과 왜성에 대한 부분은 일본관광객과

47) 롯데백화점 담당직원과의 전화면담 (2001년 5월)

48) 부산발전연구원 금성근 선임연구위원과의 면접인터뷰 2001년 3월

49) 조용필은 74년에 서울로 올라오기 전에는 부산에서 음악활동을 하고 있었다. 그의 노래 "돌아오지 않는 강"은 부산에서 히트하고 다시 한참 시간이 지난 후에 전국적으로 히트한 경우이다. 1975년 10월 킹레코드사가 내놓은 앨범에 수록된 "돌아와요 부산항에"로 그는 대중의 가슴속에 깊숙이 각인되었다. 하지만 1977년 5월 대마초파동이 일어난 후 그는 활동금지를 당해서 "돌아와요 부산항에"라는 노래제목처럼 부산으로 돌아와서 1979년 12월 까지 은둔가수 생활을 하였다. 이 시기는 1978년 조용필이 민요를 처음 접하였기 때문에 그의 음악세계에도 큰 의미가 있다고 할 수 있다 (월간중앙, 2000).

부산시민의 의견이 다를 수 있다고 본다. 특히 임진왜란 기억을 되살리는 왜성의 경우는 그 정도가 더 심할 것이라고 본다. 자성대의 경우 왜성으로서의 일본관광객에게 상당한 매력을 가지고 있다고 한다[50]. 주위에 국제호텔·크라운호텔 등 일본인이 많이 찾는 호텔이 있고 지하철역이 주변에 있는 등 접근성이 좋아서 일본인을 위한 관광자원으로 큰 잠재성을 가지고 있다.

하지만 왜성으로서의 자성대 복원과 개발에 대해 부산시민들뿐 아니라 정치적 통합을 바라는 시청 고위층에서 적극적인 입장을 보이리라고 생각하기는 힘들 것이다.

이런 경우 관광자원화를 위한 '선택'은 충돌이 적은 부분부터 해나가는 것이 관광산업육성 측면에서 효율적이라고 생각된다. 'Elvis의 도시 미국 Memphis'처럼 '조용필의 도시 부산'을 만드는 것은 지역민의 정서적인 문제에도 지장이 없을 뿐 더러 일본관광객을 유인할 수 있는 하나의 좋은 상품이 될 수 있을 수 있다고 저자는 생각한다. 좀 더 실증적인 연구가 필요하겠지만, 왜성보다는 왜관이 부산시민의 감정적 거부감이 작을 것이다.

좀 더 원칙적인 정책함의로 돌아가자면, 누구를 위해서 어떤 지역문화를 어떻게 관광자원화 할 것인지에 대한 좀 더 진지한 토론이 필요하다고 본다. 이러한 문제는 가치의 문제이기도 하면서 일자리와 같은 현실의 문제이기도 하다. 이러한 토론과정에서 부산시민들의 입장이 충분히 반영될 수 있는 것도 중요하다.

---

50) 2000년 10월 부산발전연구원 금성근 선임연구위원과의 면접 인터뷰

7 세계화와 국가의 반응: 송도경제자유구역

저자는 제3장에서 세계화에 따른 도시 변화를 자세히 살펴보았다. 이를 통해 세계화와 도시와의 관계가 결코 단순하지 않다는 점을 알 수 있었다.

우리나라의 경우 이 주제를 둘러싼 다양한 논의가 있었지만, 지나치게 일반화된 맥락에서 진행되어 왔다고 할 수 있다. 무성한 토론 속에서도 구체적인 분석은 결여되었다.

이런 의미에서 이번 장은 세계화를 구현하는 대형 개발사업으로서 주목을 받아온 인천 송도 경제자유지구를 사례로 하여, 세계화되는 도시가 주는 함의를 탐색해 보고자 한다. 이 장은 먼저 송도에 대한 개략적인 소개에 이어 송도 경제자유지구의 개발이 지닌 의미와 맥락들을 검토하고 설명해본다.

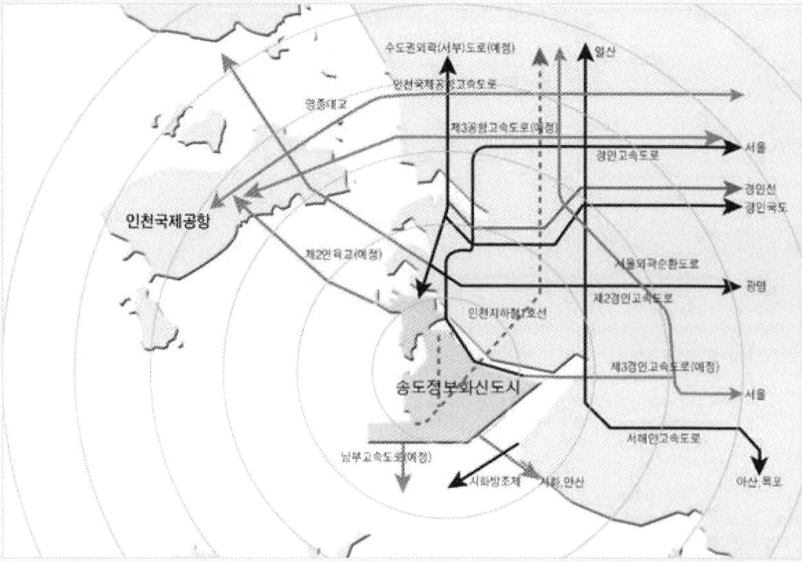

출처: 연수구청. 2004. http://www.yeonsu.go.kr/korea/econo/songdo_index.html 7월 27일 접근

그림 7.1. 송도신도시 주변교통망.

7.1. 송도경제자유구역의 소개

오는 2007년 영종도와 ‘제2연륙교’로 연결될 송도신도시는 인천 앞바다인 연수구 동춘동 535만평을 매립해 만들어지는 대단지다<그림 7.1 참조>. 인천 3차 동시 분양을 통해 분양될 송도신도시 아파트들은 매립이 끝난 1단계 부지 176만평 내에 들어선다. 송도신도시는 ‘경제특구’라는 호재 외에도 특히 인천 시내로의 접근이 쉬워 현지에서도 관심이 높다(조선일보, 2002년 12월 5일).

송도 신도시의 초고층 주상복합 아파트인 '송도 더샵 퍼스트 월드'의 경우는 2005년 5월 4일 모델하우스를 열었다. 이 단지는 64층짜리 4개동을 포함해 12개동 총 2,654가구로 구성되어 있다. 분양가는 평당 평균 1,260만 원선이며, 펜트하우스 대형 평형은 1,900만 원선으로 알려지고 있다(매일경제신문 2005년 5월 5일).

무엇보다도 송도 신도시의 아파트는 경제특구 지정에 따른 개발이익에 대한 기대 심리가 높아지면서 현재 평당 1천만 원을 훨씬 웃도는 가격을 보여주고 있다. 2005년 4월부터 입주가 시작된 풍림 아이원 4블록 43평형은 3억 8천만 원에서 4억 6천만 원 사이에서 거래되고 있다(중부일보 2005년 6월 8일자). 2002년까지만 해도 인천지역의 아파트 분양 가격이 평당 평균 600만원을 넘어선 적이 없었고 인근 연수지구 아파트의 매매가격도 평균 500만 원대임을 감안한다면(세계일보 2002년 12월 24일자), 상당히 높은 분양 및 매매 가격이라고 할 수 있다.

홍보책자들에 따르면, 송도신도시는 베네치아를 모방한 6km의 운하와 파리의 거리풍경, 시카고를 모델로 삼은 부두, 미국 동부 사립 고등학교에서 영감을 얻은 학교들을 갖추고, 하버드대의 의료서비스를 제공할 것이다. 한국정부의 입장에 의하면, 송도 신도시는 중국으로 향하는 야심찬 관문들 중 하나로 싱가포르 등과 경쟁하게 된다(뉴스위크, 2004).

송도의 특징은 엄청난 예산을 투여해서 만드는 국제도시라는 것이다. 2002년 투자계약을 체결하여 1공구일대에 비즈니스센터와 부대시설을 건립하고 있는 게일(Gale)사의 CEO이며 국제업무를 맡고 있는 John B. Hynes에 따르면, $183billion의 건설비용이 들어가는 송도는 말레이시아의 사이버자야에 들어가는 비용인 $17billion보다 훨씬 규모가 크다.

미국 노스캐롤라이나州의 첨단기술 연구단지인 리서치 트라이앵글 파크(RTP)의 투자자문회사인 '아시아 벤처 파트너(AVP)'사가 송도경제자유구역 5,7 공구 전체 198만평에 정보기술중심 연구단지를 조성하자고 제의해왔다(문화일보, 2004년 5월 6일). 지식정보단지는 80만평규모 3,445억원을 들여서 2005년 완공예정이며, 바이오단지 역시 추진될 계획이다(인천경제자유구역청, 2003).

1,3공구 (167만평)에는 미국 게일(Gale)사와 국내 포스코 건설 등으로 구성된 컨소시엄이 127억 달러를 투입, 2004년 하반기부터 2013년까지 국제무역센터(60층), 특급호텔 4동, 백화점 및 쇼핑몰, 골프장 등을 단계적으로 조성한다(한국일보, 2004년 4월 26일).

산업단지 입주자 등을 위해 단독주택과 공동주택 등 9만 8120가구의 주택이 지어진다. 25만 2500여명이 살수 있는 규모다(서울신문, 10월 31일).

2008년 이전까지 인천 송도신도시에 미국 유명사립학교가 설립된다. 교육부에 따르면 송도신도시에 설립되는 학교는 메사추세츠에 있는 '밀턴 아카데미(Milton Academy)', 코네티컷에 있는

‘태프트 스쿨(Taft School)’ 등 6개교 가운데 일부 학교가 우선 거론되고 있으며, 학생수는 2,000명을 수용할 수 있는 규모이다(파이낸셜 뉴스, 2004년 4월 30일). 이들 학교는 교사와 학생의 비율이 5-8대 1에 불과하고 미국 대학수학능력시험(SAT) 점수가 평균 1300점 안팎으로 전국 평균 1026점을 크게 웃도는 명문이다(세계일보, 2004년 4월 30일).

외국 대학병원 설립도 추진되고 있다. 인천경제자유구역청은 2004년 5월 12일 미국의 유명 병원 등과 송도신도시 병원설립을 위한 협상을 벌이고 있다고 밝혔다(한겨레, 2004년 5월 13일). 대상병원은 ‘존스 합킨스 병원(Johns Hopkins Hospital)’, ‘하버드 병원(Harvard Medical School)’ 등이다(Korea Times, 2003 October 15th).

인천국제공항과 송도신도시를 잇는 제2연륙교는 2008년 하반기 준공예정이며 총 길이 21.78km 왕복 6차선으로 총 사업비가 1조 6,000억원에 이른다(한국일보, 2004년 3월 23일). 송도신도시 남측에는 첨단설비를 갖춘 항만과 물류센터 등 배후부지 1백60만평을 개발하는 총 사업비 약 2조 4천억원이 투입되는 송도신항만 사업이 2006년 착공, 2009년 준공될 예정이다(경향신문, 2004년 7월 16일).

인천경제자유구역청 이환균 청장은 송도신도시 조성이 본격화되면 연간 30만명의 고용창출이 이뤄지며 국내총생산도 1% 상승하는 효과가 나타날 것으로 전망했다(국민일보, 2004년 3월 1일).

이러한 변화는 기본적으로 2002년 11월 14일 국회를 통과한 "경제자유구역의 지정 및 운영에 관한 법률"에 기인한다. 이 법에 의하면 '경제자유구역'이라 함은 외국인 투자기업의 경영환경과 외국인의 생활여건을 개선하기 위하여 조성된 지역(로앤비, 2004)이며 국가 및 지방자치단체는 경제자유구역에 입주하는 외국인투자기업에게 국세 및 지방세를 감면할 수 있다. 또한 지방자치단체는 외국인투자기업을 유치하기 위하여 입주외국인투자기업에 임대하는 부지의 조성, 토지 등의 임대료 감면, 의료시설·교육시설·주택 등 각종 외국인 편의시설의 설치에 필요한 자금을 지원할 수 있다.

예를 들어 고도기술수반산업과 산업지원서비스산업에 대해서는 투자규모 및 지역과 관계없이 소득세 법인세를 7년간 면제받고 그 후 3년간은 50% 감면받는다. 취득, 등록, 재산, 종토세는 5년간 면제이다. 3년간은 자본재를 수입할 경우 관세, 부가세, 특소세를 면제받는다(더 자세한 내용은 이창재, 2002 93페이지를 참조할 것).

행정도 달라진다. 시·도지사는 입주외국인투자기업 및 외국인의 편의증진을 위하여 공문서를 외국어로 발간·접수·처리하는 등 외국어 서비스를 제공하여야 한다(로앤비 2004).

송도는 인천의 경제자유구역내에 있는 하나의 지구이다. 재정경제부 경제자유구역위원회에 의해 2003년 8월 우리나라에서 최초로 지정된 경제자유구역이 인천 경제자유구역이다. 총 면적이 209km^2(약 6,336만평)에 달하며, 송도(약 1,611만평), 영종(약 4,184만평), 청라(약 541만평) 등 세 개의 경제자유지구로 이루어져 있다. 사업 기간은 2003년에서 2020년까지이며, 기반시설 조성비로 147,610억원이 투입될 것으로 계획되어 있다(인천경제자유구역청, 2005).

7.2. 세계화와 국가: 송도의 경우

저자는 한국 도시화 과정에서 세계화의 상징인 송도가 국가의 쇠퇴를 의미하지는 않는다고 주장한다. 이러한 주장의 이유는 다음과 같다.

첫 번째, 송도경제자유지구의 건설은 기본적으로 중앙정부가 계획하였고 현재 실행중인 사업이다. 송도신도시 개발계획은 인천의 기존 시가지내 개발가능지 부족으로 공유수면 매립의 필요성이 제기되면서 본격화 되었다. 1979년에 송도지역 공유수면매립 기본계획이 수립되면서 택지의 공급을 최우선 목표로 하여 주거기능 위주의 신도시로 출발하였다(옥동석, 2002:127). 송도앞 공유수면 매립계획은 1984년 8월 13일 인천도시기본계획에서 송도해상도시를 건설, 적정인구를 수용토록 계획된 바 있었다. 인천시에서는 89년 매립허가를 신청 90년 535만평의 매립면허를 승인받았다(김상진, 1991). 바다매립은 1994년 7월에 시작됐다(한겨레, 2003년 12월 9일).

송도가 경제자유구역으로 용도가 변경된 것은 중앙정부의 의지 때문이었다. 2002년 1월 14일 대통령 연두기자회견에서 한국을 동북아 비즈니스 중심국가로 육성한다는 기본구상이 발표되면서 경제자유구역 추진이 시작된 것이다(인천경제자유구역청, 2003). 김대중 대통령은 회견에서 "'동북아 비즈니스 중심국가'로 발전하기 위한 청사진과 전략을 금년 상반기 안에 마련하겠다"고 밝혔다(서울신문, 2002년 1월 15일).

이에 따라 2002년 4월 4일 국민경제자문회의 겸 경제정책조정회의에서 기본계획이 확정되었다(인천경제자유구역청, 2003). 이 계획에 따르면, '동북아 비즈니스 중심국가 실현방안'은 우리나라를 동북아의 물류중심지화하는 동시에 세계 유수 기업·금융사의 동북아 거점으로 발전시키겠다는 것이다. 송도는 국제업무·지식기반산업 중심지로 개발되기 위해 매립 및 기반 시설 확충되고 다국적기업 국제업무의 거점지 및 고도지식 기반사업 집적단지화로 방향이 잡혔다(국민일보, 2002년 4월 4일).

사업의 추진 역시 중앙정부의 역할이 두드러진다. '경제자유구역의 지정 및 운영에 관한 법률'에 따르면 경제자유구역에 관한 사무를 수행하기 위하여 재정경제부에 경제자유구역위원회를 두도록 되어 있으며, 이 위원회는 다음과 같은 핵심적인 사항들을 심의, 의결하도록 되어 있다(로앤비, 2004).

1. 경제자유구역에 관한 기본정책과 제도에 관한 사항
2. 경제자유구역의 지정, 지정해제 및 변경에 관한 사항
3. 제6조의 규정에 의한 경제자유구역개발계획에 관한 사항
4. 경제자유구역에서 외국인투자기업들이 사업하는데 필요한 행정서비스의 지원에 관한 사항
5. 경제자유구역의 개발에 관한 사항
6. 경제자유구역과 관련하여 중앙행정기관의 장 및 시・도지사와의 의견 조정에 관한 사항
7. 그 밖에 경제자유구역의 지정・운영에 관하여 필요한 사항으로서 대통령령이 정하는 사항

외국기업의 참여도 중앙정부의 역할과 분리해서 생각하기 힘들다. 좋은 예가 2002년 3월 16조원 규모의 투자계약을 체결하여 1공구 일대에 비지니스센터와 부대시설을 건립하고 있는 게일(Gale)사의 경우이다. 회사의 회장이자 이사인 스텐 게일(Stan Gale)이 언론과의 인터뷰에서 밝힌 내용은 이러한 성격을 분명히 드러낸다. 그는 다음과 같이 얘기한다(Wood, Maria. 2004):

> 우리는 한국 중앙정부로부터 초청을 받았다. 한국의 중앙정부는 이것을 국가적인 사업으로 보며, 우리가 한국의 유수한 회사인 포스코건설과 팀을 이루게 하였다. 우리는 한국정부로부터 토지를 되사주겠다는 보장과 모든 종류의 보장들을 받을 수 있었다[51].

51) We were invited in by the central government of Korea ... The central government of Korea views this as a national project, and they teamed us

두 번째로, 송도경제자유지구의 사업내용은 시장보다는 국가의 논리를 반영한다. 내용은 주체와는 다른 문제이다. 예를 들어 중앙 내지 지방 정부가 사업을 계획 추진하더라도 내용적으로는 市場의 요구를 반영할 수도 있는 것이다. 60년대 이후 뉴욕의 도시개발은 도시정부가 주도적으로 이끌어 나갔지만 내용적으로는 맨해턴에 기반을 둔 기업가의 욕구를 반영했다고 할 수 있다. 2차대전 후 맨해턴의 쇠퇴로 투자의 위험성이 큰 상황에서 록펠러와 체이스 맨해턴은행은 새로운 본사건설과 건설금융을 통하여 대규모 사무실 공간 건설을 추진하였다. 이들은 DLMA (Downtown Lower Manhattan Association)이라는 조직을 창설하여 거대 기업들의 개발의지를 고무시키기 위해 재개발, 로워 맨해턴(Lower Manhattan) 고속도로, 2번가 지하철, 세계무역센터 건설 등을 담고 있는 종합계획에 포함될 관련 연구들과 정책대안을 후원하였다. 이후 이 계획들은 1969년 뉴욕시 종합계획에 공식 통합되어 현재의 맨해턴으로 향해 줄달음 칠 수 있는 세계도시개발 기반이 되었다(Fainstein & Fainstein, 1989: 한국공간환경학회, 1996:77에서 재인용).

송도경제자유지구의 내용에 대한 市場의 반응은 시장관련 해당 당사자들에게도 싸늘했다. 앨라즈와니 한국 P&G 사장은 "한국이 동북아 허브가 되려면 일부 지역만을 경제특구로 지정하기

---

with Korea's leading corporation, Posco Engineering & Construction Co. Ltd. ... we were able to get government buy-back guarantees of the land and all kinds of insurance.

보다 각종 규제를 대폭 단순화하고 외환거래를 자유화해 한국 전체가 사업하기 좋은 나라가 되어야 한다"고 말했다(조선일보, 2002년 7월 13일).

토머스 허버드 주한 미국대사는 "한국이 동북아 중심국가가 되기 위해서는 투명한 시장, 노동시장의 유연성, 지배구조 개선 등이 전제되어야 한다."면서 "몇몇 경제자유구역을 전국에 분포시키는 것보다는 한국을 하나의 거대한 경제자유구역으로 발전시키는 것이 나을 것으로 본다."고 덧붙였다(동아일보, 2004년 2월 27일).

경제특구에 대해 긍정적인 외국인 투자 관련인도 현재 송도경제자유지구의 내용에 대해서는 비판적인 경우가 있다. 겐터 슈스터 주한독일상공회의소 회장은 "한국 정부가 외국기업 특구를 지정해 외국기업이 마음껏 사업할 수 있는 환경을 만들어 달라"고 주장하면서도 "상당수 다국적기업 관계자들이 2002년 11월 14일 국회 본회의를 통과한 경제특구법(경제자유구역법)에 대해 시큰둥한 반응"이라며 "이는 홍콩, 싱가포르 등과 비교해 한국 정부가 아직 좀 더 피부에 와 닿고 구체적인 정책을 안 내놓았다는 애기"라고 설명했다(매일경제, 2002년 12월 31일).

송도 경제자유지구의 혜택을 받을 수 없는 국내 기업의 반응은 물론 호의적이지 않다. 노무현 대통령직 인수위원회 '동북아 경제중심국가' 태스크포스팀이 5대 그룹 구조조정본부장들이 참석한 가운데 '동북아 경제중심국가 건설' 실행방안을 논의한 자리에서 인수위는 이 자리에서 인천 송도지역을 IT를 중심으로 한 연구개발의 메카로 집중육성하는 것을 '건설방안'의 핵심전략이라는 점을 설명하고 국내 대기업들의 적극적인 참여와 협력을 당부했다. 대기업들은 참여를 약속하면서도 특구내 국내기업에 대한 '역차별'을 시정해야 한다고 건의하는 풍경이 연출되기도 하였다 (제일경제, 2003년 1월 28일). 이환균 인천경제자유구역청장 역시 "삼성 LG 등 국내 대기업들이 투자를 해줘야 다국적 기업들도 확신을 갖고 들어올텐데 국내 기업에 대해선 인센티브를 줄 수 없게 돼 있어 안타깝다"라고 말하기도 했다(한국경제신문, 2004년 7월 26일).

송도경제자유지구의 사업내용이 국가의 논리를 가진다는 것은 구체적으로 세계화를 추진하고 있다는 상징적 의미의 획득에서도 찾아볼 수 있다. 송도경제자유구역은 동북아 경제중심국가의 건설이라는 일종의 민족주의적인 상징 획득의 의미가 있다.

송도에서는 민족주의와 세계시민주의 병존의 의미가 있다. Machimura가 주장한 토쿄의 세계도시화에 있어 서구화라는 상징과 토쿄의 전통적 의미에 대한 관심의 강화 (예를 들어 1993년 개관한 Edo-Tokyo Museum 건설에서 보이듯이 토쿄 시정부에 의한 포스트모던적인 전통의 창조)의 병존과는 구체적으로는 다른 성격을 가진다.

하지만 상징의 병존이라는 의미에서는 공통점을 가진다. 물론 송도에서 상징적 의미의 획득은 토쿄에서와 같이 정치엘리트의 필요성에 기인한 것이다.

인천지역 시민들이 가지고 있는 인천에 대한 이미지, 정체성 분석(김번욱 윤면상, 2003:39)은 송도와 관련한 상징적 의미 획득을 구체적으로 나타내어주고 있다:

연 구	인천의 기존 이미지	인천의 향후 (긍적적) 이미지
문화정책 연구소, 해반 문화사랑회 (2002)	- 혼잡, 지저분, 무질서, 불편 - 침체되고, 우중충함, 구시대적	- 해양환경도시 - 문화도시 - 국제물류도시 - 첨단도시
이윤희(2002)	- 혼잡, 더럽다, 시끄럽다, 우중충	-
해반문화 사랑회(1999)	- 갯벌, 갈매기, 배, 항구, 섬 - 짠물, 짠돌이, 촌놈, 깍쟁이 - 혼란스럽고 삭막한 도시 - 그 속에 살고 있는 메마르고 이기적인 모습	- 미디어 벨리, 송도신도시 - 영종 국제공항

세 번째로, 세계화를 위한 개방의 속도, 폭, 그리고 주도권을 중앙정부가 계속 유지하겠다는 의지에서 국가의 건재를 볼 수 있다. 송도에서 두드러진 교육, 의료 시장의 개방은 현재 WTO 체제 내에서 치열하게 진행되고 있는 서비스시장 개방과 연결되어 있다. 한국 등 144개 WTO 회원국들은 양자협상과 함께 전문가들까지 참여하는 분야별 서비스 시장 협의를 진행하고 있으며, 2005년 1월 이전에 양허 내용을 최종 확정짓게 된다.

미국은 한국에 대해 법률 회계 엔지니어링 등 전문직 서비스와 광고 특급배달 시청각 에너지 환경 분야의 개방과 건설 유통 금융 통신 분야의 추가 개방 등을 요구하고 있다. 호주와 뉴질랜드는 법률 교육 시청각 건설 유통 환경 분야의 개방을 요구했으며 EU는 법률 방송 부동산 관련 서비스 등의 개방을 원했으며, 일본은 통신지분 제한 완화와 교육시장 개방 등을 요구했다(헤럴드 경제, 2002년 7월 27일).

송도신도시 건설과 연결하여 중앙정부는 어떠한 형태로 개방이 되는지를 결정할 주도권을 재정경제부가 장악하고, 이를 바탕으로 구체적으로 어떠한 학교들이 또 어떠한 시기에 허용될 것인가를 통제하겠다는 의도를 보이고 있다.

이러한 통제는 Yan(2002)이 중국 문화부문의 세계화에서 어떻게 국가가 통제력을 유지하는지를 설명하기 위해 사용한 '관리된 세계화(managed globalization)'라는 개념을 사용하여 이해할 수 있다고 필자는 생각한다. Yan은 공산당과 정부가 세계화 과정의 많은 과정에 관여하고 이를 통해 정당성과 권력을 유지하려 한다고 주장한다.

중국 국가는 자유주의적인 지식인들에 대한 정치적-이념적 공격(예를 들어 1980년대의 '정신적 오염<spiritual pollution>'과 1990년대의 '부르조아 자유화<bourgeois liberalization>'에 대한)을 국가적인 선전으로서 활용하였다.

방송에 있어서도 외관적으로 보이는 계약에 의한 프로그램 공급은 실질적으로 국가통제의 약화를 의미하지 않는다. 프로듀서나 감독들은 정치적으로 보수적이고 실질적으로 조심스럽기 때문에 검열이라는 것은 자체적으로 작동하는 것이며 실질적으로는 필요치 않다는 것이다(Yan, 2002).

송도에 대해서, 김준우·안영진(2006)은 Yan과 비슷한 맥락의 주장을 펼친다. 송도경제자유구역이 세계화라는 경제적인 이유보다는 국가 조직의 이익 때문에 추진되고 있다는 것이다. 이 주장에 대해서는 다음 절에서 상세히 살펴보려고 한다.

7.2.1. 송도와 국가 조직의 이익

김준우·안영진(2006)은 송도 경제자유지구 추진이 일차적으로 비교우위라는 경제적 이유 때문이라고 생각하지 않는다. 그들에 따르면, 인천경제자유구역청(2005)에서 제공하는 백서를 보아도 투자의 주체가 될 초국적 기업들의 의견을 묻는 과정은 보이지 않는다.

김준우·안영진(2006)은 전경련의 조사와 외자유치에 있어서 서울집중 현상을 그 증거로서 제시한다. 전국 경제인 연합회(2002)가 주한 외국기업 61개사를 대상으로 실시한 '경제특구의 실효성에 관한 주한 외국 기업인 인식조사'는 의미하는 바가 크다. 동아시아 주요 경쟁국별 입지조건에 대한 종합 경쟁력은 최우수 지역인 싱가포르를 100으로 할 때, 홍콩(75.0), 상해(73.5), 한국의 경제특구(54.4), 말레이시아의 탄정(16.2) 순으로 나타났다.

현 시점에서 경제특구에 입주할 의사가 없거나 미정이라고 응답한 기업이 95%(57개사)로 나타났다. 입주 의사가 있다고 밝힌 업체는 5%(3개사)에 불과하다.

한국의 역사적 경험에 비추어 볼 때, 세계화에 따른 자본의 움직임은 인천보다는 서울이라는 공간에서 두드러지게 나타났다. Hong(2003)은 IMF 외환위기 이후 외국자본의 직접투자(FDI)를 분석하였다. 그는 먼저 1997년을 기점으로 국내로 유입되는 외국자본이 폭발적으로 늘었다는 점을 잘 보여준다. 외환위기 후인 1998~2000년 사이에 투자액은 1962~1997년 사이의 투자 금액과 비슷하다는 것이다. 그에 의하면, 두 기간의 지역별 투자분포를 비교해 볼 때 외환위기 이후 가장 큰 수혜자는 서울이라고 한다. 서울의 비중은 외환위기 이전 기간의 29.6%에서 이후에 34.5%로 증가하였다.

이러한 서울의 증가는 서비스 분야의 집중에 기인한다고 볼 수 있다. 외환위기 이후 기간 동안 서울은 보험에서 100%, 은행과 기타 금융 서비스에서 89.6%, 해외무역에서 87.9%, 부동산업에서 79.8%를 차지한다.

박영철(홍성웅, 2001: 101에서 재인용)이 제시한 1962년부터 1999년까지의 산업별 시도별 외국인 투자의 누계 역시 비슷한 경향을 드러낸다. 서울은 서비스업에서 금액 기준으로 62.4%를 차지하고 있다. 반면, 인천은 금액 기준으로 2.3%이다. 이는 부산의 3.9%, 대전의 6.6%에도 못 미치는 낮은 수치이다.

이는 고급 기업서비스인 소위 FIRE(finance, insurance and real estate: 금융, 보험, 부동산업) 분야가 세계적 대도시에 집중된다는 세계도시론의 기본적인 주장과 유사하다. 이기석(2001)은 재경부의 1999년 1월 31일까지의 시도별 외국인 투자유치 실적(본사 소재지 기준)을 분석하여 전체의 94%가 서울에 집중하고 있다고 지적하고 있다. 서울 시내에서는 강남구와 중구, 그리고 종로구가 주요 집중지이다. 그는 외국 기업체들의 지역적 선호지역이 세계도시의 특성을 갖춘 지역에 집중하고 있다는 점을 밝히고 있다.

김준우 · 안영진(2006)은 송도 경제자유지구의 추진 과정은 국가조직의 이익 추구를 반영한다고 주장한다. 송도의 개발 동인을 국가조직에서 찾을 수 있다고 생각한다.

이러한 시각은 '거대사업의 역설(megaproject paradox)'이라는 표현을 사용한 Flyvbjerg(2003)의 주장과 비슷한 점이 있다. Flyvbjerg는 거대한 기반사업이 사람 · 재화 · 정보 · 서비스 · 자본 등이 자유롭게 오가는 새로운 세계질서에 중추적인 역할을 한다는 사실을 지적한다. 그가 말하는 역설이란 이러한 거대사업이 이미 초라한 성과를 내고 있는 경우가 적지 않는데도 점점 더 많은 새로운 사업들이 지속적으로 추진되고 있다는 것이다. 그는 1998년에 개장한 홍콩의 첵랍콕 공항의 재정적인 문제를 하나의 예로 들고 있다. 그에 따르면, 이러한 실패들은 미래를 예측하기 어렵다는 이유만이 아니라고 한다. 그는 오히려 정치인 · 이익집단·사업 실행자들이 미래를 조작하는 경우가 많다고 설명한다.

김준우·안영진(2006)에 따르면, 송도 경제자유지구를 통하여 국가가 얻는 이익으로는 몇 가지가 있다. 첫 번째는 상징적 정당성의 확보이다. Olds(2001)가 언급한 것처럼, "세계화가 지니고 있는 위협"에 대처하는 사업을 벌인다는 당위성의 확보이다. "위대한 사업을 수행하는 것보다 군주를 위엄 있게 하는 것은 없다."는 마키아벨리의 표현을 상기시켜 볼 수 있다.

두 번째는 막스 베버(Max Weber)가 자주 언급한 관료제 조직의 이익이다. 재정경제부는 조직도에 '경제자유구역기획단'을, 인천광역시는 '인천경제자유구역청'을 조직도에 추가시켰다. 직제와 인원의 확장보다 더 중요한 부분은 행정 권력의 유지 및 확대이다.

세 번째는 개발과 관련한 지지 기반의 확보이다. 성장기제(growth machine) 이론에서처럼 토지가 개발의 주된 원인은 아니지만, 결과적으로 토지사용을 통한 이익이 발생하였고, 이는 국가를 둘러싼 지지 기반층을 형성한다. 2005년 10월 6일 윤호중 의원이 배포한 자료를 보면, 이때까지 9개 건설사가 송도국제도시 내 32만 1351평의 택지에 분양한 아파트를 분석한 결과, 평균 분양가를 800만원으로 추정할 때, 추정 분양가 총액이 3조 80억원이다. 그는 아파트 분양을 통해 9개 건설사가 1조 2,900여억원의 개발이익을 챙겼다는 의혹을 제기하였다(한겨레, 2005).

이러한 지지 기반층 가운데 하나가 인천 시민이다. 인천 시민들은 분양과정에서 우선적인 권리를 가질 수 있다. 또한 세 개의 경제자유지구들과 관련된 여타 도심정비사업의 수혜자가 될 수도 있다. 인천광역시(2005)가 밝히듯이 "인천대교 접속도로, 제2외곽순환도로, 인천 지하철, 수인선, 제3 경인고속도로 등의 광역도로망은 모두 인천 경제자유구역밖에 있는데, 이것은 인천의 개발계획과 함께 맞물려 진행될 수밖에 없는 사업"인 것이다. 인천시민들의 경우 부동산 관련 이익이 있지 않더라도, 토지개발과 연관된 인천시의 경제발전에 대한 기대를 가질 수 있다.

7.3. 세계화가 국가에 미친 영향

저자는 세계화가 국가의 약화를 가져오진 않지만 국가의 성격에 상당한 변화를 가져왔다고 주장한다. 세계화가 국가의 성격을 변화시키지는 않더라도 어떠한 상황변화를 가져오느냐 하는 점에서 송도는 큰 시사점을 가진다. 이러한 점을 정리해보면 아래와 같다.

첫째, 세계화는 도시화와 관련해 한국 국가의 방향성을 분배에서 효율로 바꾸는 역할을 하였다. 송도는 고립된 하나의 우발적 사건이 나니라 세계화가 가져온 효율에의 추구가 공간적으로 나타난 것으로 파악되어야 한다. 최소한 공식적인 국정운영의 방향변화는 분명하다.

독자들이 이전의 국토개발계획의 내용에 익숙하다는 것을 전제로 얘기하자면, 제 4차 (2000-2020) 국토종합계획은 이전의 계획에 비해 현저하게 다른 내용을 다루고 있다. 이전 국토개발 계획은 작은 중소도시를 육성하자는 '성장거점식 방식(Growth-pole approach)'이거나 서울을 대치할 중심지를 지방에 육성한다는 중심지 육성 식의 방식을 취하였었다. 서울을 포함한 수도권은 인구라는 측면이나 제조업생산, 서비스업 등 거의 전체적인 영역에서 규제를 받는 대상이라고 볼 수 있다는 것이다.

이에 비해 제 4차 국토종합계획은 기존 계획들에 비해 혁명적으로 다른 방향을 제시하고 있다. 새로운 계획은 수도권의 국제기능 강화와 세계도시로의 발전기반 구축이라는 세계관을 제시하고 있다. 이 계획에 따르면 (대한민국 정부, 2000:26), 국제기능 수행을 위한 수도권의 물적 기반 및 전문적 서비스 산업 육성과 서울의 국제금융, 교역, 업무 및 문화교류 기능을 육성하고 다국적 기업의 거점화하는 세계도시로의 육성이 언급되어 있다.

이에 따라서 영종도, 인천은 국제물류, 수송, 정보 및 첨단기술 수용의 거점역할 수행이라는 역할이 배당되어 있고, 구체적으로 인천국제공항과 연계한 공항배후도시, 송도미디어밸리 조성 등이 적시되어 있는 것이다.

계획수립의 배경이 되는 여건변화로서는 '세계경제의 자유화(8쪽)'을 들고 있다. 구체적으로는 "WTO체제하에서는 무한경쟁시대가 본격적으로 전개되면서 국가간 교역이 증가하고 제조업과 서비스의 동반성장 예상, 자유롭고 규제가 없으며 비용이 최소화되는 지역을 찾아 기업이 입지하는 국경없는 산업입지추세 전개, 국가경쟁력과 국부를 좌우하는 요소로서 국토와 사회간접 자본의 역할 증대(8쪽)"을 들고 있다.

한편, 사업이 추진 중인 상태에서 작성된 "인천 자유구역백서"(2005)는 인천 자유구역의 추진 배경을 좀 더 구체적으로 동북아 상황에서 찾고 있다. 중국의 빠른 발전 속도를 감안할 때, 우리나라가 향후 5~10년 안에 동북아 비즈니스 중심국가가 되어야 한다는 것이다.

이러한 위기를 헤쳐 나갈 수 있는 대안이 경제자유구역이라는 주장이다: "세계 각국은 국경 없는 전쟁이 치열하게 벌어지는 가운데 기업하기 좋은 나라, 기업유치에 적합한 특별지역 등 경제특구를 만드는데 주력하고 있다. 개방 경제시대의 성장거점을 선점하기 위해서 '무역+물류+기업집적+기술혁신'이 결합된 경제특구를 개발하고 있다 ... 중국의 발전 속도를 감안할 때 우리나라가 조기에 기업여건을 개선하지 못할 경우 중국과 일본 사이에서 넛크래커(Nut Cracker)로 전락되는 등 경쟁대열에서 영원히 탈락할 수밖에 없다. 경제자유구역은 이러한 대내외적인 우리 경제에 처한 어려움을 극복하기 위해서 출범했다. 기업정책 및 규제를 일시에 개선하기 어려운 상황에서 경제특구를 선진적 기업환경을 조성하기 위한 전략적 수단으로 활용함으로써 경제특구는 과감한 규제완화, 시장원리의 구현, 기업특성에 맞는 탄력적인 제도운영의 시험무대가 될 것이다."

둘째, 이러한 세계화는 국가에게 이전과는 다른 새로운 합의 도출의 영역을 부과한다. 송도는 국가의 건재함을 과시하기도 하지만, 한편으로는 개방과 관련한 사회적 합의라는 새로운 과제를 경제자유구역이라는 미봉책으로 해결하는 양상을 보이기도 한다.

대외경제정책연구소에서 발간된 한 보고서(이창재, 2002: 국문요약)는 이러한 면을 가장 솔직하게 서술하고 있다: "경제자유구역법은 개방적 문화나 사회안정을 위한 협의체제와 같은 여건이 조성되지 못한 상태에서 정부차원에서의 동북아 비지니스 거점화 전략을 추진하려는 강한 의지 표명이란 점에서 그 의의가 크다고 할 것이다. 경제 자유구역은 적극적 개방정책과 같은 경제 전반적 변화에 대한 정부부처간 합의도출이 어렵고 강력한 수도권 억제정책이 존재하는 상황에서, 경제자유구역이라는 제한된 구역에서만이라도 비즈니스 거점과 관련된 외국인 투자에 매력적인 환경을 조성하겠다는 차선책이라고 할 수 있다."

경제자유구역에 대한 한국사회의 반응은 한마디로 양 극단을 달리고 있다. 김기환(2002)은 경제특구를 '외국인 수용지(ghetto)'로 묘사하면서 특구 방식의 문제점을 하나 하나 짚고 있다. 경제특구 방식의 정책은 그 특구의 가장 중요한 고객이 될 외국기업이나 투자자에 대한 선호도를 조사하지 않고 추진된 정책이며, 행정부조리 및 부패(위장거래, 특구내 생산된 제품과 서비스의 특구외 불법 매매 등등)와 특구지정을 받기 위한 행정단위간 경쟁 등이 문제가 된다는 것이다. 그는 전 국토의 전면적인 개방을 주장하였다.

이에 반해 많은 시민단체들은 특구식의 부분개방도 문제가 많다고 지적하고 나섰다. 경실련, 참여연대, 서울YMCA, 민주노총, 한국노총 등 92개 시민, 사회, 노동 단체들은 2002년 10월 15일 성명을 내고 "법안이 노동자를 보호하는 최소한의 장치마저 없애 여성과 비정규직 노동자의 착취를 강화할 것"이라고 주장했다(서울신문, 2002년 11월 19일).

실제로 법안에는 경제자유구역안에 입주하는 기업의 사용주와 근로자는 노동쟁의에 관한 관계 법률상의 절차를 엄격히 준수함으로써 산업평화를 유지하도록 노력하여야 한다는 모호한 조문 외에도 몇 가지 구체적인 노동유연화 규정이 포함되어 있다. 입주외국인투자기업에 대하여는 국가유공자등 예우 및 지원에 관한 법률 제31조, 장애인고용촉진 및 직업재활법 제24조, 고령자고용촉진법 제12조의 규정을 적용하지 아니하고, 근로기준법 제54조 및 제71조의 규정에 불구하고 무급휴일 또는 여성인 근로자에게 무급생리휴가를 줄 수 있고, 동법 제57조의 규정을 적용하지 아니한다고 규정하고 있다. 또한 노동부장관은 입주외국인투자기업에 대하여 파견근로자보호 등에 관한 법률 제5조 및 제6조의 규정에 불구하고 경제자유구역위원회의 심의 · 의결을 거친 전문업종에 한하여 근로자 파견대상 업무를 확대하거나 파견기간을 연장할 수 있다는 조항도 있다(로앤비 2004).

교육 분야에서의 반발도 거세다. 전교조 송원재 대변인은 2004

년 3월 29일 "외국인 학교이면서도 내국인 입학을 허용하기 때문에 경제특구가 아니라 내국인 학생이 북적대는 '교육특구'가 될 것"이라며 "계층간 위화감, 사교육비 증가, 교육여건 격차 심화 등의 부작용이 예상된다"고 지적하고 있다(한겨레, 2004년 4월 30일). 법안에는 "국가는 국민이 경제자유구역에 있는 외국교육기관과 초·중등교육법 제60조의2의 규정에 의한 외국인학교에 입학하고자 하는 경우 외국거주요건 등을 이유로 입학을 제한하여서는 아니 된다"라고 규정하고 있다(로앤비 2004).

송도 경제자유지구의 교육이나 의료 문제들은 국민들이 경험해보지 못한 새로운 영역이다. 또한 미래에 대한 실험이기도 하다. 이러한 미개척지는 결국 한국사회의 사회적 합의가 어떠한 지형으로 펼쳐지느냐에 따라 결정된다고 볼 수 있다.

7.4. 송도가 주는 함의

송도경제자유구역을 사례로 하여서 이 장에서 저자는 기본적으로 두 가지 주장을 하였다. 첫째, 한국에 있어서 세계화의 공간적 표현인 송도경제자유지구 사업의 추진과정을 보았을 때 국가의 힘이 건재한 것을 확인할 수 있었다. 송도는 중앙정부에 의해서 계획 및 사업실행이 이루어지고 있다. 사업내용은 시장보다는 국가의 논리를 반영하며, 중앙정부는 송도를 통해 개방을 관리하려고 한다. 이는 세계화가 공간문제와 관련해서 국가의 역할을 약화시킨다는 학설에는 반대되는 것이다. 물론 이 연구는 사례연구일 뿐이며 일반화되어 다른 나라의 경우에까지 확대 적용될 수는 없다.

둘째, 세계화가 국가의 약화를 가져오진 않지만 국가의 성격에 상당한 변화를 가져왔다. 세계화는 도시화와 관련해 한국 국가의 방향성을 분배에서 효율로 바꾸는 역할을 하였다. 송도는 고립된 하나의 우발적 사건이 아니라 세계화가 가져온 효율에의 추구가 공간적으로 나타난 것으로 파악되어야 한다. 또한 세계화는 송도의 의료, 교육 시장 개방문제와 같이 국가에게 이전과는 다른 새로운 합의도출의 영역을 부과한다.

이러한 새로운 사회적 합의 필요성의 대두는 향후 한국국가의 약화로 이어질 가능성은 내포하고 있다고 저자는 전망한다. 이 부분에서 세계화와 관련된 이론을 전개한 학자들의 시각들이 다시 의미를 지니게 된다.

Douglass(2000)식으로 해석하자면 송도는 시민사회의 대두와 발전국가의 쇠퇴를 의미하게 될 것이고, Dicken(2003)식 논리를 확장하자면 송도는 한국발전국가의 자체 생명력 연장을 위한 포석이 될 수 있을 것이다. 여기서는 Chang(1999)이 주장한 발전국가가 수행해야하는 기능들을 살펴보는 것이 도움이 될 것으로 보인다. 이는 '변화를 위한 조정' '목표의 제시' '갈등조정' 등이다. Chang은 또한 발전국가에 있어서도 개인 혹은 집단에 의한 국가기구의 착복의 가능성을 심각하게 제시하고 있기도 하다.

저자의 개인적인 생각은 송도신도시 사업에서 중앙정부가 이러한 사회적 합의를 도출해내기는 상당히 힘들며 따라서 국가의 약화를 초래할 가능성이 크다고 본다. 그 이유는 Chang의 개념인 조정, 목표제시, 부패방지의 필요성 등의 문제에서 송도사업이 잘 진행될 것이냐 아니냐의 문제가 아니다. 오히려 저자에게 있어서 송도사업의 치명적 약점은 사업자체의 시작이 사회적 합의 결과라고 보기 힘들 것 같다는 것이다. 물론 경험적인 연구가 있어야만 증명이 가능하겠지만, 일반 국민들은 송도에 대해서 잘 모를 것이다. 송도신도시의 아파트 투기가능성 정도가 국민 일부에게 이해된 송도의 모습이 아닐까 한다. 무지에서 합의를 도출한다는 것은 논리적으로 모순이 아닌가 한다.

김준우・안영진(2006)의 주장대로 송도가 국가의 조직 이익을 우선적으로 생각하고 추진되고 있다면, 이 자체가 발전국가의 쇠퇴를 증명한다. 이 책의 앞부분에서 언급한 약탈국가적 성격을 보이는 것이기 때문이다.

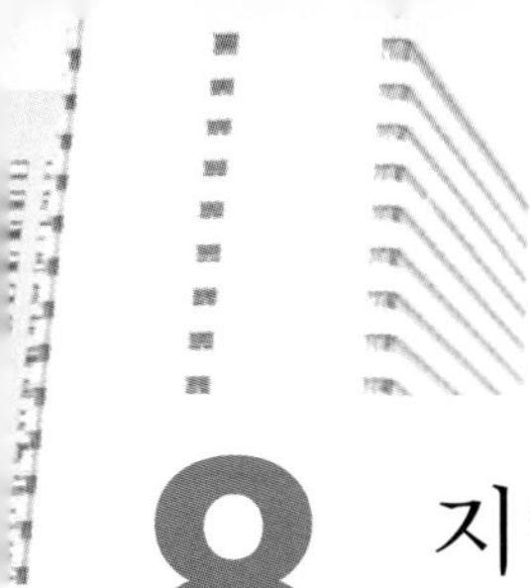

8 지역단위에서의 국가: 내생적 발전과 정책

이 장은 새로운 영역을 탐구하려고 한다. 국가의 능력과 역할이 이 책에서는 여러 가지 면으로 분석되었다. 이러한 능력과 역할 중 하나가 정책의 개발이다. 저자는 현실적으로 지자체라는 국가의 지역적 단위가 주도하는 정책개발능력의 현실과 의미를 분석하려고 한다. 이를 통해 지역의 내생적 발전 가능성을 찾아보려고 한다.

이 글의 가치는 기존 지역격차 관련 연구들의 市場이나 중앙정부에 대한 집착에서 벗어났다는 점이다. 지역단위의 국가인 지자체가 실제로 지역의 발전과 큰 관련이 있음을 밝힌다.

이러한 주장을 뒷받침하기 위해 지역의 발전을 위한 정책을 만드는 기능에 이 장은 집중한다. 지역단위에서 지역발전관련 정책을 개발할 수 있는 곳이 현실적으로 지자체의 장이 이사장으로 있는 시도연구원 밖에 없다는 인식에서 이 글은 시작한다. 비수도권 지자체에 속한 시도연구원의 열악한 연구환경은 지역단위에서의 국가의 중요성과 책임을 동시에 말해 준다.

8.1. 지역내생적 발전의 가능성

내생적 발전이라는 단어를 접한 독자들은 이 글의 숨은 의도가 비수도권 저발전의 책임을 지방사회로 떠넘기려는 것이 아닌가 하고 의심할지도 모른다. 중앙정부에서 자유롭지 못한 지방을, 그리고 시간이 흐를수록 수도권에 비해 초라해지는 비수도권을 성토하는 것은 사회과학에서 흔히 얘기되는 '피해자에 대한 매도'와 같다고 인식할 수도 있을 것이다. 혹자는 지방을 자체 문제점을 다루는 것 자체가 현실정치적으로 중앙정부의 입지를 강화시켜서 지방으로 조금이라도 더 의사결정권과 재정적 자원이 이전되는 것을 방해한다고 생각할지도 모른다.

저자는 정체된 비수도권 지역현실의 주된 책임소재가 중앙정부에 있다는 것을 부정하진 않는다. 단지 이 장에서 연구분석의 초점이 지방에 있기 때문에 중앙정부가 잘 언급되어 있지 않을 뿐이다.

'(중앙에 비해) 지방은 약자이다'라는 표현에는 동의하더라도, 지역사회내부도 다시 강자와 약자로 나누어 질 수 있다고 필자는 생각한다. 중앙정부가 지방사회에 희생과 복종을 강요할 때 지역사회 내부에서도 어느 개인이나 집단이 강자로서 군림할 수 있다는 것이다. 다른 말로 이 글은 지역사회 내부에서 행해지는 '강자에 대한 고발'의 성격을 띤다고도 볼 수 있다.

현실정치에 관해서는 결론에 좀 더 자세히 언급하겠지만, 지역전문연구기능이 무시될 때 중앙정부와의 정치적 힘겨루기는 언제나 지방의 패배로 이어질 수밖에 없다.

8.2. 지역과 지역발전

한국에도 지역발전에 있어서 지역 자체가 중요한 주체가 되어가고 있다. 그 배경으로는 주민들에게 체감되는 지역발전의 정도가 지역단위 선거에 영향을 미치는 지방자치제의 실시를 들 수 있다. 선거에 의해 뽑혀진 지역의 공직자들은 지역 자체적으로 기획하는 사업과 정책에 좀 더 적극적이게 되었다. 지역의 자체적인 사업이나 정책중에서 성공적인 사례는 해당 지역 정치인들의 재선에 도움이 되기도 하였다. 대구 문희갑 시장(1995-2002)의 '도심나무심기와 담장허물기 사업(주간조선, 2001)', 함평 이석형 군수(1998-현재)의 '나비축제(매일경제, 2004)' 등을 예로 제시할 수 있을 것이다.

지역의 선거과정은 다양한 집단들을 지역의 발전에 대해 적극적으로 만들었다. 시민단체 활동이 선거참여로 이어지기도 한다. 2002년 고양시의원에 출마한 김유임 후보는 러브호텔 난립을 '전국적 이슈'로 만들었다. 시의회 현안 질의와 시민단체 활동을 주도, 국회가 건축법을 개정해 '주택가·학교 근처에 숙박·유흥업소가 들어서는 것을 막는' 과실을 맺었다(경향신문, 2002).

시민단체들이 지방선거에서 지역현안 등 정책 과제를 선정해 발표한 뒤 이를 가장 잘 실천할 만한 후보를 지원하는 방식으로 선거운동하는 사례도 나타났다. 2002년 선거에서 대전환경운동연합과 대전충남녹색연합은 30개 항목의 '21세기 녹색 대전을 위한 환경공약'을 제안하고 대전시장후보들이 이것을 공약으로 채택했는지, 그리고 제대로 실천할 수 있는지 여부를 평가해 유권자들에게 공개하기로 했다(동아일보, 2002).

이러한 '지역발전정책'에 대한 최근의 관심에도 불구하고, '누가' 이러한 정책을 '개발'하며 또 이들이 어느 정도의 '역량'을 가지고 있느냐 하는 문제에 대해서는 학문적이나 실제적인 논의가 거의 없었다. 이 글에서는 이러한 논의의 부재에 대해 두 가지 정도의 이유를 제시한다. 첫 번째는 도시/지역 관련 기존연구가 전반적으로 지역발전의 원인을 지역내부보다는 지역외부에서 많이 찾아왔기 때문이다.

두 번째 이유는 한국상황에 있어 지역발전에 중앙정부가 아직도 큰 영향을 실제로 미친다는 것이다. 아직까지도 지역의 자체적 발전노력보다는 서울에서 결정되는 재정지원과 사업실시가 지역민들에게 더 중요하게 느껴진다.

최근 많이 언급되고 있는 행정수도 이전, 공기업 이전과 같이 지역에 큰 영향을 미치는 사업들 역시 해당 지역이 주체가 되어서 기획, 실행하고 있지는 않다. 지역의 입장에서는 서울에서 자신 지역의 진로를 상당히 결정한다고 아직도 체감하고 있는 것이다.

이러한 현실에서 보자면, 지역 자체에 대한 이 연구에 대해서도 쉽게 오해가 있을 수 있다. 독자 입장에서는 지역자체에 대한 논의가 '어떤 지역이라도 노력을 하면 발전할 수 있다는 것'을 전제로 하지 않느냐고 생각할 수 있다.

앞서 언급하였듯이, 지역을 강조한다고 해서 정체된 비수도권 지역현실의 주된 책임소재가 중앙정부에 있다는 것을 부정하진 않는다. 또한 지역에 대한 재정적 지원과 보다 실제적 의사결정권의 보장도 중요하다고 인지하고 있다. 그렇지만 지역이 주도적으로 지역발전의 방향을 잡아나갈 때 지역민들이 가장 만족할 수 있는 형태의 발전이 이루어진다고 저자는 생각한다.

8.3. 지역발전을 위한 정책의 개발

지방정부의 '지역개발 연구기능(think-tank)'에 대한 연구는 많지 않다. 특히 연구기능과 실제의 지역개발과의 관계를 밝힌 경험적인 연구는 거의 없는 것으로 저자는 알고 있다.

이러한 관련연구의 실질적 부재는 이 분야에 대한 더 많은 학문적 · 실제적 관심의 필요성을 제기한다. Charles Landry (2000: 215-216)는 "The Creative City: A Toolkit for Urban Innovators"

라는 책에서 R&D라는 개념이 일반 회사에는 인식이 되어있어서 주요 다국적기업들은 다 R&D부서를 갖고 있다고 한다. Landry에 의하면, 만약 이런 회사들이 R&D부서를 가지고 있지 않다면 차세대 종업원 · 제품 · 서비스나 회사의 미래에 대한 생각을 하지 않고 현재의 자본도 지키지 못할 것이다.

Landry에 의하면, 도시에는 이런 개념이 적용되지 않고 있다. 도시정부들이 이미 '기획부서(strategic department)'나 '경제개발부서(economic development department)'를 가지고 있기 때문에 R&D부서를 가지고 있다고 우길지 모르나 실제로 이러한 부서는 제한되지 않는 창조적 혁신을 낳기에는 부족하기 때문에 R&D부서로 볼 수 없다. 市長이 R&D 비용에 시 예산의 1퍼센트(일반 회사가 15퍼센트까지 쓰는 것에 비하면 아무것도 아니겠지만)를 투자하는 것은 상당한 논란을 불러일으킬 수 있고 정치적인 의지가 필요하다.

'도시 R&D (urban R&D)'가 도시운영에 있어서 창의적 사고와 이에 따른 실행을 낳을 수 있다고 Landry (2000:3,215)는 본다. 이런 창의적 사고와 이에 따른 실행이 결국 사회경제적으로 성공한 도시를 만든다. Barcelona, Sydney, Seattle, Vancouver, Helsinki, Glasgow, Bangalore, Ahmedabad, Curitiba, Rotterdam, Dublin과 같은 성공한 도시가 가지는 공통점 중의 하나가 비전을 가진 지도자, 창의적인 조직, 그리고 이러한 목적의식을 이해하는 정치문화이다.

정책개발이 지역발전으로 나타난 좋은 예는 꾸리찌바(Curitiba)이다. 이 도시에는 1965년에 꾸리찌바 도시계획 연구소(IPPUC)가 설립되어서 현재 2백명의 직원이 있다. 이 연구소는 지역주민과 다른 전문가들과 유기적인 관계를 지속시켜오고 있으며, 도시발전의 체계적인 정책개발에 큰 역할을 담당하였다(박용남, 2000).

브라질의 평범한 도시인 꾸리찌바[52]가 살기좋은 도시로서 칭송받는 것은 이 연구소에서 나온 주요 정책들과 관련이 깊다. 브라질 평균보다는 나은 형편이지만, 꾸리찌바는 세계적인 기준에서 볼 때 부유한 도시가 아니다. 하지만 이 도시는 창의적인 환경, 복지, 교통 정책으로 전 세계 다른 도시들의 주목대상이다(Kroll, 1999).

예를 들어 다른 도시들이 값비싼 지하철 건설에 매달릴 때 이 도시는 지하철과 유사하게 전용도로를 달리는 급행버스체제를 시작하였다. 1992년부터 뉴욕시는 꾸리찌바의 버스체제를 도입하여 시범적으로 운영해보기도 하였다(Time, 1993). 꾸리찌바의 자가용승용차 보급률이 2.3명당 1대로서 브라질에서 두 번째로 높지만, 매일 전체 통근자의 약 75%가 버스를 운영하고 있다.

대기오염수준은 브라질에서 가장 낮다. 쓰레기구매 프로그램, 하천 보존 및 보완 등으로 꾸리찌바는 환경분야의 오스카상이라 불리는 유엔환경계획(UNEP)의 '우수환경과 재생 상'(90년 9월 5

52) 꾸리찌바는 히우데자네이로로부터 남서쪽으로 약 800Km 떨어진 대서양 연안에 위치한 빠라나 주의 주도이다. 총면적은 432제곱킬로미터이며, 인구는 96년말 기준으로 약 140만이 넘었다(박용남, 2000:16).

일)을 수상하기도 하였다(박용남, 2000).

도시의 여러 분야를 포괄하는 체계적인 도시발전도 돋보인다. '사회적 요금'이라고 불리는 대중요금체제와 저소득층 주민들이 가져온 쓰레기를 버스토큰, 식료품 등과 바꿀 수 있게 한 쓰레기 구매 프로그램 등은 교통과 생태 정책이 각각 복지 정책과 맞물려 있음을 보여준다(박용남, 2000).

사사키노부오는 지방정부의 주요 역할이나 기능을 경영에 둔다. 그에 의하면, 보다 양질의 서비스 제공경쟁 혹은 정책경쟁을 통해 각 지방정부의 능력을 더욱 증진할 수 있다. 중앙정부의 지시에 따라 집행만 하는 지방정부를 '사업지자체(事業地自体)' 또는 '사업관청(事業官廳)'이라고 하고, 독자적으로 지역주민과 환경의 요구에 능동적으로 대처하면서 스스로 정책능력을 발휘할 수 있는 지방정부를 '정책지자체(政策地自体)' 혹은 '정책관청(政策官廳)'이라는 용어로 표현할 수 있다.

스스로 정책을 입안하여 집행하고 결과에 책임을 지는 정책관청으로서 거듭나도록 자기결정·자기책임의 원칙을 가지고 독자성을 확보하는 데에는 세 가지 능력요소가 필요하다고 사사키노부오는 얘기한다. 그 중 하나가 정책능력이다. 이러한 정책능력을 향상시키기 위해 조직적 차원에서는 규모에 구애받지 않고 어떤 식으로든 싱크탱크 조직을 갖추어야 한다. 민간기업과 마찬가지로 정책개발·인재육성에 소요되는 재원에 대해서는 과감한 투자를 아끼지 말아야 한다(사사키노부오, 1997; 우무정, 2000:27-30).

한국에 있어서, 지역의 정책을 누가 개발하는가의 문제에 대해서는 이강웅(1991)의 연구가 선구적이다. 시기적 최근은 아니지만 1989년 상황을 부산지역에 대해서 정확하게 다루고 있다. 저자는 이러한 과거분석이 현재의 대부분 광역지자체 상황에 대해 시사하는 바가 크다고 판단한다. 그는 시도연구원이 없었던 당시 부산의 지역개발 연구주체를 대학부설연구소, 시산하연구기관, 일반연구집단으로 나누어서 분석하면서 셋 모두 다 지역 두뇌집단(think-tank)의 기능을 하지 못한다고 진단한다.

첫 번째로, 부산지역 대학부설연구소의 지역연구기능에 대해서 이강웅은 가장 비판적이다:

> 1989년 현재 우리나라 전 대학의 부설연구소는 1,102개이다. 이중에서 부산시내 대학(전문대학 포함)의 부설연구소는 99개에 달하는데, 이들 부산시내 대학연구소들의 활동 및 연구실적은 연구소별로 차이가 있긴 하나 한마디로 미미한 실정이다. 다만 일부대학의 기초과학분야연구소가 계속적인 위탁연구용역을 받아 명맥을 유지하고 있으나 대부분의 연구소는 용역사업은 말할 것도 없고 자체 연구비조차 전무한 실정이다. 이처럼 대학부설연구소의 연구활동이나 실적이 부진한 것은 여러 가지 이유가 있겠는데 내적으로 대학교수들의 강의부담과 학사관리업무가 과중한데다 전담연구원이나 보조요원이 부족하고 연구비가 적거나 전무하여 의욕적인 연구활동을 하기에는 여건이 열악하기 때문이다(356-357 페이지).

두 번째로, 이강웅은 1989년 당시 시산하연구기관으로 "부산직할시 시정연구단"과 "부산시 도시계획상임기획단"을 들고 있다. 시정연구단에 대한 평가는 하지 않았다. 그에 의하면, 도시계획상임기획단은 도시계획위원회에 설치되어 도시계획을 검토하고 관계업무에 자문하며 자료를 정리하는 이상의 성과를 기대하기는 어렵다.

또한 시정에 영향을 미칠 수 있는 집단으로 각종 자문위원회가 있는데, 일부 전문위원회를 제외한 상당수는 유명무실해 예산과 시간을 낭비하여 오히려 행정의 효율을 저해하는 요인이다.

마지막으로, 일반연구집단에 대해서 이강웅은 특정개인이나 특정집단이 주축이 되어 설립되고 비교적 영리성이 적거나 배제된 1989년 당시 부산지역 연구기관으로 '부산발전시스템연구소' '도시발전연구소' '한국지역사회연구소' 등을 들고 있다. 그러나 구체적인 평가는 하고 있지 않다. 아마도 이강웅이 지적하였듯이 이들 연구소들이 모두 1988년도에 설립되었기 때문에 평가에 어려움이 있었을 수도 있다고 저자는 판단한다.

범시민적 기구로서 1986년에 발족된 "부산발전협의회"에 대해, 시민의 자발적인 참여속에서 주체적으로 지역발전의 방향을 설정하고 추진해 나가려는 모임이지만 인적구성과 연구과제의 면에서 볼 때 두뇌집단의 기능을 수행하기는 어렵다고 이강웅은 진단한다.

이강웅이 1989년의 부산 두뇌집단에 대해서 내린 분석은 현재에도 어느 정도 유효하기 때문에 다른 광역지자체에도 적용이 가능하다고 저자는 판단한다. 그가 지적한 부산지역 대학부설연구소의 상황은 크게 바뀐 것 같지 않다. 2002년 현재 대학마다 수십 개씩 연구소가 있지만 전임연구원이 아예 없거나 연구성과

물 없이 한해를 보내는 '이름뿐인' 연구소도 적지 않다(국제신문, 2002년 4월 22일). 연구소 43개가 있는 부산대의 경우 전체 연구원 208명 중 전임연구원은 16명에 불과하고 지난해 연구논문을 발간하지 못한 곳도 5곳에 달했다. 동아대는 23개 연구소에 박사급 전임연구원 8명을 두고 있을 뿐이다(국제신문, 2002년 4월 2일).

시산하연구기관의 한계도 여전하다고 저자는 판단한다. 이강웅이 언급한 '시정연구단'과 '도시계획상임기획단'은 통합되어서 부산광역시 정책개발실로 운영되었다. 정책개발실은 2007년 현재는 시도연구원인 부산발전연구원으로 통합되었다.

이전의 정책개발실은 두뇌집단으로써의 역할을 하기에는 충분치 못했다고 저자는 판단한다. 여기에는 두 가지 이유가 있다. 첫째, 시정개발실은 법적 근거에 의해 설립된 기관이 아닌 부산광역시 조례로써 만들어진 조직이다(부산광역시 시정개발실 홈페이지 참조 http://ipd.metro.busan.kr/).

둘째, 정책개발실은 신분이 보장된 기존 공무원들의 업무보조 기능에 머물렀다. 국제신문 2002년 4월 22일자에는 "부산시 정책개발실은 태생적으로 공무원이란 신분을 갖고 있어 비판적이고 '튀는' 연구는 선뜩 못하고 있다. 19명의 연구원들이 주로 하는 일은 각 실·국·과에서 요구하는 과제처리가 대부분이다"라고 보도하고 있다. 국제신문 4월 2일자에는 "부산시 정책개발실의 위상도 재정립해 연구체제를 혁신해야 한다는 목소리가 있다. 1

실 3부 2센터 체제로 19명의 석·박사급 연구원이 일하고 있으나 계약직 공무원이란 한계가 있는 데다 대부분의 연구과제가 각 실·국·과의 업무지원 수준에 그치고 있다는 것. 일각에서 각 부서의 '팀 닥터'라고 부르는 것도 이 때문"이라고 기술한다.

일반연구소 역시 현재 두드러진 부산지역관련 연구활동을 하지 않고 있다는 의견이 있다. 국제신문 2002년 4월 2일자에는 '민간 차원의 연구소로는 부산경제연구소, 동남발전연구소, 동남경제연구원 등이 있으나 대부분 업체에 대한 종합경영컨설팅을 제공하는 수준'이라고 평하고 있다. 부산의 경우를 구체적으로 얘기하는 것은 아니지만 지역연구를 내세우는 일반연구소의 경우 정치인들의 선거용인 경우가 많다는 지적도 있다. 중앙일보 2002년 3월 14일자 기사는 다음과 같이 그러한 사례를 보고하고 있다:

> 오는 6월 지방선거를 앞두고 편법선거운동을 노린 각종 '선거용' 연구소가 우후죽순처럼 생겨나고 있다. '지역발전' '도시문제연구' 등 그럴싸한 명분을 내세우고 있으나 속살로는 개소식과 회원모집 등을 통해 이름 알리기나 세 불리기, 심지어 경력 부풀리기용으로 이용되고 있다. 13일 중앙선거관리위원회에 따르면 지난해 말부터 전국의 지방선거 출마예정자 등이 개설한 '연구소'는 무려 1백58곳이나 된다. 전북 남원시에는 시장출마를 희망하고 있는 C씨 등 3명이 최근 각각 연구소를 개설했다. 기존 것까지 합하면 인구 10만명의 도시에 연구소가 7곳이나 되지만 변변한 연구실적은 찾아보기 힘들다.

김준우·이경상(2006)은 전문가들을 대상으로 한 델파이 조사를 바탕으로 광주광역시의 경우 시도연구원인 광주전남발전연구원만이 지역정책을 개발하는 역량을 가지고 있다는 결론을 내었다.

이들이 사용한 연구방법은 델파이 기법이다[53]. 2003년 1월부터 2003년 12월 사이에 1차와 2차 델파이 조사가 실시되었으며, 대상집단은 학계, 경제계, 시민단체, 언론계이다. 1차와 2차 참가자는 동일하며, 언론(9), 시민단체(10), 경제(9), 학계(10)로써 총 38명이었다.

김준우 · 이경상(2006)이 델파이 조사이전에 실시한 여러 지역을 대상으로 한 대면면접의 결과도 흥미롭다. 그들에 따르면, 2001년 3월에 면접한 한 시민단체 간부 C씨는 시민단체의 연구역량에 대해 이렇게 설명하였다: "우리지역 시민단체의 경우 연구전담 인력은 없습니다. 하지만 사안에 따라서 나름대로 아주 효율적으로 공부는 합니다. 어떤 정책적 문제가 있을 때, 가장 그 분야의 전문가인 대학교수분을 모셔서 워크숍을 합니다. 그리

53) 미국의 랜드연구소(Rand Corporation)에서 개발하였으며, 대면토의에서 나타나는 문제점을 제거하고 긴급한 국방문제(소련의 원자탄 보유량을 추정하는 문제)에 관하여 전문가들의 합의를 도출하는데 1950년대에 최초로 사용되었다.

델파이 방법은 직접 지식 대신에 전문가 판단, 개인 대신에 집단을 이용하기 위해 전문가 집단적 판단을 구한다. 델파이 방법은 이러한 전문가 판단에 있어서 여론조사방법과 협의회 방법의 장점을 결합시켰다. 델파이 패널(delphi panel)이라고도 하는 델파이 토론 참여자는 델파이 절차가 반복되는 동안 이전의 집단통계치와 소수의견을 참고하여 다음회에 자기판단을 수정할 수 있는 기회를 가진다는 점이 일반 조사절차와 다르다. 델파이 절차에서 참여자는 공개되지 않을 뿐만 아니라 상호간에 직접적인 접촉을 하지 않으므로, 협의회 방식에서 나타날 수 있는 다수의 횡포, 권위있는 발언의 영향 등의 부작용을 피해갈 수 있다(이종성, 2001).

고 나중에 계속 연락드리면서 해당사항에 대한 자문을 받지요.” 2002년 10월에 만난 시민단체 간부 D씨의 의견은 다음과 같았다: “실제적으로 연구역량을 지역 시민단체들에게서 찾기는 힘듭니다. 전담인력이 없기 때문이죠.”

2001년 11월에 이들이 면접한 한 공무원은 정책과정에 대한 각 집단별 인식에 대해 이렇게 언급하였다: “정책과정에 대해 일반시민들은 잘 알지 못하는 경우가 많습니다. 실제 정책에 관심을 가지거나 과정에 참여하는 집단들이 가장 잘 알고 있다고 볼 수 있습니다. 공무원들은 집행기관이니까 물론 잘 알고 있습니다. 의외로 시민단체들이 많이 알고 있기도 합니다. 이는 다양한 쟁점에 대해 상시적인 관심을 가지기 때문입니다. 요즘은 지자체의 각종 위원회에 시민단체 대표 1명씩은 보통 들어가 있다고 보시면 됩니다. 오히려 대학교수들은 전공이 일치하거나 과정에 직간접적으로 관여되는 분들만 정책에 대한 이해가 높습니다. 언론인들은 자신의 취재영역에 있어서는 상당히 잘 아는 편이고요. 기업하시는 분들도 해당 정책의 당사자가 될 경우에는 정책수립에 상당히 민감합니다.”

이 장에서도 집중적으로 다루어질 시도연구원들은 해당 지자체의 출연연구원이다. 이들은 “시도연구원협의회”를 구성하고 있으며 협의회의 정회원은 지방자치단체가 일부 또는 전부를 출연하여 설립한 연구기관의 장으로 하고 있다(시도연구원협의회, 2002).

이러한 시도연구원의 대부분은 '지방자치단체출연연구원의 설립운영에 관한 법률(제정 2000. 1. 12. 법률 제6121호)'을 법적 설립 기반으로 하고 있으며 그 목록은 아래와 같다:

서울시정개발연구원

부산발전연구원

대구경북개발연구원

인천발전연구원

광주 · 전남발전연구원

대전발전연구원

울산발전연구원

경기개발연구원

강원발전연구원

충북개발연구원

충남발전연구원

전북경제사회연구원

경남발전연구원

제주발전연구원

참고로 이 목록은 2002년도 연구 당시를 반영하고 있다. 2007년 현재는 많은 변화가 있다. 광주전남발전연구원은 광주발전연구원과 전남발전연구원으로 분리하였다. 전북경제사회연구원은 전북발전연구원으로 명칭이 바뀌었다.

지역의 정책을 개발하는 기능에 대한 연구는 국내는 물론 외국에서도 많지 않다. 이런 의미에서 '지역발전정책 개발역량'이라는 개념을 정의한 김준우·이경상(2006)의 연구는 이 장에서 활용하기에 유용하다. 개념의 정의에 대해 상세히 알아보기로 한다.

8.3.1. '지역발전정책 개발역량'

김준우·이경상(2006)은 '지역발전정책 개발역량'을 '지역발전에 관련된 문제해결적 정책을 현실에 적용할 수 있도록 개발하는데 전념하는 전문가들의 역량을, 집단적 이익으로부터 상대적으로 독립적으로, 결집시키고 조직화하는 능력'이라고 조작적으로 정의한다. 여기서는 각 단어 중 몇 가지에 대해서 자세히 인용하려고 한다.

'발전(development)'의 경우에는 '지역민의 거주 및 생활에 필요한 제반 조건의 개선의 추구하는 다양한 활동'이라고 정의한다. 이 정의는 지역민의 거주 및 생활을 강조함으로써, 이 정의는 학문적으로 중요한 '삶의 질'과 같은 가치를 적극적으로 포함할 수 있는 가능성을 열어두었다.

'문제해결적 정책'이란 '아이디어'와 구분된다. Young(1962)이 언급한대로 아이디어란 이전에 있는 요소들을 새롭게 조합한 것이다. 이러한 아이디어에서 '행위를 위한 계획'이라는 과정이 더해졌을 때 '문제해결적 사고'가 된다고 볼 수 있다. 아이디어를 분석하고, 평가하고 강화했을 때 문제해결적 사고가 가능한 것이다.

이때 다양한 준거(예를 들어 경비, 자원, 시간)등이 사용되는 것이다. '실천하기는 쉬울까' '시간은 충분할까' '경제사정이 허락할까'하는 등의 사고를 거친다는 것이다(김영채, 1999). 여기서는 '아이디어'가 아닌 '문제해결적 사고'의 성격을 띤 정책을 '문제해결적 정책'이라고 지칭한다.

'현실에 적용할 수 있도록 개발'이란 의미는 도시연구개발 개념에서 이러한 연구개발노력이 도시민들의 실질적인 생활(예를 들어, 소득, 환경 등)에 영향을 미쳐야 한다는 의미이다. 이는 '두뇌집단'을 정의할 때 Dror(1980)가 언급한 '연구성과와 이로 인한 효과가 정책결정과 관련되어야 한다'라는 주장과 연결되어 있다.

학계와 '지역정책개발 개발역량'을 담당하는 조직간의 차이 중 하나가 이러한 연구의 활용부분이라고 생각된다. McGann & Weaver(2002:8)는 대학부설연구소와 같이 학술적인 성격이 강한 두뇌집단의 고민거리 중 하나가 '정책적 적절성'이라고 분석한다. 지역민의 실제 생활과 연결되지 않는 연구는 이 개념의 범위에서 제외된다.

'전념하는 전문가'라는 정의는 도시연구개발과 두뇌집단에서 공통적으로 얘기되는 전임연구원의 존재를 의미한다. 도시연구개발 개념의 비유가 되는 일반 기업체의 경우 연구개발에 전념하는 전문가라는 의미는 일반화되어 있다. Dror(1980)는 두뇌집단 경우, '연구기관으로써 어울리는 연구방법을 사용하고' 또한 '서로 전문토론이 가능한 특정인원의 전임인력'이 있어야 한다고 명시한다.

'집단적 이익으로부터 상대적으로 독립적으로'라는 표현에서 집단적 이해는 기업, 이해집단, 정당, 국가 등을 포함할 수 있다. 이강웅(1991)의 표현대로 한국 지역에서 지역정책을 연구하는 조직은 많지 않다. McGann & Weaver(2002)가 언급하였듯이 영국과 미국의 경험을 기준으로 삼은 엄격한 재정적 독립성을 조직을 한국의 지역사회에서 찾는다는 것은 불가능해 보인다. 따라서 '상대적으로 독립적'이란 표현은 행정적/재정적 연관이 있더라도, 연구의 내용에서 독립성이 유지되는 것을 의미한다.

참고로 언급하자면, Stone(1996)은 두뇌집단의 대략적 정의를 '공식 정치의 외부에 존재하고, 시장과 국가 중간의 애매한 위치를 차지하는 아이디어, 정치, 정책을 섞어내는 조직적 표현'이라고 내린다. 두뇌집단은 정부공식기구도 아니며, 특정한 미리 정해진 견해를 표현하기 위한 이익단체도 아니라는 것이다. 두뇌집단은 효율적 조직, 독립적인 소득원, 그리고 어느 정도의 영속성을 가져야 한다. 두뇌집단의 가장 중요한 업적은 출판물, 언론보도, 학회에서 나오는 연구, 분석, 조언이라는 것이다. 전문지식과 직업의식은 두뇌집단의 필수불가결한 요소이며, 또한 자신의 연구주제를 스스로 선택할 자유를 가져야 한다는 것이다. 두뇌집단은 정부활동에 어느 정도 관여할 수도 있지만, 이익단체와 같은 로비를 통해서가 아니라 지적인 주장을 통해서라는 것이다(Bird, 1997).

'두뇌집단'의 정의에 대해서는 다양한 의견이 존재한다. McGann & Weaver(2002:4-5)는 일반적으로 얘기되는 '정부와 대학으로부터의 독립성'과 '비영리적 운영'이라는 두뇌집단의 개념규정은 너무 협소하다고 주장한다. 그들은 독일과 네덜란드와 같은 유럽대륙에 위치한 국가들의 경우, 두뇌집단들이 정당과 긴밀한 인적/재정적 연계를 가지고 있다는 점을 지적한다. 또한 시민사회 경험이 일천하거나, 두뇌집단 존속을 위한 기부문화나 세제가 갖추어져 있지 않은 국가들의 문제도 제기한다.

McGann & Weaver(2002)는 Stone(1996)보다 좀 더 폭넓은 정의를 제시한다: "각종 집단적이해(기업, 이해집단, 정당, 국가 등)로부터 상대적으로 독립성을 가지면서 정책연구를 담당하는 조직." 이 정의를 적용할 경우, 연구내용에 대한 독립성이 보장되는 한 대학연구소, 기업연구소, 정부산하연구소 등이 두뇌집단으로 간주될 수 있는 것이다.

참고로 김준우·이경상(2006)이 이러한 개념정의에 기반해서 만든 지수는 표 8.1과 같다.

표 8.1. 지역발전정책 개발역량 지수

지역발전정책 개발역량 지수

1) 광주전남발전연구원의 연구과제개발능력(정책연구관련 기획력)은 전국에서 가장 우수한 시도연구원을 100%로 기준했을 때 몇 퍼센트 정도입니까? (%)

2) 광주전남발전연구원의 정치적 독립성은 전국에서 가장 독립적인 시도연구원을 100%로 기준했을 때 몇 퍼센트 정도입니까? (%)

3) 광주전남발전연구원의 연구관련 지역사회 네트워크 형성은 전국에서 가장 네트워크 형성을 잘하는 시도연구원을 100%로 기준했을 때 몇 퍼센트 정도입니까?(%)

4) 광주전남발전연구원의 연구관리 시스템의 내실화는 전국에서 가장 내실화된 시도연구원을 100%로 기준했을 때 몇 퍼센트 정도입니까?(%)

5) 광주전남발전연구원의 연구결과의 정책화는 전국에서 가장 정책화를 잘하는 시도연구원을 100%로 기준했을 때 몇 퍼센트 정도입니까? (%)

6) 광주전남발전연구원의 지역실정의 이해는 전국에서 가장 이해가 우수한 시도연구원을 100%로 기준했을 때 몇 퍼센트 정도입니까? (%)

7) $\dfrac{\text{광주전남발전연구원의 예산을 광주전남 예산으로 나눈 수치}}{\text{시도연구원 예산을 해당 지자체 예산으로 나눈 숫자의 전국최고치}} \times 100$

8) $\dfrac{\text{인구 십만명당 광주전남발전연구원의 연구원수 연구인력}}{\text{인구 십만명당 시도연구원 연구원 숫자의 전국 최고치}} \times 100$

9) $\dfrac{\text{광주전남발전연구원의 연봉평균을 광주 생활물가지수로 나눈 값}}{\text{시도연구원 연봉평균을 해당 지자체 생활물가지수로 나눈 값의 전국 최고치}} \times 100$

지수의 점수계산 방법 (100점 만점)

점수 = (항목1 × 0.26) + (항목2 × 0.16) + (항목3 × 0.06) + (항목4 × 0.16) + (항목5 × 0.03) + (항목6 × 0.06) + (항목7 × 0.17) + (항목8 × 0.07) + (항목9 × 0.03)

8.4. 연구방법

이 연구는 기본적으로 문헌조사와 대면면접을 중심으로 한 질적 방법을 사용한다. 문헌조사로서는 정부기관 및 관련단체(예를 들어 시도연구원협의회)에서 출간된 자료 뿐 아니라 인터넷을 통한 신문기사검색을 이용하였다.

한국언론재단에서 구축한 종합뉴스데이터베이스(http://www.kinds.or.kr/)에 나타난 중앙지-경제일간지-시사잡지와 야후홈페이지(http://kr.dir.yahoo.com/)의 "뉴스와 신문" "지역별"에 나타난 지방지를 기준으로 한다. 이 목록은 표 8.2와 같다.

표 8.2. 야후홈페이지(http://kr.dir.yahoo.com/)의 "뉴스와 신문" "지역별"에 나타난 지방지와 한국언론재단에서 구축한 종합뉴스데이터베이스(http://www.kinds.or.kr/)에 나타난 중앙지-경제일간지-시사잡지 목록

지 방 지
강원도 (강릉뉴스, 강원도뉴스, 강원도민일보, 강원일보, 설악신문, 원주투데이, 합강소식, 홍천뉴스)
대전광역시 (대전매일, 대전일보, 중도일보)
전라남도 (곡성투데이뉴스, 나주신문, 목포투데이, 무등일보, 순천시민의 신문, 장흥신문, 전남매일, 전남일보, 진도군신문, 진도뉴스, 청자골 강진소식, 해남신문, 화순국민신문)
경기도 (가평소식, 가평신문, 가평타임즈, 경기일보, 경기장애인 신문사, 경서일보, 경인매일신문, 경인일보, 까치소식, 남양주뉴스, 데일리인천, 도시신문, 디지털김포매일뉴스, 리빙타임즈, 부천21, 부천포커스, 성남뉴스, 성남일보, 수원

닷컴, 수원시뉴스, 안산인터넷전자신문, 안산내일신문, 안산일보, 안양뉴스, 안양저널, 양평새소식지, 용인신문, 의정부시민신문, 이천설봉신문, 인천일보, 일산클럽, 자치안성, 제일신문, 중동신문, 중부일보, 출구닷컴, 평택문화신문, 평택시민신문, 평택신문, 포천신문, 화성신문, 화성오산신문, id분당)

부산광역시 (국제신문, 금정신문, 부산경제신문, 부산시보, 부산일보, 부산중구신문, 북구신문)

전라북도 (김제시민의 신문, 남원신문, 새전북신문, 순창아이뉴스, 인터넷녹두신문, 전북도민일보, 전북일보, 전북일요시사, 전북제일신문, 전주일보, 진안신문)

경상남도 (남해신문, 경남도민일보, 경남도보, 경남신문, 경남일보, 경남제일신문, 김해가야신문, 동남일보, 마산시보, 밀양일보, 사천시 새소식, 사천신문, 양산일보, 지리산 인터넷뉴스, 하동소식)

서울특별시 (강남신문, 관악주민신문, 구로오늘신문, 구로타임즈, 내고장영등포, 동부신문, 두레신문, 디지털광진, 서초구민의 신문, 서초주부통신, 서초타임즈, 성동저널, 시민일보, 양천신문, 전교학신문, 중랑뉴스, 토요저널)

제주도 (서귀포신문, 제민일보, 제주기독신문, 제주일보, 한라일보)

경상북도 (경북도청신문, 경북일보, 경산시청신문, 경주시청신문, 고령인터넷신문, 고향신문, 구미뉴스, 구미타임즈, 새재신문, 성주군뉴스, 성주인터넷신문, 시민신문, 안동INEWS, 영덕군신문, 영주시민신문사, 영주시정신문, 영천시인터넷신문, 영천신문, 예천인터넷신문, 울진21, 울진신문, 의성뉴스, 의성메아리, 청도신문, 포항뉴스, 포항시청신문)

울산광역시 (경상일보, 울산투데이닷컴, 울산매일)

충청남도 (아산인터넷뉴스, 홍주신보, 금산저널, 뉴스서천, 당진시대, 무한신문, 보령신문, 서천신문, 아산뉴스, 중도일보, 천안신문, 천안신문, 충남도정, 충남소식, 충남일보, 충청연합신문, 태안소식, 태안신문, 홍성신문)

광주광역시 (광주매일, 광주일보, 광주타임즈, 무등일보, 호남신문)

인천광역시 (경도일보, 경인일보, 계양산메아리, 기호일보, 남동신문, 데일리인천, 연수신문, 인천일보)

충청북도 (동양일보, 보은신문, 옥천신문, 음성신문, 제천시정소식, 중부매일신문, 충주닷컴, 충청리뷰, 충청연합신문, 충청일보)

대구광역시 (남구사랑, 달구벌환경, 대구신문, 매일신문, 영남일보, 중구소식, 팔공메아리)

중 앙 지

경향신문, 국민일보, 대한매일, 동아일보, 문화일보, 세계일보, 조선일보, 중앙일보, 한겨레, 한국일보

경제일간지

내외경제, 매일경제, 머니투데이, 서울경제, 파이낸셜뉴스, 한국경제

시사잡지

뉴스메이커, 뉴스피플, 시사저널, 씽크머니, 이코노미21, 이코노미스트, 주간동아, 주간조선, 주간한국, 한겨레21, 신동아, 월간조선, 월간중앙

이러한 목록을 가지고 2002년 7월 1일부터 2002년 8월 17일에 걸쳐 각 신문사 홈페이지에 들어가서 각 시도연구원의 이름(약어 포함, 예를 들어 서울시정개발연구원은 "시정연"으로 부산발전연구원은 "부발연"으로)을 검색어로 사용하여 나온 기사들 중 관련이 있는 것들을 모았다.

검색기간은 최대한 과거(보통 1990년도에서 1995년도 사이 정도에서 시작)부터 현재까지로 하였다. 검색범위는 제목이 아닌 "제목 및 본문"으로 선택하여 가능한 빠뜨리는 기사가 없도록 하였다.

대면면접의 경우 현직 및 전직 시도연구원들을 면접하였다. 이들의 이름 및 이력은 피면접자에게 피해가 오지 않도록 공개

하지 않는다. 면접내용에서 수도권이나 비수도권이라는 총칭이외의 개별 연구원 이름이 언급되지 않는 것도 동일하게 피면접자들를 보호하기 위해서이다.

지역단위는 광역시와 도를 기준으로 한다. 서울특별시, 인천광역시, 경기도가 수도권지역이며 나머지 광역시도가 "지방병"의 대상인 "지방"으로 간주된다. 분석의 단위를 비수도권과 수도권으로 나눈 것은 첫 번째로 수도권과 비수도권의 차이가 확연하다고 가설을 세웠기 때문이다. 두 번째로는 면접자료를 이용하는데 있어서 특정 한 연구소만을 지칭한다면 피면접자 보호에 어려움이 있기 때문이다. 세 번째로는 광역지자체 단위로 지역발전정책 개발역량이 현실적으로 존재하기 때문이다. 광역지자체가 출연하는 시도연구원의 존재가 이를 대변해준다.

8.5. 기존 지역 논의와의 관련성

김준우・이경상(2006)은 '지역발전 정책 개발역량'라는 개념이 기존 논의들의 논리구조가 어떻게 연결되는지 살펴보았다. 여기서는 레짐이론(regime theory)과 지역혁신론(regional innovation theory)에 관한 부분만을 인용하기로 한다.

레짐이론은 엘리트론과 다원주의로 시작되는 도시정치이론의 하나이다. Stone(1989:222-226)은 엘리트론과 다원주의 모두 '사회통제(social control)' 패러다임[54]을 가지고 있다고 지적한다.

Stone은 이와 같은 체계적인 통제는 현대사회에서 불가능하다고 전제한다. 파편화된 세계에서 중요한 것은 다양한 공동체의 구성체들의 협력을 이끌어내어서 어떠한 일을 해내는 것이다. 스톤은 애틀란타에서의 성공적인 도심재개발 사업을 그 예로 들고 있다.

이러한 모델을 '사회적 생산(social production)' 패러다임이라고 지칭한다. 사회적 생산모델은 정책형성을 위한 필요한 자원을 모으고 사용하는 능력을 강조한다. 통제 모델에서는 저항이 통제에 드는 비용을 늘이고 피지배자들은 순응하지 않음으로써 체제를 작동하지 못하게 할 수 있다.

이와는 달리 사회적 생산 모델에서, 반대는 대중적 기반을 가지고 조직되고 대안적 통치능력으로 변화하지 않는 한 어떠한 결과도 가져올 수 없다. 권위가 분산된 상황에서 자원의 집중은 매력적이다(Stone, 1989:229). 권력투쟁은 통제와 저항이 아니라 '실천할 수 있는 능력을 얻고 합치는 것(gaining and fusing a capacity to act - power to, not power over)'이다.

정책형성에 대한 분석 역시 이러한 사회적 생산모델에서는 달라진다. 애틀란타에서 도심 자본가들은 선거에서 승리하지는 못해도 시청과의 연대를 통해 정책형성에 크게 관여해왔다. CAP

54) 사회통제 패러다임에서는 권력을 지배(domination)로 이해하고, 정치를 사회적 통제의 정당성에 대한 것으로 전제한다. 이때 중요한 논쟁점은 사회적 통제를 유지하는 비용이다. 다원주의자들은 이 비용이 다원주의를 발생시킨다고 믿는다. 엘리트론에서는 동의와 정당성이 통제의 비용을 줄이도록 설계되어 있다고 주장한다. 따라서 체제변화도 동의의 철회와 정당성의 훼손에 의해 가능하다는 것이다.

(Central Atlanta Progress)라는 모임은 상공회의소(Chamber of Commerce)와는 독립적인 조직이며 백인위주의 대기업 임원으로 구성되어 있다. 여기에 속한 대표적인 사람이 코카콜라 회사의 Robert Woodruff(1889-1985)이다. 애틀란타 흑인 인구의 증가와 활발한 정치참여로 인해, Andrew Young 시장(재임기간 1982-1990)의 경우처럼 자본가들이 미는 후보는 흑인사회의 지지를 받는 후보에게 패하게 된다. 따라서 애틀란타 시행정부를 장악하지 못한 것이다.

하지만 CAP는 일을 만들어내는 능력(capacity)을 보여주었다. CAP는 도심 부동산 자산가들의 대변기구이었기에, 도심 부동산 가치를 높일 수 있는 공공사업들을 이끌어내도록 노력하였다. 자신들의 이익과 직결된 도심활성화 사업들을 기획하였고, 시청과의 연대를 통해 이를 공공사업으로 현실화시켰다. 도심과 교외를 잇는 고속도로와 전철의 건설, 각종 도심재개발 사업 등이 이러한 예들이다.

비록 스톤은 크게 비중있게 다루지 않았지만, CAP의 이러한 능력은 Research Atlanta라는 싱크탱크 조직과도 연관이 되어 있다. Research Atlanta는 비영리조직이지만, CAP로부터의 재정적 지원이 운영비의 큰 몫을 차지한다. 스톤은 이전에 남부지역이 발전에 관해서 주장해온 Research Atlanta가, 북부와 도심을 잇는 고속도로 건설에 대해 반대하는 입장을 밝히지 않았던 경우를 설명한다. 비판적 조사연구를 하거나 대안을 만들 다른 싱크탱크가 없었기 때문에 북쪽과 연결되는 고속도로 건설은 불가피하게 보였다는 것이다. CAP가 가진 정책관련의 네트워크가 대안적 정책을 만들 능력이 있는 다른 연합(coalition)의 형성을 차단한다는 것이다 (Stone, 1989:125).

한편 지역혁신체제론은 지역의 중요성을 상당히 부각시킨다. 세계화의 진전과 더불어 자본과 노동의 이동성이 주장하면서 경제활동의 지리적 영역성이 더 이상 중요하지 않다는 주장(Ohmae, 1995)과는 달리, 지역혁신체제론은 에밀리아-로마냐 지역과 실리콘 밸리 등의 성장을 '지역내의 혁신'과 연결시켰다.

Cooke(1998a)는 혁신시스템이 강한 이들 지역들의 일반적 특성으로, 지방정부재정의 자주성, 지역밀착형 금융, 대학, 연구소, 직업훈련기관, 지역 내 기업간 협력 및 혁신의 자세, 지방정치의 분권적이고 민주적 자세 및 이를 강화시켜 주는 지역의 협력적인 제도 및 문화를 지적하였다.

따라서 지역혁신체제론은 도시 및 지역차원에서 세계화 과정에 대응하는 주요한 개념적 및 현실적 대안으로 인식되었고 도시 및 지역 경제개발에 대한 내생적, 상향적 접근법으로 주목받게 되었다(이용숙, 2003: 146-148). 김영정(2003:69)은 한국에 있어서 '자립적 지방화'가 지역혁신체제의 효과적 구축으로 실현될 수 있다고 주장한다.

김준우 · 이경상(2006)에 의하면, 두 이론들이 가지고 있는 함의에도 불구하고, 앞서 언급한 꾸리찌바의 사례를 설명하기에 충분하지 않다. 그 이유는 첫 번째로 기존 논의들이 경제적 측면에 주로 초점을 맞추고 있는 경우가 많기 때문이다. 그런 면에서는 지역혁신론과 레짐이론도 마찬가지이다. 지역혁신론 역시 지역경제의 발전을 강조하며, 레짐이론 역시 사회적 생산이 경제엘리트의 자산가치 증식과 연결되어 있다. 지역과 관련한 담론에서 '삶의 질'이라는 용어가 큰 반향을 일으켰던 것도 이러한 경제적 측면과 독립된 생활에 관련된 부분이 중요하기 때문이다.

두 이론은 '지역발전정책 개발역량'과 논리적 연결고리를 가지고 있다. 공공이익과 사적이익간의 연합으로 일반적으로 인식되는 레짐 이론의 경우에도 사회적 문제해결의 단초를 볼 수 있다. Stone(1989)이 언급한 '사회적 생산'도 이런 맥락에서는 도시 행위자들간의 의견조율과 협력을 통해 가능한 것이다. Stone 자신도 이러한 애틀란타의 협력이 비교적 견실한 아틀란타의 경제성장과 다른 도시와는 다른 인종간 화합을 성취했음을 인정하고 있다.

지역혁신론 입장에서는 경제적 차원이상의 내생적 발전 가능성을 제시한다고 주장할 수 있을 것이다. 실제로 협력적인 문화, 자율성, 신뢰구축, 상호학습 등은 지역 클러스터 이론의 핵심적인 사항이다. 지역 기업인들이 함께 모임과 행사를 가져서 암묵적 지식과 신뢰를 쌓아 나가는 모습이나, 대학과 다양한 지역 공동체가 유기적으로 밀착되어 지역의 경제발전을 견인한 예들은 눈여겨 볼 만하다.

8.6. 조사결과의 분석

앞서 언급하였듯이, 지역단위는 광역시와 도를 기준으로 한다. 서울특별시, 인천광역시, 경기도가 수도권지역이며 나머지 광역시도가 지방으로 여기에서는 간주된다.

비교대상은 수도권 3개 시도연구원(서울시정개발연구원, 경기개발연구원, 인천발전연구원)과 비수도권 11개 시도연구원(부산발전연구원, 대구경북개발연구원, 광주·전남발전연구원, 대전발전연구원, 울산발전연구원, 강원발전연구원, 충북개발연구원, 충남발전연구원, 전북경제사회연구원, 경남발전연구원, 제주발전연구원) 두 집단으로 나누어졌다.

8.6.1. 연구인력에서의 지역격차

시도연구원의 연구인력 분포를 분석하는데 있어서 기준을 '박사학위소지 연구자'로 정하였다. 이는 박사학위가 절대적인 신뢰성을 가져서가 아니라 현실적인 편의성 때문이다. 일정한 직급을 가지고 분석을 하기에는 각 시도연구원의 다른 직급체제가 걸림돌이 되었다. 어떤 경우에는 동일한 연구원에서도 직급체제가 시간이 지나감에 따라 바뀌기도 한다. 또한 '상임연구원'이라는 기준 역시 대부분의 연구원이 연봉제를 택하고 있고 현실적으로 다른 정도의 신분보장을 연구원에게 제공하는 상태에서 일률적으로 적용하기가 어렵다고 생각되었다.

표 8.3. 시도연구원의 지역별 박사보유현황

<table>
<tr><th>권 역</th><th>시도연구원</th><th colspan="2">2002년
연구직박사
(원장제외)</th><th>2000년
인구 *</th><th colspan="2">광역지자체별
시도연구원
박사보유 퍼센트
(박사수÷179×100)</th></tr>
<tr><td rowspan="3">수도권</td><td>서울시정개발연구원</td><td>40</td><td rowspan="3">82
(45.8%)</td><td rowspan="3">20,767,784
(46.4%)</td><td>서울</td><td>22.3</td></tr>
<tr><td>인천발전연구원</td><td>16</td><td>인천</td><td>8.9</td></tr>
<tr><td>경기개발연구원</td><td>26</td><td>경기</td><td>14.5</td></tr>
<tr><td rowspan="14">비수도권</td><td>부산발전연구원</td><td>10</td><td rowspan="14">97
(54.2%)</td><td rowspan="14">23,943,800
(53.6%)</td><td>부산</td><td>5.6</td></tr>
<tr><td rowspan="2">대구경북개발연구원</td><td rowspan="2">8</td><td>대구**</td><td>2.2</td></tr>
<tr><td>경북</td><td>2.2</td></tr>
<tr><td rowspan="2">광주・전남발전연구원</td><td rowspan="2">12</td><td>광주</td><td>3.4</td></tr>
<tr><td>전남</td><td>3.4</td></tr>
<tr><td>대전발전연구원</td><td>4</td><td>대전</td><td>2.2</td></tr>
<tr><td>울산발전연구원</td><td>8</td><td>울산</td><td>4.5</td></tr>
<tr><td>강원발전연구원</td><td>12</td><td>강원</td><td>6.7</td></tr>
<tr><td>충북개발연구원</td><td>8</td><td>충북</td><td>4.5</td></tr>
<tr><td>충남발전연구원</td><td>12</td><td>충남</td><td>6.7</td></tr>
<tr><td>전북경제사회연구원</td><td>3</td><td>전북</td><td>1.7</td></tr>
<tr><td>경남발전연구원</td><td>14</td><td>경남</td><td>7.8</td></tr>
<tr><td>제주발전연구원</td><td>6</td><td>제주</td><td>3.4</td></tr>
</table>

출처: 시도연구원협의회, 2002, 『시도연구원총람』

통계청, 2002, <<http://www.nso.go.kr/>> 통계정보시스템(KOSIS)/인구・가구/인구(총조사)/총조사인구(2000)/행정구역(시도)/성/연령/가구주와의 관계별 인구

*통계청에서 제공하는 2002년에 가장 근접한 최근 전수면접조사(5년 주기)가 2000년이었기 때문에 불가피하게 2000년도 인구수를 사용하였음.

** 대구와 경북의 시도연구원 박사보유수는 대구경북개발연구원의 박사수를 각각 반으로 나눈 숫자를 이용하였다. 광주와 전남도 마찬가지의 방법을 이용하였다.

박사학위소지자를 분석대상으로 하였다는 것이 박사학위가 없는 연구자가 박사학위를 가진 연구자보다 못하다는 의미를 내포하는 것은 절대 아니다. 면접에 응한 많은 전·현직 연구자들은 박사학위가 없지만 탁월한 연구역량을 가지고 있는 연구자가 있을 수 있음을 지적하기도 하였다. 필자의 입장으로는 앞으로 연구수행에 있어 다른 연구자들이 각 시도연구원의 협조를 구할 수 있는 경우에는 좀 더 나은 척도를 사용하기를 기대한다.

비수도권과 수도권의 시도연구원 박사연구인력 분포를 분석해 볼 때 두 가지 상반된 견해가 나올 수 있다<표 8.3 참조>. 첫 번째는 시도연구원 박사연구인력의 수도권/비수도권 분포는 수도권/비수도권 인구비율과 거의 같기 때문에 문제될 것이 없다는 것이다. 표 8.3에 나오듯이 수도권의 인구비중은 전체의 46.4% (2000년 기준)인데 반해, 수도권 시도연구원 박사연구자 비중은 전체 179명중 82명 즉 45.8% (2002년 기준)로 나타난다.

두 번째는 인구수와 관계없이 광역지자체 각각을 하나의 독립적인 단위로 본다면 수도권과 비수도권간의 지역개발 연구인력 수의 차이는 엄청나다는 것이다. 서울시정개발연구원은 40명의 박사연구원으로 전체의 22%를 차지하고 있다. 경기개발연구원은 26명으로 전체의 14.5%를 인천은 16명으로 전체의 8.9%를 점한다. 서울, 경기, 인천이 각각 1, 2, 3위를 차지할 뿐 아니라 다른 많은 비수도권 연구원과 현격한 차이를 보이고 있다.

비수도권 중 가장 박사연구원이 많은 곳이 경남발전연구원으로 14명 (7.8%)이지만 가장 작은 곳은 전북경제사회연구원으로 단 3명의 박사 (1.7%)에 그치고 있다. 대전발전연구원(4명)과 제주발전연구원(6명) 역시 수도권과 심한 격차를 보이는 곳이다. 요약하자면, 수도권 광역지자체들은 평균 27.3명의 시도연구원 박사를 가지고 있는 반면에 비수도권 광역지자체들은 평균 7.5명의 시도연구원 박사를 가지고 있다.

저자는 격차가 심각하다고 주장하는 두 번째 견해가 좀 더 타당하다고 생각한다. 그 이유는 두 가지 정도이다. 첫째, 지방분권의 타당성을 일선 지자체 단체장들이 주장하고 있는 상황(조선일보 2002년 5월 30일; 문화일보 2002년 7월 3일;경향신문 2002년 6월 20일; 중앙일보 2002년 6월 6일)에서 인구수만큼의 지역개발 연구기능을 가지면 된다는 생각은 논리적으로 무리가 있다고 본다. 이런 식의 생각이라면 인구수 만큼의 분권을 요구해야하는 것이다. 예를 들어 부산은 서울인구의 절반도 되지 않기 때문에 부산시장이 가질 수 있는 자치권한은 서울시장의 절반이하 정도면 된다는 주장에 반박할 수 있는 근거가 없는 것이다. 좀 더 풀어 설명하자면 분권이란 헌법의 틀 아래서 광역지자체(예를 들어 미국의 州 단위)가 법률, 행정, 등 제반분야에서 독자적인 결정을 한다는 것이다. 분권을 가정한다면 광역지자체의 인구수가 기준이 되는 것이 아니라 각 광역지자체가 동일한 정치권력 단위로서 평가받아야 한다고 필자는 생각한다.

둘째, 지역개발 연구기능이 지역의 발전가능성과 연관성이 있다고 가정할 때 인구수만큼만 발전가능성을 가진다는 것은 비수도권 지자체로서는 쇠퇴일로를 걷는 것을 의미한다. 예를 들어 매년 서울이 부산의 2배로 발전(예를 들어 제도, 기술, 등에서) 한다면 서울과 부산간의 격차는 기하급수적으로 벌어질 것이다.

8.6.2. 순수 연구재정에서의 지역격차

시도연구원 지역개발 연구기능의 척도 중 하나는 '순수연구재정'이라고 저자는 생각한다. 이는 각 시도연구원의 총연간지출이 아닌 순수연구활동을 위해 쓰이는 금액을 지칭한다. 연구원의 총지출을 척도로 사용하는 것은 두 가지 점에서 문제가 있다. 첫째, 총지출의 상당한 부분은 사무실 임대료, 사무직원 임금, 관리비 등 연구와 전혀 관련이 없는 부분이기 때문이다. 둘째, 이러한 일반경비를 제외하고도 총지출의 상당한 부분이 연구원에서 자체 기획해서 수행하는 지역개발 연구가 아닌 외부 기관(주로 각종 지자체)의 용역을 수익사업으로서 수행하는 과정에서 쓰인다는 것이다.

하지만 현실적으로 저자가 각 시도연구원의 연구재정을 정확하게 파악할 수 있는 길은 없었다. 실은 총지출의 규모조차도 정확하게 파악할 수가 없는 입장이다. 따라서 저자는 여기서 각 시도연구원의 예산이나 지출에 대한 간접적인 자료와 개별 면접자료를 함께 사용하려고 한다.

연구방법에 대한 부분에서 밝힌 대로 신문기사검색을 한 결과 비수도권 시도연구원의 빈약한 재정상태에 대한 기사들을 많이 찾을 수 있는 반면에 수도권 시도연구원의 빈약한 재정사항에 대한 내용은 실질적으로 없었다. 이러한 내용의 기사는 아래와 같다:

> 대구·경북의 각종 정책개발을 주도해온 대표적 싱크탱크인 대구경북개발연구원(원장 윤식)의 경우, IMF 이후 프로젝트 용역 수주량이 30% 이상 줄어들었으며, 대학 등으로 떠나간 연구인력을 충원하지 못해 15명이던 연구원수가 현재는 11명으로 줄었다. <영남일보 2001년 4월 27일>

> "끼니를 걱정하는 연구원이 무슨 수로 지역발전과 비전을 제시할 수 있겠습니까." 지난 1일 오후 부산 남구 문현동 부산발전연구원(부발연·BDI) 휴게실. 올해 부산시 발주 용역이 줄어든다는 소문을 들은 몇몇 연구원들이 수심 가득한 얼굴로 담배연기를 뿜어대며 한숨을 쉬고 있었다. 부발연은 기금으로 운영되기 때문에 용역건수 감소는 운영비 감소로 이어진다. 한 연구원은 "부산의 미래 발전전략을 짜는 의미있는 프로젝트를 수행하고 싶어도 여건이 안된다"며 "좋은 자리가 있으면 언제든 떠난다는 연구원도 있다"고 말했다. <국제신문 2002년 4월 2일>

아래의 기사는 비수도권과 수도권의 시도연구원 상황을 구체적으로 비교하여 보도하고 있기도 하다:

> 부산지역 싱크탱크(두뇌집단) 육성을 위해 지난 92년 설립된 부산발전연구원(PDI. 원장 임정덕)이 최근 운영 차질과 인력난 등으로 위상 추락의 위기를 맞고 있다. 29일 부산발전연구원에 따르면 지난 92년 창설 당시 105억원의 기금이 마련된 이후 지금까지 한 차례의 운영비 보조도 이뤄지지 않고 있다는 것이다. 이는 서울시정개발연구원이 매년 60억-70억원의 운영비를 보조받고 인천발전연구원과 경기개발연구원이 각각 5억-40억원을 지원받는 상황과 대조되고 있다. <부산일보 2000년 12월 29일자>

재단법인 출연금 125억원(부산시 33억원, 한빛은행 30억원, 부산은행 35억원, 부산상공회의소 5억원 등) 가운데 임대료와 결손금을 뺀 109억원에 따른 이자수입만으로는 연 20억원에 이르는 예산을 감당할 수 없다. 실제로 서울시 시정개발연구원의 경우 한해 75억원의 금액이 서울시로부터 지원되고 있으며 인천의 경우 18억원, 경기도는 43억원이 각각 지원되고 있다. <부산일보 2001년 12월 5일>

"비전부산 5대과제 부산을 떠나 부산을 보니 /박창호"라는 제목의 기사는 비수도권 시도연구원에서 근무하다 수도권 시도연구원으로 이직한 연구원의 문제의식을 드러내고 있다:

부산발전연구원에서 9년간 근무하다 인천으로 자리를 옮겨 부산지역 연구기관들을 보니 공통적인 문제점은 용역을 수행하지 않으면 연구소를 운영할 수입원이 부족하다는 것이다. 수도권의 유사한 연구기관인 서울시정개발연구원과 경기개발연구원, 인천발전연구원이 해당 지자체의 지원금에 의해 운영되는 것과는 큰 대조를 보인다. <국제신문 2002년 7월 12일>

신문기사들은 예산문제로 인하여 수익을 위한 수탁사업에 치중하고 순수 지역개발을 위한 연구를 하지 못하는 비수도권 시도연구소의 문제를 자주 지적하고 있다:

부산발전연구원<은> ... 특히 운영비 충당을 위해 수탁연구를 늘이는 바람에 자체연구는 뒷전으로 미뤄져 이들 연구보고서가 무더기로 내년으로 이월되는 부작용이 나타나고 있다. <부산일보 2000년 12월 29일자>

상임연구원 15명에 불과한 부발연(부산발전연구원) 연구진들이 부산시가 발주하는 용역에 매달려 본연의 업무인 정책연구를 뒷전으로 돌리는 악순환이 발생하고 있다는 것. <부산일보 2001년 12월 5일>

광주전남발전연구소의 경우 재정난 때문에 순수연구가 이루어지지 않고 있는지는 분명히 하고 있지만 부산발전연구소와 비슷한 문제점을 지적받고 있다. 즉 순수한 지역개발 연구기능이 제대로 수행되지 않고 있다는 것이다.

> 광주전남발전연구원은 ... 지역발전을 위한 이론적 토대 구축이라는 연구기관의 본래 기능은 외면한 채 용역사업에 몰두하고 있어 수익사업단체인 용역기관으로 전락하고 있다는 지적을 받고 있다 ... 특히 연구기관에 대한 1차적인 평가기준인 연구보고서가 지난 5년간 전혀 발간되지 않는 등 당초 설립 취지를 살리지 못해 존폐 논란마저 일고 있다. 이를 두고 최근 광주전남개혁연대는 성명을 통해 "연구원의 연구실적은 본래 설립 목적인 지역의 씽크탱크 역할과는 거리가 멀다"며 "타 시도의 연구원에서 쏟아져 나오는 연구보고서의 양과 질을 감안할 때 심각한 문제에 봉착했다"고 ... <광주타임즈 2001년 1월 5일>

아래의 기사들은 이러한 순수 연구재정이 실제로 연구의 질이나 연구자의 사기와 어떻게 연결되는지를 잘 알려주고 있다:

> "제대로 된 연구를 하려면 현장조사, 사례 및 문헌조사, 설문조사 등이 필수적이나 현실적으로 손이 안 따라갑니다. 후배들이나 아는 인맥을 동원해 밥 사주며 주어진 과제를 처리하고 있는 실정입니다." 부산발전연구원의 한 연구원이 털어놓는 연구현실은 ... 열악한 여건은 질 낮은 연구로 이어진다. 새로운 트랜드 연구나 정책연구는 거의 손을 대지 못하고 있으며, 기존 연구를 답습하는 경우도 없지 않다. <국제신문 2002(b)년 4월 2일>

> 항만물류 전무가인 박창호(43)박사. 현재 인천발전연구원 한중교류센터 실장인 그에게 부산은 애증의 도시로 기억되고 있다 ... 그는 지난 2000년 여름, 9년간 몸 담았던 부산발전연구원(BDI 부발연)을 떠나 낯선 연구소에 새 둥지를 틀었다. 부발연 개원멤버로 활발한 활동을 해왔던 그는 왜 부산을 떠났을까. "용역을 수행해야 밥이 나오는 현실속에서 무슨 연구가

제대로 되겠습니까?" <국제신문 2002년 4월 1일>

시도연구원 전 현직 연구자와의 대면면접은 필자로 하여금 실제로 연구재정에 있어서 수도권은 상당한 투자를 하는 반면 비수도권은 거의 전무하다는 판단을 할 수 있게 하였다. 비수도권 시도연구원에서 근무하다 수도권 시도연구원으로 이직한 한 연구자의 경험은 다음과 같다:

> 비수도권 시도연구원에 있었을 때 용역이 아닌 순수연구과제에 배정된 돈은 실제로 없었습니다. 수도권으로 오니까 한 과제수행 당 4,000만원을 지급하는 거예요. 이 돈에는 물론 위촉연구원 인건비도 포함되어 있습니다. 위촉연구원은 박사하나에 자동적으로 붙게 되는 것이지요 ... 다른 수도권 시도연구원들도 과제당 이정도 금액이나 더 받는 것으로 알고 있습니다. <2002년 7월 필자와의 대면면접>

비수도권 시도연구원에서 근무한 적이 있는 한 연구자는 연구재정 상황에 대해 다음과 같이 얘기한다:

> 저는 비수도권 시도연구원의 경우 순수연구재정이 실질적으로 없다고 봅니다. 돈벌이가 아닌 순수연구과제에 지원할 돈이 없기 때문이라고 생각합니다. 물론 연구원 자체 회의에서 이런 문제를 지적하면서 어떻게 돈없이 연구를 할 수 있냐고 하면 사무를 보시는 분들 중 한 분은 신청하면 검토해보고 지원하겠다고 대답하곤 했습니다. 하지만 그런 연구지원비를 받은 경우는 한번도 없었던 걸로 저는 알고 있습니다 ... 현장조사가 중요한 이러한 시도연구원 연구과제에 돈없이 해보라는 것은 공과대학 교수들에게 돈없이 물과 공기로 실험하라는 얘기와 같다고 생각합니다. <2002년 8월 2일 필자와의 대면면접>

8.6.3. 연구자에 대한 처우에서의 지역격차

저자는 연구자들에 대한 처우도 중요한 문제라고 생각한다. 이러한 처우에는 신분보장과 임금수준을 들 수 있다. 필자의 대면면접이나 기사검색 결과 신분보장에 있어서는 대부분의 시도연구원이 비슷한 수준이라고 판단된다. 비록 법적근거가 있는 재단법인의 직원이라도 공무원과 같은 수준의 신분보장은 없다고 볼 수 있기 때문이다. 하지만 대면면접의 결과 임금에 있어서는 수도권 비수도권의 차이가 두 배 정도 난다는 것을 확인하였다. 이러한 임금의 경우는 최근 대부분의 시도연구원들이 연봉제를 택했기 때문에 공개적인 자료를 구하기 힘들었다.

비수도권 시도연구원에서 일했던 한 연구자는 동료 연구자가 수도권 시도연구원으로 옮길 때 그 연구자 밑에서 연구보조를 하던 위촉연구원이 하는 말을 듣고 상당히 놀랐다고 한다. 그 위촉연구원은 수도권으로 이직하는 연구자에게 수도권 시도연구원의 위촉연구원 자리가 혹시 나면 얘기해 달라고 했다는 것이다. 그 위촉연구원의 수도권으로의 이직희망은 수도권이 비수도권보다 월급을 많이 주기 때문이었다.

수도권으로 자리를 옮긴 시도연구원의 한 연구자는 주위사람들의 월급수준을 다음과 같이 얘기한다:

주위 사람들이 받는 연봉 얘기하는 것을 들으면 비수도권 시도연구원 다닐 때와 비교해서 실질적으로 2배 정도 차이가 납니다. 임시직인 위촉연구원들의 월급수준도 비수도권보다는 2배 정도 많습니다. <2002년 7월

필자와의 대면면접>

수도권 시도연구원의 한 연구자는 자신이 속한 광역지자제 長의 경우 이러한 처우의 문제에 상당히 신경을 썼다고 한다:

저희 지자체 장의 경우 연구원에 대해서 상당히 신경을 씁니다. 한번은 능력있는 연구자들이 학교나 다른 직장으로 자꾸 빠져나가는 걸 보고 이유를 조사해보라고 지시를 했대요. 결과는 뻔하게 나오죠. 신분보장과 임금의 문제 아니겠습니까? 그래서 신분보장의 경우 당장 어떻게 할 수 없으니까 연봉이라도 최대한 올리라고 지시를 한 모양이에요. <2002년 7월 필자와의 대면면접>

8.6.4. 지역사회와의 관계에서의 격차

지역사회와의 관계에 있어서도 수도권 시도연구원들이 비수도권 연구원들보다 훨씬 우호적인 것으로 나타났다. 여기서는 지역 공무원, 지자체의회, 그리고 지역언론과의 관계를 살펴보기로 한다. 시민단체와 같은 지역의 다른 집단들도 중요한 분석대상이지만 이 논문에서는 제외하기로 한다.

비수도권 시도연구원 연구자이었던 한 연구자는 지역공무원들이 얼마나 자신과 연구원에 대해 적대적이었는지를 얘기한다:

한번은 지자체 단체장과 국장급들이 모인 자리에 연구결과를 발표하러 갔습니다. 발표가 끝나고 국장들이 한마디씩 하는데 솔직히 좋은 얘기가 나오리라고는 생각하고 있지 않았습니다. 지역공무원들이 연구자들을 존중한다는 느낌은 가져본 적이 없었으니까요. 언제나 공무원들이 하는 얘기는 "뭐 따끈따끈한 거 없냐?"는 식의 이야기가 많았으니까요. 제가 판단하기에는 체계적인 정책보다는 부담되는 일을 크게 벌이지 않고도 점수를 딸 수 있는 아이디어성 사업제안을 지역공무원들이 바라는 것 같았어요. 한데 그 날은 좀 심한 얘기가 나오더라고요. 한 국장이 연구발표에 대해서 부정적으로 얘기하다가 "우리 공무원은 안 해본 것이 없고 모르는 것이 없다"라는 얘기를 지자체단체장과 연구자들이 있는 앞에서 하는 거예요. 말문이 딱 막히더라고요. 자칭 전지전능한 분과 더 이상 얘기할 필요도 없을 것 같고 ... 지역의 어떤 문제를 가지고 연구를 하러 관련 광역지자체 관청에 담당공무원을 찾아가도 저의 자료요청에 비협조적인 태도를 보이는 경우가 우호적인 태도를 보이는 경우보다 많았습니다. <2002년 8월 필자와의 대면면접>

비수도권 시도연구원에서 근무하다 수도권 시도연구원으로 이직한 한 연구자는 비수도권 시도연구원 재직 때보다 현재가 훨씬 지역공무원과의 관계가 낫다고 말한다:

제가 비수도권 광역지자체 공무원들을 대할 때는 피곤하기도 했고 또 이 사람들은 나에게 적대적이라는 생각을 많이 했습니다. 학연과 지연으로 똘똘 뭉친 패거리 문화를 가지고 있는 것 같기도 했고 하옇튼 담당공무원이나 고위공무원이나 모두 적이었습니다. 수도권에 와서 관련 광역지자체 공무원을 만나보니 상당히 달랐습니다. 기본적으로 호의적이고 필요한 모든 것을 지원하겠다는 태도를 보였습니다. 제가 지방에서는 광역지자체 자료를 받아본 적이 없었습니다. 여기서는 얘기하지 않아도 자료를 주곤 합니다. 제가 보기는 수도권 공무원들이 깨어있고 연구자에 대해서도 신뢰를 가지고 있는 것 같습니다. <2002년 7월 필자와의 대면면접>

지자체 의회 (도의회나 시의회)와 시도연구원과의 관계 역시 비수도권보다 수도권이 우호적이라고 저자는 생각한다. 2000년 12월 15일 부산시의회가 부산발전연구원 운영비 지원 3억원 전액을 삭감한 것이 그 명백한 증거중 하나이다. 당시 심의하고 있던 부산시의 2001년 예산규모가 3조 7천 128억원 규모였고 삭감된 3억원은 전액 부산지하철건설 지원비로 돌려졌다 (부산일보 2000년 12월 15일). Landry의 얘기를 가지고 계산을 해보면 0.1%도 되지 않는 '도시R&D' 비용의 최초 실행이 무산된 것이다.

어떤 연구자는 자신이 일하고 있는 수도권 광역지자체 의원들은 비수도권 광역지자체 의원보다 시도연구원의 연구자와의 파트너십에 더 신경을 쓰는 것 같다고 얘기한다:

> 제가 지방에 있었을 때 의원들 코빼기도 구경하지 못했어요. 수도권에 와서는 연말 연초에 부서단위로 의원들과 같이 점심을 먹습니다. 이때 아주 허심탄회하게 얘기를 합니다. 이 사람들은 연구자들을 괜히 불쾌하게 하거나 대화내용을 이해 못하는 게 별로 없어요. 의원들이 현장경험을 얘기해 주는 것이 아주 큰 도움이 됩니다. <2002년 7월 필자와의 대면면접>

비수도권의 언론과 시도연구원과의 관계 역시 부산발전연구원 예산삭감을 둘러싼 보도태도로 보아 비우호적이라고 저자는 판단한다. 이 사건에 대한 부산일보의 보도는 다음과 같다:

> 부산시 예산의 경우 불요불급한 예산 중 총 102억원을 삭감, 시 현안사업인 지하철 건설비로 돌린데 대해 긍정적인 평가를 받고 있다 ... 특히 부산발전연구원 운영비 (3억원) ... 등 불요불급한 항목에 대해 과감히 '칼질'을 한 것은 예결특위의 성과로 인정받고 있다. <부산일보 2000년(b) 12월 15일>

8.7. 정책개발과 지역단위 국가의 책임

여기서 저자는 토론의 쟁점을 서론에서 언급한 세 가지 논쟁

거리에 집중하려한다. 첫 번째는 수도권과 비수도권간의 지역격차의 주된 책임이 중앙단위의 국가에 있지만 지역단위의 국가를 포함한 비수도권 지역사회도 어느 정도의 책임을 면할 수 없다는 주장이 있을 수 있다. 이에 대해서는 '어느 정도'의 범위를 둘러싼 논쟁이 있을 수 있다. 이러한 논쟁의 소지는 많은 사회과학적 연구에서 그러하듯이 확률적 설명이 어렵기 때문에 생긴다고 필자는 생각한다.

참고로 저자가 비수도권 낙후의 주된 책임을 중앙정부에 돌리는 이유는 중앙정부가 지방정부와의 권력관계에서 강자라고 판단하기 때문이다. 한국의 지역개발은 얼마나 중앙정부의 보조금이나 투자를 지역에 유인하느냐에 달려있는 경우를 흔히 볼 수 있는 이유가 여기에 있기도 하다. 예를 들어 지역에 다리를 하나 건설할 때 중앙정부가 국가기반시설인지 아닌지 하는 판단을 어떻게 하느냐에 따라 국비지원여부와 액수가 달라지는 것이다. 실제로 대면면접중 지방공무원이 서울로 가서 중앙 관련부처 공무원에게 어렵게 국비지원 부탁을 해야 하는 현실에 대해 필자는 듣곤 했다.

다시 논쟁의 핵심으로 돌아가서, 비수도권 지역사회가 얼마만큼 책임이 있냐는 질문에 대해서 저자는 정확한 답을 내릴 수 없을 것 같다. 하지만 저자가 앞으로 지역사회 자체책임의 몫이 더 커질 것이라는 예견은 할 수는 있을 것 같다. 지자제 실시 이후 시간이 지나면서 지자체 長들은 자신들의 정치적 권력을 실감할 수 있는 기회를 가지기 시작했다고 저자는 생각한다. 투표에 의해 선출된 지자체의 長은 지역사회의 정치적 욕구를 대변할 수 있는 좋은 위치에 있기 때문이다. 따라서 때에 따라 지자체 長의 요구가 중앙정부의 정책에 큰 영향을 미칠 수도 있는 것이다. 이러한 대표적인 예가 IMF 직후 부산지역 삼성자동차 살리기 운동 때 시장과 부산시 공무원들이 보여준 적극적인 역할이다. 시간이 지나면서 더 커지는 정치적 권력은 더 많은 책임을 의미한다고 저자는 주장한다.

두 번째 토론거리는 비수도권 지역사회 내부에서는 누구에게 지역발전 연구기능 낙후의 가장 큰 책임이 있냐는 것이다. 이 글에서 저자는 현실적으로 시도연구원이 지역발전 연구기능의 척도라고 전제하였고, 이러한 전제하에서는 비수도권 지역단위 국가에 가장 큰 책임이 있다고 보여진다. 구체적으로는, 비수도권 광역지자체 長, 시의회, 그리고 광역지자체 공무원들이라고 할 수 있다.

그 이유는 앞서 밝혔듯이 이러한 시도연구원들이 해당 광역지자체로부터 출연을 받고 있으며 대부분의 시도연구원의 경우 광역지자체 기관장이 재단이사장이기 때문이다. 광역지자체의 공무원들 역시 기관장인 시장이나 도지사에게 상당한 영향력을 미치며 또 실질적인 시도연구원 지원업무를 책임진다는 면에서 책임을 면하기 어렵다고 필자는 판단한다.

세 번째는 낙후된 지역개발 등 지역사회 자체의 문제가 중앙정부와 지역사회간의 힘싸움에서 어떤 역할을 하느냐의 문제이다. 이 문제에 대해서는 지방에 대한 중앙정부의 시각부터 살펴볼 필요가 있다. 한국개발연구원에서 발간한 실무보고서에 의하면, 급격한 산업화 과정에서 지방정부에는 한정된 기능만을 맡길 수밖에 없다고 쓰고 있다. 그 이유는 사업진행을 담당할 충분한 능력과 지식을 가진 인력을 지방정부가 가지고 있지 않기 때문이라고 보고서에는 기술되어 있다(Korea Development Institute, 1974).

아직까지도 중앙정부는 이러한 인식을 하고 있다고 저자는 생각한다. 한마디로 지방의 자치수준 (인력의 수준을 포함해서)이 낮기 때문에 충분한 자원과 권한을 주지 못한다는 것이다. 혹자는 이러한 상황에서 저자처럼 지방의 자체 문제를 언급하는 것이 현실정치적으로 지방에 불리하게 작용하는 게 아닌가 하는 주장을 펼지도 모른다.

하지만 현실을 직시하고 지역개발 연구기능을 강화하지 않을 때 지방은 중앙과의 현실정치적 거래에서 밑지는 장사를 벗어날 길이 없다고 저자는 주장한다. 앞서 언급된 교량의 건설 같은 경우가 현실정치를 가장 잘 반영하고 있다고 생각한다. 국가기반시설로 사용될 것이기 때문에 건설하는데 있어 국비가 필요하다는 것을 증명할 수 있는 능력이 바로 지역개발 연구기능이기 때문이다. 지역개발 연구기능에 대한 투자 없이는 지방은 현재의 중앙·지방관계에서 가질 수 있는 이익도 놓쳐버린다는 것이 저자의 현실판단이다.

8.8. 지방정부 정책개발 노력의 필요성

이 연구의 정책적 함의는 첫째로 비수도권 광역지자체의 기관장(시장과 도지사) 및 관련 공무원들이 지역개발 연구기능에 대한 인식을 새로이 하고 적극적인 재정적 투자를 할 필요성을 제기한다는 점이다. 순환보직으로 인해 업무의 전문성이 떨어지는 공무원이나 정치인을 따라 다니는 몇몇 선거운동 참모들의 아이디어성 내지 주먹구구 정책을 지방이 계속 펼친다면 지역발전의 길은 멀고 험하다고 생각된다. 또 이러한 비체계적이고 목표가 뚜렷하지 않은 정책으로 인한 피해는 지방의 일반 지역민들이 고스란히 입을 수밖에 없다.

둘째로, 시도연구원에 대한 이러한 투자에 있어서 연구자의 처우나 순수연구비에 있어서는 수도권의 수준 이상을 겨냥해야 확실한 효과가 있다고 생각된다. 유능한 연구자일수록 이직의 기회를 많이 가진다. 월급이나 연구여건이 같다고 하여도 자녀들의 교육 등의 이유로 수도권을 선호하는 한국사회의 현실을 생각한다면 수도권이상의 처우를 해야만 좋은 연구자를 뽑을 수 있고 또한 계속 지역을 위해 일하게 할 수 있다.

셋째로, 비수도권 지역사회 내에서 여러 집단들이 시도연구원에 대한 우호적인 관심을 보여줄 필요가 있다. 앞에서도 언급되었지만 의회나 언론이 시도연구원을 대하는 태도가 시장이나 도지사와의 관계에 의해 좌우받는 것은 기본적으로 비생산적이라고 생각된다. 물론 이런 얘기를 할 때에는 반대로 지역사회에서 시도연구원이 정치적으로 이용되지 말아야 한다는 전제가 있어야 한다는 것을 필자도 알고 있다. 다시 언급하자면 광역자치제와의 관계에서 시도연구원은 약자의 입장인 것이 대부분이다. 이러한 시도연구원의 정치적 중립을 위해서도 지역사회의 이해심 있는 관심이 더욱 필요할 것이라고 생각한다. 저자가 보기에 이 문제는 지역단위에서 국가와 다른 집단과의 지배구조의 문제가 중요한 이유를 보여주는 좋은 예이기도 하다.

3부

의미를 찾아서

9 한국에서의 도시와 국가: 현안

이 장에서는 한국도시의 현안들이 어떻게 국가와 연결되어 있는지를 살펴본다. 어떠한 현안들은 이 책에서 자세히 설명되었기도 하고, 다른 현안들은 스쳐지나가기도 하였다. 기존의 논의들에 대한 대비를 통해 다른 각도의 시각들을 이해해 본다.

이러한 현안에 대한 검토와 더불어 한국도시와 국가에 대한 간단한 조망을 해보려고 한다. 앞으로의 한국도시는 어떠한 현안들을 가지며 국가는 이에 어떻게 관여되는지를 살펴본다.

9.1. 지배구조

흔히 '人事가 萬事'라는 표현을 쓰곤 한다. 주요한 결정을 '누가' 내리는가는 도시에도 마찬가지로 중요하다. 도시 지배구조에 대한 최근의 관심은 이러한 맥락에서 현실적 의미를 가진다.

이 책에서 지배구조는 대부분 간접적으로만 다루어졌다. 제 2장에서는 지역사회에서 중앙정부의 통제가 다루어졌다. 제4장에서는 마닐라의 도시 운영에 있어서 지역유지의 존재를 묘사하였다. 제7장은 송도경제자유구역 건설에 있어서 여러 주체의 다른 이해관계를 분석하였다.

제8장은 지배구조와 직결되어 있다. 레짐이론과 이에 기반한 미국 애틀란타에 대한 분석이 상세히 정리되어 있다. 또, 지역발전관련 정책개발과정에서 나타난 한국 광역도시에서의 지배구조 형태를 드러내 보이기도 한다.

한국도시의 지배구조에 대한 기존 논의는 이론 깊이와 조사의 세밀성을 갖추고 있다. 몇 가지 입장들을 살펴보도록 한다.

홍덕률(1997)은 지역경제인을 부각한다. 대구, 광주, 인천 각 지역별로 해당도시 지배집단의 사정을 잘 아는 정치계, 언론계, 행정계, 학계, 경제계, 사회운동계 인사들을 심층면접하였다. 지역별로 7-10명씩 조사한 결과, 그는 다음과 같은 표현을 사용한다(pp.154-155):

> 이 때 지역유지들은 대개 지역에서 대규모의 경제활동을 영위하는 지역경제인들이다. 세 도시 모두에서 건설업 종사자들이 대표적인 지역유지로 행세하였지만, 대구는 섬유산업, 인천은 항만관련 사업 기업인들, 그리고 광주에서는 특히 금호그룹이 큰 비중을 차지하였다. 그들은 한편으로는 지역사회의 각종 관변단체를 움직이면서 지역의 정치·행정을 포위해 왔으며, 다른 한편으로는 중앙 혹은 지역사회의 정치·행정엘리트들과 정치자금(혹은 뇌물), 특혜를 주고받는 유착관계로 묶여 있었다. 그것의 결과는 한마디로 지방정치의 부재요, 마비라고 할 수 있다.

"성장연합인가 후견인 정치인가? 개별화된 개발이익과 지역정치"라는 글에서 이은진(2000)은 지역기업인들의 구체적인 행태에 관심을 가진다. '성장연합'은 기업집단이 자신들의 이익을 관철시키기 위해 조직적으로 대응할 경우 나타난다. 기업가가 자신의 이익을 개별관료들과의 관계를 통하여 관철하려 할 때는 '후견인 정치'가 발생한다.

그는 한국 지방정치의 성격을 '후견인 정치'로 본다(이은진, 2000:95):

> 경제인집단은 관변단체나 위원회, 개인적인 학연을 통하여 지방정부에 영향을 미친다 ... 이와 같은 상황은 결국 의회의 장악, 비공식적 연결망의 구축, 언론 소유욕을 강하게 자극하고 있으며, 실제로 상당한 무리를 하면서까지(정치자금, 언론의 적자 운영, 뇌물제공) 그들의 이해를 관철시키기 위한 정치적인 노력을 경주하게 만든다. 그러나 결국 이러한 경제인 내지 토지이용집단의 지방정치에의 개입은 아직은 조직적인 개입이라기보다는 개별 기업인들의 움직임으로 파악되고 있다.

유재원(1999)은 홍덕률이나 이은진과는 다른 입장을 취한다. 그에 의하면, 외국의 지방정치 이론이 한국의 정치실상과 맞지 않는다는 것이다. 초대 민선시장 재임기간 이루어진 청주시의 주요 의사결정 사례의 분석을 통해서 그는 새로운 측면을 부각시킨다. 예를 들어, 기업의 위상이 그리 높지 않다는 점이다: "자치단체가 기업에 의존하기보다는 기업에 군림하거나 최소한 기업 요구에 미온적으로 대응하였다(유재원, 1999:11)."

유재원은 市長을 주목한다(1999:9): "필자가 청주시에서 발견한 정치는 시장지배적인(executive-centered coalition) 통치형태였다. 극단적으로 표현하면, 청주시라는 무대의 주역은 청주시장이었고, 시정은 시장에 의해 연출된 드라마였다."

유재원이 수행한 연구가 가지는 또 하나의 가치는 시장 지배적인 통치형태가 나타날 수밖에 없는 이유를 제시했다는 점이다. 한국에 있어 중앙과 지방간의 권한배분체계가 중앙집중적이며 지방자치단체의 기능은 중앙에 비해 미약한데도 불구하고, 지방정치 공간내에서 시장이 지배적인 지위를 점유하는 이유를 설명하고 있다(유재원, 1999:36-37):

> 첫째, 우리의 자치단체가 분산된 형태(fragmented form)가 아니라 통합된 정부형태(consolidated form)를 취하고 있는데 있다 ... 일정한 영역내에 오로지 하나의 자치단체가 존재하며, 자치단체내에 별개의 선거직 공무원에 의해 통솔되는 독립위원회가 인정되지 않고 자치단체의 모든 부서와 기능이 시장의 관할하에 있다. 둘째, 계급제의 공직분류체계와 일반행정가(generalist)를 강조하는 강한 전통으로 우리의 지방공직자는 시장과 독립적인 행보를 가능하게 하는 전문가적 자율이나 재량(professional autonomy or discretion)을 보유하지 못하고 있다. 청주시의 경우, 시장은 인사권을 바탕으로 지방공직자를 장악하였으며, 행정기구는 시장을 정점으로 하나로 움직이는 시장의 머신(machine)이었다. 시장은 자신의 심복을 핵심부서에 배치하였다. 시장의 측근이 되기 위해서는 학연, 혈연, 지연, 선거에의 기여 등 어떤 식으로든 시장과 연결고리가 있어야 했고, 무엇보다도 중요한 연결고리는 학연이었다. 그리하여 권력부서의 요직은 거의 모두 시장의 동문인 청주상고 출신자 또는 측근으로 채워졌다 ... 시장에 허용된 또 다른 자원은 논의안건을 설정(agenda setting)할 수 있는 능력이었다. 어떤 문제를 둘러싸고 시장의 주장과 반대하는 집단이 있을 경우, 시장은 청문회나 설문조사 등을 통해 반대를 무마시켜 나갔다 ... 시장에게 유리하다

고 판단할 경우에는 전시적인 차원에서 공청회를 실시하였지만, 그렇지 못할 경우는 공청회 개최 요구가 있어도 이를 노련하게 회피하였다.

박종민(2000) 역시 시장을 지방정치의 핵심적인 주체로 지목한다. 한데 그는 이은진(1999)과 마찬가지로 개인적인 후견 관계를 주목한다. 그에 따르면, 한국의 지방정치는 개인들이 정치과정에서 자발적 집단의 구성원으로 행동하기보다는 개별적으로 자신의 이익을 스스로 챙기려고 한다. 이러한 전근대적인 보스 중심의 정치과정은, '사적(personal) 교환관계에 초점을 둔 후견주의 이론'이 한국의 현실에 맞다는 것을 보여준다.

한국의 지방정치과정이 지방자원의 권위적 배분을 통제하는 시장과 그를 후견인으로 삼은 시의원, 행정관료, 기업인, 지역유지들이 구축해 놓은 지방후견주의 네트워크라는 렌즈를 통해서 보다 잘 접근된다고 그는 주장한다.

한국사회에서 보편주의와 합리주의로 대변되는 근대화가 진행됨에도 불구하고 아직 지방후견주의가 강력하게 작동하는 이유는 다음과 같다(박종민, 2000:201):

첫째, 법치주의(rule of law)의 부재에서 찾을 수 있다. 법치주의의 전통이 약하고 법을 권력의 도구로 생각하는 문화와 전통에서 법은 공식정부의 권한행사를 제한하는 기능을 하지 못한다. 법은 권력자의 통치수단일 뿐이다. 이처럼 법치주의의 전통이 강하지 못한 현실에서 권력자에 의한 법의 자의적 해석으로부터 다치지 않으려면 그와 사적 유대관계를 구축해야 하는 것이다.

둘째, 시민의 낮은 정치적 역량이 후견주의를 극복하지 못하게 하고 있다(유재원, 1999b; 박종민, 2000b). 피후견인들이 공동의 이익을 인식하고 이를 달성하기 위해 집합행동에 실패하는 것은 바로 후견주의의 유지에 기여하고 있는 것이다. 비도덕적 가족주의(amoral familism)의 전통은 우선 자신이나 자기 가족만이 보호되고 살아남기 위해 유력자와 개별적이고 사적인 교환관계를 구축하게 된다(Banfield, 1958). 이렇게 되는 이유는 물론 법치주의의 결여에서도 찾을 수 있지만 보다 중요하게 낮은 수준의 사회신뢰와 사회자본으로 집합적 정치행동을 위한 자발적 단체와 조직의 형성이 어렵기 때문이다(Putnam, 1993; 박종민, 2000c).

물론 모든 연구가 시장이나 기업가들에 초점을 맞추는 것은 아니다. 도시를 배경으로 한 것은 아니지만, 염미경·한석지(2006)은 최근 지역주민의 위상 강화를 언급하고 있다. 섭지코지의 관광지화 과정에서 마을주민들이 어떻게 참여하고 있는가를 다루고 있다. 주차장 수입 배분과 공동판매장 건립 및 운영에 있어, 신양마을 주민들은 적극적으로 자신의 주장을 남제주군과의 협의 등을 통해 관철시켜 나갔다.

전반적으로 한국도시의 지배구조에 대한 논의에서 공통적으로 나타나는 것은 두 가지다. 첫째는, 한국도시에 있어서 중앙이나 지역단위 국가의 중요성이다. 미국처럼 지역정부나 중앙정부가 기업인 집단의 이익에 의해 휘둘리는 모습을 표현한 논의는 많지 않다.

두 번째는, 중앙과 지역단위의 국가가 서로 긴밀히 연결되어 있다는 것이다. 홍덕률(1997)과 이은진(2000)의 글에서도 중앙정부나 지방정부의 중요성은 배경지식으로 전제되어 있다. 홍덕률은 한국도시에서 중앙정부와 지방정부에 동시에 영향력을 가진

집단들의 지배력을 구체적으로 묘사한다. 이은진 역시 국책사업이 도시정부와 기업인들에게 주는 이익을 분명히 하고 있다. 유재원(1999)의 글에서도 국회의원 경력과 학력을 매개로 한 자원동원과 시장의 영향력이 연결된다.

박종민(2000)이 이에 대해 가장 정밀한 분석을 하고 있다. 시장 역시 중앙단위 국가에 개인적인 의존망을 형성해야 함을 자세히 설명한다(박종민, 2000:198-199):

> 시장은 자신의 지방후견주의 네트워크를 유지하고 강화하기 위해 중앙의 유력자와 후견인-피후견인 관계를 구축한다. 왜냐하면 시장의 지방후견주의 네트워크의 유효성은 그의 지위, 권력 및 자원에 의존하는데 이는 중앙정치와 관련되기 때문이다. 중앙집권적 국가통치구조에서 집권여당이나 중앙정부와 갈등관계에 있는 시장은 자신의 정책사업 추진과 관련하여 중앙의 승인이나 협조를 기대하기 어렵고 때로는 이를 백지화하기도 한다 ... 중앙집권적 국가통치구조에서 시장은 원활한 시정운영을 위해 중앙정부의 행정적 및 재정적 지원을 필요로 한다. 설사 재정자립도가 높다 하여도 중앙정부가 갖고 있는 공식적 및 비공식적 압력수단은 시장으로 하여금 중앙정부의 눈치를 살피지 않을 수 없도록 한다. 중앙정부에 접근하는 것은 주로 중앙정부를 장악한 집권여당의 유력자와 정치적 유대를 통해 이루어진다. 중앙권력에 접근하기 위해 중앙의 유력자와 후견인-피후견인 관계를 구축하는 것이 시장의 합리적인 선택인 것이다. 중앙권력에 거슬리는 시장은 때로는 시장직 자체를 위협받기도 한다. 따라서 정치의 불확실성으로부터 자신의 지위, 권력 및 자원을 보호하고 자신의 안전을 도모하기 위해 시장은 실세 중앙정치가에게 줄서기를 하는 것이다.
>
> 이러한 상황에서 정당입당 자체보다 더 중요한 것은 이를 통해 유력한 중앙정치가를 후견인으로 삼는 것이다. 집권정당이나 지역패권정당에 입당하려는 것은 이를 위한 것이다. 무소속으로 당선된 경우도 집권정당이

나 지역패권정당에 입당하여 유력한 후견인을 붙잡을 기회를 항상 엿본다. 때문에 필요하면 정당입당과 탈당을 수시로 하기도 한다. 정당입당과 탈당은 지방후견주의를 강화하기 위한 전략일 뿐이다. 검찰이나 감사원의 조사로부터 보호를 받기 위해서 집권정당이나 지역패권정당에 입당을 하기도 하고 야당으로부터 탈당하기도 한다. '비오는 날 우산'이 되어 줄 수 있는 유력한 중앙정치가가 필요하기 때문이다.

중앙정치가 역시 후견인-피후견인 관계를 통해 중앙정치무대에서 자신의 정치적 추종세력을 과시하여 정치적 입지를 강화하려고 한다. 지방후견주의의 중심이 되는 시장과 수직적 유대관계를 맺은 중앙정치가의 정치역량은 대선이나 총선에서 효과적으로 발휘된다. 따라서 유력한 중앙정치가는 시장의 공천에 개입해 자기 사람을 심으려고 하며 특히, 지방후견주의 네트워크가 견고한 시장을 피후견인으로 삼아 지원과 후원을 아끼지 않는다.

9.2. 지역혁신체제

'혁신'이란 단어는 참여정부 기간동안 도시와 지역에 대해 많이 언급되어 왔다. 수도권에 위치한 공기업이 이전할 지방의 행정도시들을 '혁신도시'라고 칭하는 것은 하나의 예라고 할 수 있다.

저자는 지역혁신체제에 대해서는 제8장에 간략하게 언급하였다. J. A. Schumpeter(1934)에 의하면, 자본주의 경제의 참된 질적 발전이란 '생산수단의 새로운 결합'을 통한 혁신에 의해서만 가능하다. 그는 혁신의 다섯 가지 주요 유형으로 새로운 상품의 소개, 새로운 생산방법의 소개, 새로운 판로와 새로운 시장의 개척, 새로운 원자재 공급원의 창출, 그리고 새로운 산업조직의 형성을 들고 있다(산업기술연구소 1996:6; 권영섭, 1997:57).

지역혁신체제는 지역경제의 혁신능력을 증가시키기 위하여 적절한 환경적 조건들 특히 제도적 조건들을 창출하고 이들이 지역의 내재화된 제도적 환경을 통해서 상호작용적인 학습에 참여하는 체제로 일반적으로 정의되고 있다(권영섭, 2001; 이용숙 2003, 143에서 인용). 지역혁신체제란 지역단위에서의 혁신을 유발시키기 위한 구성원들간의 유형무형의 조직화된 네트워크 체계를 포함하기 때문에, 도로, 항만, 통신망 같은 물리적 하부구조와 대학, 연구소, 금융기관, 교육훈련기관, 지방정부 등과 같은 사회적 하부구조, 그리고 조직과 제도, 문화, 분위기, 규범 등 상부구조를 포함한다(Cooke, 1998;이용숙 2003,143에서 인용).

김영정(2003:69)은 한국에 있어서 지역혁신체제의 효과적 구축으로 '자립적 지방화'가 실현될 수 있다고 주장한다. 그에 의하면, 이러한 이론적 근거에 기초하여 지역단위별 지역혁신시스템(RIS: Regional Innovation System) 구축을 참여정부가 추진하고 있다. <국가균형발전특별법>을 통해 지역의 혁신사업을 기획하고 추진하기 위한 기구인 <지역혁신협의회>는 '상호작용 및 학습의 장소(ILS: Interaction and Learning Sites)'이다.

ILS은 Crevoisier(2000:78-69; 김영정, 2003:126에서 인용)의 개념이다. 그에 의하면, 지역은 본래 '물질적 단위(material unit)'와 '

사회적 단위(social unit)'로 구성된다. 물질적 단위는 지역의 생산환경을 구성하는 조건들의 관계망(생산조건들의 네트워크)을 의미하며, 사회적 단위는 제도 및 참여주체(actors)들의 관계망(생산조건들의 네트워크)의 집합(거버넌스)을 의미한다. 지역발전(혁신)은 궁극적으로 이러한 두 가지 조건의 성장을 통해 달성된다. 그러나 양자는 독립적으로 성장하는 것이 아니라 서로를 매개하는 조직적(또는 물리적) 조건을 통해 성장한다. 그러한 조건을 ILS라고 한다.

지방자치의 역사가 일천하고, 주민자치가 전혀 활성화되어 있지 않은 한국의 경우 ILS의 기능을 담당할 수 있는 자생적 조직이 존재하지 않기 때문에 <지역혁신협의회>의 결성이 필요한 것이다.

이용숙(2003)은 한국에서의 참여정부의 지역혁신체제론이 무엇을, 누구를 위한 것인지를 반문한다. 그는 국토균형발전을 달성하는 유용한 전략으로서의 지역혁신체제에 대해 의문을 표시한다(pp.164-165):

> 지역혁신체제론은 지역 경쟁력을 가장 중요한 가치로 내세우면서 개개 지역의 성장 전략에 초점을 두고 있는 논의이다. 즉, 지역혁신체제론을 기초로 한 지역발전 전략은 지역간 균형발전을 지향하기보다는, 세계시장을 상대로 무한 경쟁하는 세계화 시대에서 개별 지역의 생존 전략이라는 것이다. 따라서 개별 지역들의 경쟁을 기반으로 지역발전을 추구하는 이 전략은 지역간 경쟁에서 승자와 패자를 만들어내어, 지역간의 격차를 더욱 더 확대시킬 가능성이 크다고 할 수 있다.

한국의 지역혁신체제에 관해서도 국가가 논의의 한가운데에 위치해 있다는 것을 알 수 있다. 지역혁신체제 논의는 이용숙(2003)도 상세히 언급하였듯이, 불균형 발전 문제와 긴밀히 연결되어 있다. 이러한 불균형발전 문제 역시 일반 독자들도 이해하듯이, 중앙정부가 적극적으로 관여해 왔다.

경험적인 입장으로부터의 비판도 존재한다. 홍장표(2005)는 기술신용보증기금(주)에서 제공하는 2003년도 부산·울산·경남지역 기계부품소재 산업 2,678개 중소기업 DB를 이용한 실증분석을 내놓았다. 실증결과 혁신의 동력이 지역내부에 있다는 예측은 틀린 것으로 나타났다. 글로벌 네트워크에 의존하는 기업이 혁신적이고, 지역 내 국지적 네트워크에 의존하는 기업이 혁신적이지 않은 것으로 나타났다. 초지역적 대기업이 주도하는 산업집적지는 혁신적이지만, 지역 중소기업 위주의 산업집적지는 혁신적이지 않은 것으로 나타났다. 또, 특정 모기업에 의존하는 중소기업보다는 거래선을 다변화한 중소기업의 기술혁신이 활발한 것으로 나타났다.

불균형 문제나 지역혁신체제 문제에서 실제 흥미로운 점은 지역단위와 중앙단위 국가들 사이에 펼쳐지는 다양한 관계형성이다. 수도권과 비수도권 지역정부간에 이러한 문제를 둘러싸고 입장차이가 존재한다. 또 사회정치적인 지형에 따라 갈등과 연대의 전선이 달라지기도 한다.

9.3. 지역간의 갈등

한국의 도시 관련 현안 중 하나는 지역간의 갈등이다. 이 절에서는 두 가지 사례분석을 통해 국가가 이러한 갈등에 어떠한 역할을 하고 있는지를 살펴보려고 한다.

김두식(2004)은 경산시의 쓰레기 처리장 입지선정과 관련된 지역간 갈등을 다루었다. 그는 경산시 쓰레기 처리장 후보지로 선정된 4개 지역 주민들을 대상으로 한 312매의 질문지를 분석하였다. 분석결과, 주민들의 태도에 가장 직접적인 영향을 미치는 것은 예상되는 위험의 정도와 사회의 부정적 평가 즉 낙인효과로 나타나고 있다. 경제적 혜택이나 정부의 일방적 결정 그리고 정부기관에 대한 신뢰는 직접적인 영향을 미치지는 않지만 위험의 정도와 낙인효과를 통한 간접적인 영향을 미치는 것으로 나타나고 있다. 정부의 일방적인 결정과 정부기관의 신뢰의 상실은 주민들의 반대태도를 강화시키는 반면, 예상되는 경제적 혜택은 건설을 찬성하는 태도를 유도하고 있다.

그는 국가의 일방적인 결정을 조목조목 반박하고 있다(김두식, 2004:110-111):

> 이러한 기피 시설물의 입지선정과 건설을 둘러싼 지역주민들과 행정부서간의 갈등을 지역주민들의 이기적 NIMBY 성향이나 경제적 보상과 관련된 문제로만 이해하려는 경향이 정책적으로나 실제적으로 여전히 강하게 남아 있는 것도 사실이다. 그러나 지방자치단체나 중앙정부가 이러한 방식으로 지역주민들의 반대나 저항을 이해하고 있는 한 기피시설의 건설

> 을 둘러싼 사회적 갈등은 더욱 심해지면 심해졌지 나아질 것 같지는 않다. 최근의 부안 사태가 하나의 좋은 예가 될 것이다. 이러한 현상은 그동안 경제와 개발논리에 의존한 중앙정부 혹은 지방자치단체의 일방적인 농촌개발 혹은 지역개발정책에서 비롯되었다고 할 수 있다.

박재욱(2001)은 국가에 대해 더 비관적이다. 그는 지난 90년대 이래로 대구경북 지역의 경제 활성화를 목표로 하여 위천공단 조성을 추진하고 있는 대구광역시·경상북도와 수자원보호를 이유로 공단건설을 반대하는 부산광역시·경상남도 간의 갈등을 분석하였다.

이 과정에서 국가는 불신의 대상이다. 1991년에 낙동강 페놀 오염사건을 겪은 부산경남 지역은 당시 중앙정부가 보여주었던 미온적이고 소극적인 해결책에 대한 불신감이 경험적으로 의식 구조화 되어 있다. 더군다나 1995년 이후 위천공단 문제와 관련한 중앙정부부서의 책임전가 양태와 정치권의 정치적 이해관계에 따른 조령모개식의 정책수정은 중앙정부와 정치권에 의한 중재나 타협가능성에 대한 원천적인 불신감을 가지게 하였다(박재욱, 2001:368-369).

국가는 고의로 갈등을 증폭시키기도 하였다(박재욱, 2001:368):

> 이러한 지역간 갈등의 전개과정에서 보다 중립적인 입장을 취할 수 있었던 김대중정권과 국민회의는 오히려 이러한 지역간 갈등을 자신들의 정치적 입지 강화를 위해 수단화함으로써 더욱 더 위천공단건설 문제는 난맥상을 보이게 되었다. 예컨대, 김대중 대통령의 선거공약으로 6개월 내 위천공단건설승인을 약속하였다가, 부산·경남지역의 여론을 의식해 이를 지연시키는 등 오히려 지역간 분할(divide and rule)전략을 통해 두 지역이

또 다른 지역정치연합을 구축하지 못하도록 하려는 정치적 의도를 부인하기 어려울 것이다.

이렇게 도시를 포함한 지역간 갈등에서 한국의 국가는 부정적인 모습을 주로 보여 왔다. 이 책의 다른 부분들에서도 도시에 비추어진 국가의 어두운 면을 다루어 왔다. 제2장에서는 국민들로부터 두려움의 대상인 싱가포르 정부에 대해 자세히 설명하였다. 제7장에서 송도경제자유구역을 다룰 때는, 시민들의 인식과 합의를 거치지 않은 사업추진을 분석한 바 있다.

앞서 지역혁신체제와 관련해서도 언급하였듯이, 한국의 도시 갈등에 있어 흥미로운 점은 앞으로 전개될 복잡성이다. 중앙정부와 지방정부의 관계가 새로운 사회주체들의 등장에 따라서 더 다양하게 전개될 수 있다. 이러한 갈등과정에서 국가가 어떠한 의미를 가지게 될 것인지도 흥미로운 주제이다.

10 한국에서의 도시와 국가: 조망

국가의 중요성을 강조하며 시작했던 이 책은 제9장 도시현안에 이르러서는 한국국가에 대한 부정적인 평가를 소개하고 있다. 이 장이 다룰 내다봄에 있어서 저자는 한국국가의 전반적인 쇠퇴를 언급하려 한다.

저자는 한국국가의 쇠퇴를 단순한 세계화에 따른 현상으로 보지 않는다. 세계화 관련 논의에서도 나왔듯이, 세계화는 국가의 힘을 강화시킬 수도 있다.

한국도시에 있어서 국가의 쇠퇴는 현실문제 해결능력의 부재에 기인할 것이라고 저자는 예상한다. 중앙정부의 무능력은 제9장에서도 현재로 나타나고 있다.

구체적으로 한국국가의 쇠퇴는 중앙단위에서 두드러질 것이다. 중앙정부 조직의 변화 가능성은 낮아 보인다. 발전국가가 이룬 성공이 변화를 가로막고 있다고 볼 수 있다.

지역단위 국가의 위상은 지역사회의 변화에 상당부분 달려있을 것이다. 지자체들은 주민의 요구와 현실문제 해결에 좀더 민감하게 반응할 가능성이 있다. 또 민감한 반응을 지역사회로부터 요구받을 수도 있다.

10.1. 창의성

창의성은 앞으로의 한국 도시와 관련된 가장 큰 화두라고 저자는 생각한다. 또 이러한 화두를 풀려고 하는 주체 중의 하나가 도시정부를 포함한 국가일 것이다. 가장 유망한 해결사는 도시정부와 주민들이 될 가능성이 크다. 중앙정부의 역할은 이 부분에 있어서 갈수록 축소될 것이라고 예측된다.

창의성은 그 대상영역과 적용방식을 창조적으로 파괴해 나갈 것이다. 이전의 문제들과 다른 성격의 문제들이 창의성의 대상으로 대두할 것이다. 좀더 포괄적인 적용방식이 일반화 될 것이다. 환경, 교통, 복지, 등의 분야들이 동시에 창의성의 적용대상이 될 것이다.

창의적인 사람들이 살고 있느냐 혹은 창의적인 사람들이 살 수 있느냐는 점점 더 중요해 질 것이다. 결국 이 문제는 도시문화의 문제와 연결된다. 얼마나 다양한, 즉 나와는 가치와 취향이 틀린, 사람들을 수용할 수 있느냐 하는 것도 관건중 하나이다. 이에 대해서는 Florida(2003)의 글을 읽어볼 말한다.

한국의 경우에도 이는 마찬가지로 적용될 수 있다. 가장 창의적인 도시는 가장 개방적인 도시문화를 가진 도시일 가능성이 크다. 이렇게 본다면 여러 사람들이 모여 사는 서울이나 항구도시로서 사람들의 섞임이 빈번한 부산과 인천 같은 도시의 창의성을 기대해 볼 수 있을 것이다. 소위 지방호족과 배타적 지역감정이 횡횡하는 곳에서의 창의적 문제해결은 어려울 것이다.

10.2. 부의 집중과 편중

세계도시론에서도 잘 묘사되듯이, 앞으로의 부 창출은 더욱 더 도시에 집중될 것이다. 정보가 원자재이고 산출물이 정보인 정보사회에서의 생산활동은 도시에 집중될 수밖에 없을 것이다. 사람들간의 직접대면이 혁신을 쉽게 이끌어내기 때문이다.

한국에서도 이는 마찬가지일 것이다. 서울로의 돈 쏠림 현상은 더욱 더 심해질 것이라고 예측할 수 있다. 창의적인 상징전문가들의 거주는 서울의 경제적 성장을 뒷받침할 것이다.

세계화 흐름에 따라 산업전반적인 규제완화와 정부부문의 구조조정을 예상해 볼 수 있다. 규제완화는 특히 금융, 교육, 서비스 영역에서 생각보다 빠른 속도로 진행될 것이다. 이러한 영역은 새로운 성장동력을 도시에 선사할 것이다.

규제완화와 더불어 정부부문 자체도 구조조정 압력을 받을 것이다. 정부가 제공하는 서비스들도 시장이나 다른 사회주체들로부터의 경쟁에 직면할 것이다. 전반적으로 국가와 관련된 도시 경제활동 규모 자체가 축소될 것으로 예상할 수 있다.

도시에서의 빈부격차는 지금보다도 훨씬 더 심각한 문제로 대두될 것이다. 격차의 성격도 세계화의 영향을 반영할 것이다. 저소득 직종에 종사하는 외국인들의 존재감이 훨씬 더 커질 것이다. 외국에서 볼 수 있는 소위 도넛 모양의 슬럼 형성이 서울 같은 도시에서도 조만간 나타날 가능성이 있다.

이러한 격차는 창의적인 해결을 요구한다. 중앙정부 위주의 단순한 현금 및 서비스 지원은 그 한계를 손쉽게 드러낼 것이다. 여러 가지 측면을 종합적으로 고려한 도시권역 차원에서의 처방이 필요하다. 이를 위해서는 전문성과 共感性을 가진 새로운 사회주체의 부상이 요구된다.

10.3. 지배구조와 시민

많은 문제는 다시 지배구조와 시민의 문제로 환원된다. 많은 사람들은 분권화가 자동적으로 한국의 많은 문제를 해결해 줄 것이라고 믿고 있다. 물론 분권화가 가진 장점이 많다.

하지만 비교적 강한 분권을 가진 미국의 경우 역시 그 폐해를 많이 보여주고 있다. 지역간 격차문제, 돈을 가진 사람들에 의해 움직여지는 금권정치, 거주민들 인구구성에 따라 흔들리는 사법정의 등이 그 예들이다.

이 책에서도 강하게 주장되어 왔듯이, 한국의 현재 도시자치는 장점 뿐 만 아니라 많은 단점을 보여주고 있다. 시장의 독주체제로 대변되듯이 실질적인 민주정치를 이루어내지 못하는 것도 그 중 하나이다. 시청이 자본의 이익을 많이 대변하고, 시장 자신을 얼굴을 내세우는 사업들에 몰두하는 것도 단점이라고 볼 수 있다.

문제는 앞으로 교육과 치안과 같은 분야에서 더 나타날 분권화 추세에 이러한 단점들이 보완되기 보다는 심화될 가능성이 많다는 것이다.

시민에 의한 도시 건설 및 운영은 시민들의 힘으로 이루어질 수밖에 없다. 저자가 보기에는, 조그만 지리적 단위에서부터 주민들이 지혜를 모으고 일을 같이 해나가는 전통이 쌓여 나가는 것을 기대해 볼 수밖에 없을 것 같다. 이러한 경험이 제도적으로 상승할 수 있는 통로는 이후에 자연히 생겨나지 않을까하는 전망을 해본다. 공동체의 복원을 중요시하는 신도시주의(New Urbanism)와 같은 생각은 이런 의미에서 흥미롭다.

문 헌

고성호. 1993. "한국 도시의 성장, 1960-1980 : 생태학적 접근" 후기 한국사회학대회 발표논문.

권영섭. 1997. "혁신의 공간적 분포 및 지역격차에 관한 연구." 『국토연구』 26:55-71.

권영섭. 2001. 『시범테크노파크 사업과 지역혁신체제 구축』 (국토연 2001-62) 안양시: 국토연구원.

광주광역시. 2007. 시정주요통계 제21호. 광주광역시 홈페이지. 2007년 8월 17일 접근.

광주타임즈. 2001. "광주전남발전연구원 겉돌고 있다" 1월 5일.

국민일보. 2002. "'동북아 비즈니스 중심국가' 주요내용" 4월 4일.

국민일보. 2004. "송도신도시 개발 '힘' 받았다." 3월 1일.

국민호. 1995. 『동아시아 신흥공업국의 정치제도와 경제성공』 전남대학교출판부.

국제신문. 2002. "비전부산 5대과제 부산을 떠나 부산을 보니../박창호" 7월 12일.

국제신문. 2002. "비전부산 5대과제 <1> 지역인재를 키우자." 4월 1일

국제신문. 2002. "비전부산 5대과제 <2> 싱크탱크에 '두뇌'가 없다." 4월 2일.

국제신문. 2002b. "부산지역 연구집단 현주소." 4월 2일.

국제신문. 2002. “비전부산 5대과제 <2> 부산지역 연구집단 현주소.” 4월 22일.

금성근. 2001. 부산의 한일해협권 쇼핑·관광거점 형성방안 (초고). 부산발전연구원.

경향신문. 2002. “새 광역단체장에게 듣는다 심대평 충남지사 당선자” 6월 20일.

경향신문. 2004. “현대건설 등 7개 업체 송도신항만 건설 참여” 7월 16일.

김두식. 2004. “쓰레기 처리장 건설에 대한 지역주민들의 태도연구.” 『농촌사회』 14,2:109-143.

김기환. 2002. “경제특구의 문제점과 전면개방의 필요성” 『국토』 9월 pp.32-40

김상진. 1991. “인천해상신도시” 『국토와 건설』 8,7:63-81.

김성국. 2000. “선구자정신-정치사회학적 측면에서 본 부산정신.” 부산정신의 모색 동아대학교 석당전통문화연구원, 세종출판사.

김성곤. 1993. “부산발전의 도시사적 조명.” 『부산발전론』 동남개발연구원.

김우택. 2004. “라틴 아메리카의 경제적 포퓰리즘: 정치경제학적 접근” 철학연구회 편 『디지털 시대의 민주주의와 포퓰리즘』 철학과 현실사.

김우택. 2007. “라틴아메리카에서의 대공황의 영향: 정치경제학적 접근” 『라틴아메리카연구』 20,1:53-102.

김용웅·차미숙·강현수. 2003. 『지역발전론』 한울.

김영정. 2003. “자립적 지방화와 지역혁신체계의 구축” 『동향과 전망』

59:93-140.

김영정. 2004. 『지방분권시대의 지역혁신과 지역공동체 형성』 정보통신연구원.

김영채. 1999. 『창의적 문제해결』 교육과학사.

김준우. 2001. "싱가포르의 사회공학적 정치체제와 지역사회관리." 『지역사회학』 3:239-256.

김준우. 2001. "싱가포르의 정치와 다인종주의적 관광." 『문화정책』 제1집.

김준우. 2002. "지방병: 비수도권의 지역개발 연구기능에 대한 인식부족을 중심으로" 『지역사회학』 4,1:225-256.

김준우. 2003. "세계도시의 문화적 특성" 『지역사회학』 5,1:105-116.

김준우. 2003. "관광자원화되지 않는 지역문화: 싱가포르와 부산의 비교" 『지역사회학』 4,2:93-122.

김준우, 2004, "송도경제자유지구의 이상과 현실:세계화와 국가의 관계를 중심으로" 『한국경제지리학회지』 7(2), 245-260.

김준우. 2005. "실용주의와 싱가포르 관광정책" 『지역사회학』 7,1:251-261.

김준우. 2005. "도시체계 종주성 이론의 몇가지 문제점에 대한 분석: 한국 사례에 대한 이해를 시도하면서" 『지역사회학』 6,2:57-71.

김준우, 이경상. 2006. "지역발전정책 개발역량의 개념정의와 지수구성" 『한국사회학』 40,3:155-182.

김준우, 안영진. 2006. "한국경제자유지구의 개발 배경과 동인: 인천 송도 경제자유지구를 중심으로." 『한국도시지리학회지』 9,3:79-87.

김한곤. 1991. "한국도시의 지배유형과 기능에 관한 생태학적 분석" 후기 한국사회학대회 발표논문.

경향신문. 2002. “도전 6.13 풀뿌리 지킴이 ‘정치색 없음’ 동네를 위해 뛴다.” 6월 8일.

경향신문. 2004. “현대건설 등 7개 업체 송도신항만 건설 참여” 7월 16일.

나주시. 2006.『공동혁신도시 건설과 나주시 발전계획』.

동아일보. 2004. “미 비자 인터넷 신청 추진.” 2월 27일.

동아일보. 2002. “지방선거 D-14/ 시민단체 선거운동” 낙선운동 그만 ... 지역현안 챙기자. 5월 30일.

뉴스위크, 2004, “환상의 신도시로 떠오르는 송도” 4월 7일 624호.

대한민국정부, 2000,『제4차 국토종합계획(2000~2020)』서울.

로앤비(주), 2004, “경제자유구역의 지정 및 운영에 관한 법률” (http://www.lawnb.com : 2004년 7월 26일 접근).

문화일보. 2002. “새 광역단체장에게 듣는다 안상영 부산시장” 7월 3일

문화일보. 2004. “송도특구에 대형IT연구단지-미AVP사, 198만평 규모 제의” 5월 6일.

문화정책연구소, 해반문화사랑회. 2002.『인천시민 문화수요조사』.

매일경제. 2002. 외국기업시각 “누진세율 왜 미국보다 더 높은가?” 12월 31일.

매일경제. 2004. “비특산품 부문-함평 나비축제” 9월 24일.

매일경제. 2005. “송도 포스코더샵 견본주택열어” 5월 5일.

박구병. 2003. “아르헨티나의 풍운아, 우안 도밍고 페론”『라틴아메리카 현대사와 리더쉽: 페론에서 산디노까지』부산외국어대학교출판부.

박용남. 2000.『꿈의 도시 꾸리찌바』이후출판사.

박종민. 2000. "집단이론, 후견주의 및 도시의 리더쉽"『한국행정학보』 34,3:189-204.

박종민. 2000b. 지방정치에서의 시민과 정부.『정부학연구』6(1): 193-221.

박종민. (2000c). 지방민주주의와 도시정치문화.『관료제의 반성과 대안』(한국행정학회 2000년도 추계학술대회 발표문).

박재욱. 2001. "위천공단조성을 둘러싼 지역간 갈등의 정치경제학"『한국과 국제정치』7,2:339-371.

부산발전연구원. 2000. "부산뿌리 찾기 사업의 추진방향과 과제: 부산 뿌리 찾기 전문가 토론회" 8월 31일 부산광역시청 동백홀.

부산일보. 2000. "부산시 내년 예산 3조 7천억 일부 반발: 시의회 본회의 통과 진통" 12월 15일.

부산일보. 2000(b). "뒷심빠진 시정감시 눈길" 12월 15일.

부산일보. 2000. "부발연 '싱크탱크' 포기할 판: 운영비 보조 '제로' ... 연구원 이직 '속속'" 12월 29일자.

부산일보. 2001. "'부발연' 위상 재정립 시급"; 12월 5일.

박용남. 2000.『꿈의 도시 꾸리찌바』이후출판사.

박영철, 2000,『외국인투자의 효율적인 유치를 위한 산업입지 공급방안 연구』건설교통부.

박종민. 2000. "집단이론, 후견주의 및 도시의 리더쉽"『한국행정학보』 34,3:189-204.

박종민. 2000b. 지방정치에서의 시민과 정부.『정부학연구』, 6(1): 193-221.

박종민. 2000c. 지방민주주의와 도시정치문화. 「관료제의 반성과 대안」 (한국행정학회 2000년도 추계학술대회 발표문).

배준구, 김준우. 2000. "Predatory Urbanization in the Philippines: A Case of Metro Manila." 『한국지역개발학회지』 12,3:197-211.

배준구, 김준우. 2001. "The Developmental Urbanization of Singapore." 『지역사회개발연구』 26,1:271-297.

사사키노부오(佐佐木信夫). 1997. 『지자체정책학입문』 동경: ぎょせい.

산업기술정책연구소. 1996. 『산업기술정책연구의 동향과 과제』.

서울신문. 2002. "대통령 연두회견/모두발언 일문일답" 1월 15일.

서울신문. 2002. ""경제자유구역법 반대" 92개 시민사회 단체 성명" 11월 19일.

서울신문. 2003. "송도신도시 국제 비지니스 허브로 이륙" 10월 31일.

성태제. 2002. 『타당도와 신뢰도』 학지사.

세계일보. 2005. "지자체 올 평균 재정자립도 56%" 11월 22일.

세계일보. 2004. "미 사립교, 송도에 학교세운다" 4월 30일.

세계일보. 2004. "송도신도시 아파트 분양가 최고가 평가 730만원선" 12월 24일.

시도연구원협의회. 2002. 『시도연구원총람』.

이명진. 2005. "태도, 확률, 그리고 선택: 투표예측조사의 경우" 한국전기사회학대회.

이강웅. 1991. "지방정부의 정책결정에 있어서 Think-Tank의 활용에 관한 연구: 부산시를 중심으로" 동의대학교 동의논총, 제18집, 345-364.

이기석, 2001, “수도권의 세계도시화와 국토발전전략,” 이정식 · 김용웅 (엮음), 『세계화와 지역발전 한울』 53-86.

이은진. 2000. “성장연합이냐 후견인 정치인가? 개별화된 개발이익과 지역정치” 『경남대학교 사회학과 사회연구』 13: 69-96.

이용숙. 2003. “지역혁식체제론의 비판적 재검토: 무엇을, 누구를 위한 지역혁신체제인가?” 『동향과 전망』 59:141-182.

이용숙. 2005. “세계화 시대의 지역경제발전: 클러스터론과 세계생산네트워크론의 비판적 검토.” 전기사회학대회.

이윤희. 2002. “인천시민의 지역 정체성에 대한 연구” 『인천학연구』 창간호 인천: 인천대학교 인천학 연구원.

이종성. 2001. 『델파이 방법』 교육과학사.

이창재, 2002, 『동북아 비즈니스 거점화 전략의 기본 방향』대외경제정책연구원.

이해주. 1994. “부산의 사회경제사.” 『부산경제론』 부산발전연구원.

인천일보. 2006. “2003년 78% → 2006년 68% 시 재정자립도 급락” 10월 16일.

인천경제자유구역청, 2003, “동북아 경제중심도시 실현을 위한 인천경제자유구역 개발과 운영” (http://www.incheon.go.kr/business/economy/download/workshop20031110.pdf : 7월 26일 접근).

인천경제자유구역청, 2005, 인천경제자유구역백서. (http://www.ifez.go.kr/sub3/a_a_body. asp : 2월 27일 접근).

인천광역시, 2003, 『인천경제자유구역 개발계획』 인천.

인천광역시, 2005, 인천경제자유구역청의 특별지방자치단체 전환을 이래서 반대한다, (http://www.ifez.go.kr : 2월 28일 접근).

인천경제자유구역청. 2005. 인천경제자유구역백서 http://www.ifez.go.kr/sub3/a_a_body.asp 2월 27일 접근.

임승빈. 2000. "한·일 지방정부의 정책과정에서의 NGO와 파트너십관계" 한국행정학회 세미나.

옥동석. 2002. "공영개발의 제도적 과제-인천 송도 신도시를 중심으로"『한국지방재정논집』7,1 : 125-150.

우무정. 2000. "지방정부 기획·정책능력의 결정요인에 관한 연구" 건국대학교 행정학과 박사학위논문.

유재원. 1999. "청주시의 권력구조와 정치과정"『정부학 연구』5,1: 7-46

유재원. 1999b. 지방자치의 공고화의 토대로서 정치문화: 청주시를 중심으로.「밀레니엄 전환기 행정(학)의 회고와 전망」(한국행정학회 1999년도 동계학술대회 발표문).

윤상우. 2005.『동아시아 발전의 사회학』나남.

월간중앙. 2000. "권태동의 인물탐험/50세 조용필 그 '불혹'의 세가지 이유" 제26권 7호 (통권 296호).

염미경, 한석지. 2006. "섭지코지의 관광지화와 지역거버넌스"『지역사회학』8,1:123-146.

영남일보. 2001. "경제싱크탱크 위축 심각" 4월 27일.

전국경제인 연합회, 2002, "리서치 - 경제특구 종합경쟁력 동아시아 경쟁국 대비 크게 뒤처져," 월간 정경련, 12월호.

장원호. 2000. "공간이론의 산책 39: 성장기제와 상품으로서의 도시 - 로간과 몰로치의 도시공간이론" 223:102-107.

장하준. 2003.『국가의 역할』부키.

정대연. 1989. "도시 생태구조 이론들의 비판적 검증을 위한 시론"『한국사회학』 23,1:1146-1165.

파이낸셜 뉴스. 2004. “송도신도시에 미 명문사립학교 설립” 4월 20일.

조선일보. 2002. “살고 싶은 나라 만들기 제11회 대토론회 지방으로 권한 대폭 넘겨라” 5월 30일.

조선일보. 2002. “동북아 비즈니스 중심이 되자.” 7월 13일.

조선일보. 2002. “택지개발지구를 가다: 영종지구 송도신도시” 12월 5일.

주간조선. 2001. “한국의 지자체 ‘쾌적 환경도시’로 변모하는 대구시” 7월 12일 1661호.

주정립. 2005. “포퓰리즘의 개념적 규정을 위한 시도” 『대한정치학회보』 13집 1호 245-268.

중부일보. 2005. “인천 송도 신도시 아파트값 급등.” 6월 8일.

중앙일보. 2002. “‘선거용’ 연구소 너도나도 설립” 3월 14일.

중앙일보. 2002. “중앙일보 전문기자 경실련 광역단체장 공약 검증 6 충남도지사” 6월 6일.

전남대학교. 2007. 통계연보. 전남대학교 홈페이지. 2007년 8월 17일 접근.

제일경제. 2003. “인천경제특구 ‘동북아 R&D 허브’로 육성” 1월 28일

초의수. 2000. “수도권 집중화에 따른 지역격차 문제와 해소방안” 『지방정부연구』 제4권 1호.

하용출. 2006. 『후발 산업화와 국가의 동학: 탈관료화와 강성국가의 공동화』 서울대학교.

한국공간환경학회. 1996. 서울, Global City: 세계도시를 앞서가는 제안들
한국경제신문. 2004. “경제자유구역 겉돌고 있다 ... 이해집단 반

발 관련법 미비” 7월 26일.

한국일보. 2004. “지금 이곳에선/암초많은 송도신도시” 4월 26일.

한국일보. 2004. “인천공항-송도 제2연륙교 조기완공.” 3월 23일.

한겨레. 2003. “이슈와 쟁점/송도 신도시 추가 매립” 12월 9일.

한겨레. 2004. “송도특구 ‘외국인 학교’ 파장” 4월 30일.

한겨레. 2004. “송도에 외국대학병원 설립추진” 5월 13일.

해반문화사랑회. 1999. “열려있는 땅” 인천지역 엘리트 정주의식 조사보고서.

허재완. 1991. “지역간 균형개발의 과제” 『지역사회개발연구』 제16집 2호.

헤럴드 경제. 2002. “빗장여는 서비스 시장 기업 경쟁력 확보” 열쇠 7월 27일.

홍덕률. 1997. “지역사회의 지배구조에 대한 실증연구-대구, 광주, 인천을 중심으로” 『경제와 사회』 제34권 139-172.

홍성웅, 2001, “외국인 직접투자와 지역발전전략,” 이정식 · 김용웅(엮음), 『세계화와 지역발전』 한울, 87-126.

홍장표. 2005. “동남권 중소기업의 거래네트워크와 기술혁신: 신지역주의의 비판적 검토” 『사회경제평론』 25:379-415.

Davis, Mike. 2006. 『슬럼, 지구를 뒤덮다』 돌베게.

Friedman, Thomas. 2000. 『렉서스와 올리브나무:세계화는 덫인가 기회인가』 창해.

Thurow, Lester. 2005. 『세계화 이후의 부의 지배』 청림.

Adams, Kathleen M. 1997. “Ethnic Tourism and the Renegotiation of

Tradition in Tana Toraja (Sulawesi, Indonesia)." *Ethnology* 36,4: 309-320.

Au, Eng Kok. 1987. "Overview on Urban Redevelopment in the City Centre." A paper presented at *Workshop on housing and urban development,* 28 to 31 July, Singapore.

Banfield, Edward C. 1958. *The Moral Basis of a Backward Society.* Chicago: Free Press.

Berner, Erhard. 1995. *A Place to Live in the City of Man: Localities and the Struggle for Urban Land in Metro Manila* Dissertation. University of Bielefeld.

Bellows, T. J. 1989. "Bridging Tradition and Modernization: The Singaporean Bureaucracy" in *Confucianism and Economic Development: An Oriental Alternative?* edited by Hung-chao Tai. Washington, D. C.:Washington Institute Press.

Berry, Brian. 1971. "City Size and Economic Development: Conceptual Synthesis and Policy Problems, with Special Reference to South and Southeast Asia." pp.111-156 in *Urbanization and National Development,* edited by Leo Jakobson and Ved Prakash. Beverly Hills: Sage Publications.

Bird, Dennis L. 1997. "Thinking the Unthinkable." *Contemporary Review* 270,1574:162-4.

Bradbury, Katharine, Downs Anthony & Small Kenne. 1981 *Urban Decline and the Future of American Cities* Brookings Institution Press.

Bradford, M.G. and W.A. Kent. 1977. *Human Geography: Theories and their Applications.* Oxford: Oxford University Press.

Brenner, N., 2004, New State Spaces: *Urban Governance and the Rescaling of Statehood*, Oxford, New York.

Brown, David. 1997. "The Politics of Reconstructing National Identity: A Corporatist Approach." *Australian Journal of Political Science* 32,2: 255-269.

Bryceson, Deborah. 2000. "Disappearing Peasantries? Rural Labour Redundancy in the Neo-Liberal Era and Beyond" in Bryceson, Kay, and Mooij, *Diappearing Peasantries?* pp.304-305.

Buckley, C. B. 1984. *An Anecdotal History of Old Times in Singapore* Singapore: Oxford University Press.

Bunnel, T., 2002, "Cities for Nations? Examining the City-Nation-State Relation in Information Age Malaysia," *International Journal of Urban and Regional Research*, 26(2), 284-298.

Campbell, Scott. 1993. "Interregional Migration of Defense Scientists and Engineers to the Gunbelt during the 1980s" *Economic Geography* 69,2: 204-223.

Caoili, Olivia C. 1988. *The Origins of Metropolitan Manila: A Political and Social Analysis.* Quezon City, Philippines: New Day Publishers

Castells, Manuel. 1977. *The Urban Question: A Marxist Approach.* Cambridge, MA: MIT Press.

Chang, Ha-Joon. 1999. "The Economic Theory of the Developmental State." pp.182-199 in *The Developmental State* edited by Meredith Woo-Cumings. Ithaca and London: Cornell University Press.

Chang, T.C. 1999. "Local Uniqueness in the Global Village: Heritage Tourism in Singapore." *Professional Geographer* 51,1:91-103.

Chang, T.C. 2000. "Theming Cities, Taming Places: Insights from Singapore." *Geografiska Annaler.* 82B,1:35-54.

Chapman, Dan. 1987. "Philippine Politics." *Editorial Research Reports* 1,5: 54-63.

Chiew, Seen Kong. 1985. "The Socio-cultural Framework of Politics" in *Government and Politics of Singapore* edited by Jon S. T. Quah, Ahan Heng Chee and Seah Chee Meow. pp.45-67. Singapore: Oxford University Press.

Christaller, W., 1966. *Central Places in Southern Germany.* translated by C.W. Baskin. Prentice Hall.

Chua, Beng-Huat. 1994. "Arrested Development: Democratization in Singapore." *Third World Quarterly* 15,4:655-668.

Chua, Beng Huat. 1997. *Political Legitimacy and Housing: Stakeholding in Singapore* London: Routledge.

Cohen, E. 1988. "Authenticity and Commoditization in Tourism" *Annals of Tourism Research* 15,3:371-86.

Cohen, E. 1989. ""Primitive and Remote" Hill Tribe Trekking in Thailand." *Annals of Tourism Research* 16,1:30-61.

Cooke, P. 1998. "Introduction: Origins of the concept" in *Regional Innovation System* edited by H. Braczyk, P. Cooke & M. Heidenreich. London: UCL Press.

Cooke, P., M.G. Uranga and G. Exebarria. 1998b. "Regional System of Innovation: An Evolutionary Perspective." *Environment and Planning A.* Vol. 30.

Community Development Council. 2001. <http://www.cdc.org.sg/>.

Cornelio-Pronove, Monique and Chemerie Cheng. 1999. "Metro Manila" pp.185-99 in *Cities of Pacific Rim: Planning Systems and Property Markets* London: James Berry & Stanley McGreal.

Crevoisier, Olivier. 2000. "Innovation and the City" in *Making Connections* edited by Edward J. Malecki & Paivi Oinas. Ashgate Publising.

Dale, Ole Johan. 1999. *Urban Planning in Singapore: The Transformation of a City Oxford*, Oxford University Press.

Dahl, Robert. 1961. *Who Governs: Who Governs? Democracy and Power in an American City* Yale University Press.

Dalki, N. 1969. *The Delphi Method: An Experimental Study of Group Opinion.* Santa Monica, CA: Rand Corporation.

David, Randolf S. 1990. "The Impact of Macro-Economic and Social Policies of the National Government on Urban Land Development: The Philippine Experience." A paper presented in *International Workshop on Asian Urban Land* 8-10 June organized by Institute for Advanced Studies, University of Malaya, Kuala Lumpur.

Department of Statistics. 2000. Singapore. <http://www.singstat.gov.sg> Dicken, P., 2003, *Global Shift: Reshaping the Global Economic Map in the 21st Century*, Sage, London.

Dicken, Peter. 2003. Global Shift: Reshaping the Global Economic Map in the 21st Century London: Sage.

Doggett, Leslie. 1993. "Multi-cultural Tourism Development Offers a New Dimension in Travel." *Business America* 114,18:8-11.

Douglass, Mike & John Friedmann. 1998. *Cities for Citizens : Planning and the Rise of Civil Society in a Global Age.* New York: John Wiley & Sons (June 22, 1998).

Douglass, M., 2000a, "Globalization, Intercity Competition," and the Rise of Civil Society in Pacific Asia: Toward Livable Cities on the 21st Century," Workshop on Southeast Asian Urban Futures held at University of Singapore on July 21-22.

Douglass, M., 2000b, "Mega-Urban Regions and World City Formation: Globalisation, the Economic Crisis and Urban Policy Issues in Pacific Asia," *Urban Studies*, 37(12), 2315-2335.

Douglass, M., 2002, "From global Intercity Competition to Cooperation for Livable Cities and Economic Resilience in Pacific Asia," *Environment & Urbanization*, 14(1), 53-68.

Dror, Y. 1980. "Think Tanks: A New Invention in Government." in *Making Bureaucracy Work* edited by C. H. Weiss and A. H. Barton. Beverley Hills:Sage.

El-Shakhs, Salah. 1972. Development, Primacy, and Systems of Cities. *The Journal of Developing Areas* 7(1): 11-36.

Elliot, Brian & David McCrone. 1982. *The City: Patterns of Domination and Conflict.* London: Macmillan.

Evans, Peter B. 1989. "Predatory, Development, and other Apparatuses: A Comparative Political Economy Perspectives on the Third State." *Sociological Forum* 4,4:561-87.

Evans, Peter B. 1994. "Predatory, Development, and Other Apparatuses: A Comparatives Political Economy Perspective on the Third World Statez" pp.84-111. *Comparative National Development: Society and Economy in the New Global Order*, edited by A. Douglas Kincaid and Alejandro Portes. NY: The University of North Carolina Press.

Evans, Peter. 1995. *Embedded Autonomy: State and Industrial Transformation* Princeton, NJ: Princeton University.

Evers, Hans-Dieter. 1974. "Urbanization and Urban Conflict in Southeast Asia." Working Paper No.39. Department of Sociology, University of Singapore.

Executive Yuan. 1996. *Urban and Regional Development Statistics Republic of China.*

Fainstein, S. S. & N. Fainstein. 1989. "New York City: The Manhattan Business District, 1945-1988," in G. D. Squires (eds), *Unequal Partnerships: The Political Economy of Urban Development in Postwar America* Rutgers University Press.

Far Eastern Economic Review. 1991. "Power to the Patron: Economic Decline Boosts Influence of Provincial Barons." January 17. pp. 23-7.

Featherstone, M. 1987. "Consumer Culture, Symbolic Power and Universalism." in pp.17-45 *Mass Culture, Popular Culture, and Social Life in the Middle East* edited by Stauth and Zubaida Boulder, CO: Westview.

Florida, Richard. 2003. *The Rise of the Creative Class: And How It's Transforming Work, Leisure, Community, and Everyday Life.* Basic Books.

Frank, Andre Gunder. 1972. "The Development of Underdevelopment." pp.3-17 in *Dependence and Underdevelopment: Latin Americas Political*

Economy, edited by James D. Cockcroft and Dale Johnson. NY:Anchor Books.

Friedman, John. 1986. "The World City Hypothesis." *Development and Change* 17:69-84.

Friedman, John. 1995. "Where We Stand: A Decade of World City Research." pp.21-47 in *World Cities in a World System* edited by P. Knox and P. Taylor. NY:Cambridge University Press.

Flyvberg, B., Bruzelius, N. and Rothengatter, W., 2003, *Megaprojects and Risk: An Anatomy of Ambition*, Cambridge, Cambridge.

Geen, Rob. et al. 1998. "Income Support and Social Services for Low-Income People in California: Highlights from State Reports" Urban Institute. http://www.urban.org/publications/310146.html 2007년 8월 17일 접근.

Glyvberg, Bent, Nils Bruzelius, Werner Rothengatter. 2003. Megaprojects and Risk: An Anatomy of Ambition Cambridge: Cambridge.

Goodman, C. 1987. "The Delphi technique: a critique." *Journal of Advanced Nursing* 12:729-734.

Gould, David. 1979. *The Administration of Underdevelopment. In Zaire: The Political Economy of Underdevelopment* edited by Guy Gran. NY: Praeger.

Greenwood, D. 1977. "Culture by the Pound: An Anthropological Perspective on Tourism as Cultural Commoditization" in *Hosts and Guests: The Anthropology of Tourism* ed. V. Smith, pp.129-38. Philadelphia.

Gugler, Josef & William G. Flanagan. 1977. "On the Political Economy of Urbanization in the Third World: The Case of West Africa." *International Journal of Urban and Regional Research* 1(2): 272-92.

Gurr, Ted Robert & Desmond S. King. 1987. *The State and the City*. London: MacMillan Education.

Gutierrez, Eric. 1994. *Ties that Bind* Institute for Popular Democracy Pasig, Manila.

Haggard, Stephan. 1989. "The Political Economy of Foreign Direct Investment in Latin America." *Latin American Research Review* 24,1:184-208.

Hamilton, C. 1983. "Capitalist industrialization in the four little tigers of East Asia." pp.137-180 in *Neo-Marxist Theories of Development* London: Croom Helm.j

Hasson, Felicity. et al, 2000. "Research Guidelines for the Delphi Survey Technique." Journal of Advanced Nursing 32,4:1008-1015.

Hawley, Amos. 1950. *Human Ecology: A Theory of Community Structure*. NY: The Ronald Press Company.

HDB. 2001. http://www.hdb.gov.sg

Held, David and Anthony MeGrew. 2002. *Globalization/Anti-Globalization* Cambridge: Blackwell.

Henward Jr, Howard B. 1985. "Metro Manila, Philippines: Conflicts and Illusions in Planning Urban Development." pp.19-33. in *Cities in Conflict: Studies in the Planning and Management of Asian Cities* edited by John P. Lea and John M. Courtney. Washington, D.C., USA: The World Bank.

Hill, Richard Child. 1977. "State Capitalism and the Urban Fiscal Crisis in the United States." *International Journal of Urban and Regional Research* 1:76-100.

Hill, Richard Child. 1978. "Fiscal Collapse and Political Struggle in Decaying Central Cities in the United States" pp.213-240 in *Marxism and the Metropolis* edited by William K. Tabb and Larry Sawers. Oxford.

Hill, Richard Child. 1984. "Economic Crisis and Political Response in the Motor City" in *Sunbelt/Snowbelt: Urban Development and Regional Planning* edited by Larry Sawers and William K. Tabb State. Oxford: Oxford University.

Hill, Richard Child and Kuniko Fujita. 2003. "The Nested City: Introduction" Urban Studies 40,2:207-217.

Hill, Richard Child & June Woo Kim. 2000, "Global Cities and Developmental States: New York, Tokyo and Seoul," *Urban Studies*, 37(12), 2167-2195.

Ho, Kong Chong. 2001. "Manufacturing Fun." A paper presented at International Conference on the Culture and Economy of Cities organized by Korea Research Institute for Human Settlements and the University of New South Wales. October 11-12, Seoul, Korea.

Hong, S. W., 2003, "Impact of Foreign Direct Investment on Regional Policy," in Lee, K.-B.(ed.), *Global City Region*, KRIHS, Seoul, 121-146.

Hottelet, Richard C. 1997. "Singapore Does its Own Thing." *Christian Science Monitor* 71:19.

Hunter, F. 1953. *Community Power Structure: A Study of Decision Makers* Chapel Hill: University of North Carolina.

Huff, W. G. 1995. "The Developmental State, Government, and Singapore's Economic Development Since 1960." *World Development* 23,8: 1421-38.

Huxley, Tim. 1992. "Singapore's Politics in the 1980s and 1990s." *Asian Affairs* 23,3:282-94.

IDA. 2000. <http://www.sg>

Jenkins, Rhys. 1991. "The Political Economy of Industrialization: A Comparison of Latin American and East Asian Newly Industrializing Countries." *Development and Change* 22:197-231.

Johnson, Charlmers. 1982. *MITI and the Japanese Miracle: The Growth of Industrial Policy*, 1925-1975 Stanford, California: Stanford University.

Johnson, Charlmers. 1987. "Political Institutions and Economic Performance: The Government Business Relationship in Japan, South Korea, and Taiwan." pp.136-64. In *The Political Economy of the New Asian Industrialism* Ithaca, NY: Cornell University Press.

Katzenstein, Peter. 1978. *Between Power and Plenty: Foreign Economic Policies of Advanced Industrial States* Madison, University of Wiscinsin.

Keyfitz, Nathan. 1965. "Political-Economic Aspects of Urbanization in South and Southeast Asia." pp.265-310 in *The Study of Urbanization* edited by Philip M. Hauser and Leo F. Schnore. John Wiley & Sons, Inc., New York.

Kahn, Joel S. 1993. *Constituting the Minangkabau: Peasants, Culture and Modernity in Colonial Indonesia* Province, RI: Berg Publishers, Inc.

Kasarda, John. 1980. "Spatial Redistribution Trends and Public Policy:

Prescriptions and Proscriptions" *American Planning Association Journal* 47,3:340-345.

Khan, Habibullah. 2001. "Tourism Policy in Singapore: A Brief Assessment." A paper presented at International Seminar on Busan's Benchmarking Singapore organized by Pusan Development Institute held on September 11th in Pusan, South Korea.

King, Anthony. 1990. *Global Cities: Post-Imperialism and the Internationalization of London*. London: Routledge.

King, Anthony. 1995. "Re-presenting World Cities: Cultural Theory/social Practice." pp.215-231 in *World Cities in a World System.* edited by Paul L. Knox and Peter J. Taylor. NY: Cambridge University Press.

Klieger, P. Christian. 1990. "Close Encounters: "Intimate" Tourism in Tibet. *Cultural Survival Quarterly* 14,2:38-41.

Knox, P. 1995. "World Cities in a World System," in Knox, P. and Taylor, P. J.(eds.), *World Cities in a World System*, Cambridge University Press, New York, 3-20

Koo, Hagen. 1993. "Strong State and Contentious Society" pp.231-250. in *State and Society in Contemporary Korea* edited by Hagen Koo. Cornell, Ithaca.

Korea Development Institute. 1974. "The Equalizing Effect of Financial Transfers: A Study of Intergovernmental Fiscal Relations in Korea." Working Paper by Wan-Soon Kim.

Korea Times. 2003. "Incheon Free Zone To Be Foreigners' Paradise." October 15th.

Kroll, Lucien. 1999. "Creative Curitiba", *The Architectural Review.* 205, 1227:92-95.

Kuah, Khun Eng. 1997. "Inventing a Moral Crisis and the Singapore State." *AJWS* 3,1:36-70.

Lachica, Eduardo. 1984. *Ayala: The Philippines' Oldest Business House* Makati, Philippines: Filipinas Foundation Inc.

Landry, Charles. 2000. *The Creative City: A Toolkit for Urban Innovators.* London: Earthscan Publications

Leong, Wai Tang. 1989. "Culture and the State: Manufacturing Traditions for Tourism." *Critical Studies in Mass Communication* 6,4:355-75.

Lim, Linda Yuen-Ching. 1989. "Social Welfare" pp.171-97 in *Management of Success: The Moulding of Modern Singapore* edited by K. S. Sandhu and Paul Wheatley. Singapore: Institute of Southeast Asian Studies.

Logan, John R. and Harvey L. Molotch. 1987. *Urban Fortunes: The Political Economy of Place* Berkeley: University of California Press.

Loh, Choon Tong. 1987. "Planning & Design of New Towns." A paper presented at the workshop on Housing and Urban Development 28-31 July, Singapore.

Loh, Swee Seng. 1991. "Public Housing in Singapore." A paper presented at Pacific-Asian Congress of Municipalities (PACOM) 12th Congress held on 14-19 September in Kuala Lumpur.

London, Bruce. 1979. Internal Colonialism in Thailand: Primate City Paratisism Reconsidered. *Urban Affairs Quarterly* 14(4): 485-514.

London, Bruce. 1980. *Metropolis and Nation in Thailand: The Political*

Economy of Uneven Development. Boulder, CO: Westview Press.

Marcuse, P., and van Kempen, R., 2000, *Globalizing Cities: A New Spatial Order?* Blackwell, Oxford.

Markusen, Ann et al. 1991. *The Rise of the Gunbelt: The Military Remapping Industrial America* Oxford University.

Machimura, Takashi. 1998. "Symbolic Use of Globalization in Urban Politics in Tokyo." *International Journal of Urban and Regional Research* 22,2:183-194.

MacCannell, D. 1973. "Staged Authenticity: Arrangements of Social Space in Tourist Settings." *American Journal of Sociology* 79,3:589-603

MacCannell, D. 1976. *The Tourist: A New Theory of the Leisure Class* London.

MacCannell, D. 1992. *Empty Meeting Ground: The Tourist Papers* London.

McCoy, Alfred W. 1993. ""An Anarchy of Families": The Historiography of State and Family in the Philippines." pp.1-32. In *Anarchy of Families* edited by Alfred W. McCoy. Madison, WI: University of Wisconsin.

McKenzie, R. D. 1927. "The Concept of Dominance and World Organization." *American Journal of Sociology* 33:18-42.

Manski, Charles F. 2002. "Probabilistic Polling" pp.251-271 in *Navigating Public Opinion.* Edited by Jeff Manza, Fay Lomax Cook, Benjamin J Page. NY: Oxford.

Manski, Charles F. 2004. "Measuring Expectation." Economic Society European Meeting.

McGann, James G. and R. Kent Weaver. 2002. *Think Tanks & Civil Societies*. New Brunswick: Transaction Publishers.

McGrew, A. 1992. "A Global Society." pp.61-116 in *Modernity and Its Futures* edited by S. Hall, D. Held, and T. McGrew. Oxford: Polity Press in association with the Open University.

McKinnon, R. and Ohno, K., 1997, *Dollar and Yen*, The MIT Press, Cambridge MA.

Mendiola, Ernesto. 1983. "Urban Land Reform in the Philippines." In *Land for Housing the Poor* edited by Shlomo Angel, Raymon W. Archer, Sidhijai Tanphiphat and Emiel A. Wegelin pp. 473- 499 Select Books, Philippine.

Migdal, Joel. 1988. *Strong Societies and Weak States* NJ: Princeton.

Migdal, Joel. 2001. *State in Society* NY: Cambridge.

Mills, Edwin S. and Byung-Nak Song. 1979. *Urbanization and Urban Problems*. Cambridge, MA: Harvard.

Minchin, James. 1986. *No Man is an Island* Sydney: Allen & Unwin.

Ministry of Information and the Arts. 2000. *Singapore 2000*. Singapore.

Molotch, Harvey. 1976. "City as a Growth Machine: Toward a Political Economy of Place" *American Journal of Sociology*. 82,2:309-332.

Motha, Philip. 1976. "The Land Value Dilemma in Developing Economies with Special Reference to Singapore." pp.187-209 in *The Cities of Asia: A Study of Urban Solutions and Urban Finance* edited by John Wong. Singapore: Singapore University Press.

Motha, Philip. 1990. "The Impact of Government Politics on Urban

Land Development in Singapore." A paper presented at international workshop on Asian urban land, 8-10 June organized by Institute for Advanced Studies, University of Malaya, K.L.

Naerssen, Ton van, Michel Ligthart, and Flotilda N. Zapanta. 1996. "Managing Metropolitan Manila." pp.168-206 in *The Dynamics of Metropolitan Management in Southeast Asia* edited by Jurgen Ruland. Singapore: Institute of Southeast Asian Studies.

Nam, Tae Yul. 1969. "Singapore's One-Party System: Its Relationship to Democracy and Political Stability" *Pacific Affairs* 42,4:465-480.

Nam, Sung Hee. 1988. *From Overurbanization to Decentralization: An analysis of South Korean Urbanization, 1960-1980* Ph. D. Thesis. University of Wisconsin.

Nash, Dennison. 1989. "Tourism as a Form of Imperialism" pp.37-53 in *Hosts and Guests: The Anthropology of Tourism* edited by Valene Smith. Philadelphia: University of Pennsylvania Press.

National Government on Urban Land Development: "The Philippine Experience." A paper presented in International Workshop on Asian Urban Land 8-10 June organized by Institute for Advanced Studies, University of Malaya, Kuala Lumpur.

National Statistics Office. 1987. *Philippine Yearbook* 1987. Manila: NSO.

National Statistics Office. 1996. *NCR Profile: National Capital Region.* Manila, Philippines.

National Statistics Office. 1997. *Family Income and Expenditures Survey* Manila, Philippines.

National Statistics Office. 2000. http://www.census.gov.ph/

Nemeth, Roger J. and David A. Smith. 1983. Divergent Patterns of Urbanization in the Philipines and South Korea: A Historical Structural Approach. *Comparative Urban Research* 10: 21-45.

Nemeth, Roger J. & David Smith. 1985. "The Political Economy of Contrasting Urban Hierarchies in South Korea and the Philippines." pp.183-206. in *Urbanization in the World-Economy* edited by Michael Timberlake. Orlando, Academic Press.

Ohmae, K. 1995. *The End of the Nation State: The Rise of Regionl Economies.* NY: Free Press.

Ohmae, K., 2001, "How to Invite Prosperity from the Global Economy into a Region," in Scott, A. J., *Global City Regions: Trends, Theory, Policy*, Oxford University, New York.

Olds, K., 1997, "Globalizing Shanghai: the 'Global Intelligence Corps' and the Building of Pudong," *Cities*, 14(2), 109-123.

Olds, K., 1998, "Globalization and Urban Change: Tales from Vancouver Via Hong Kong," *Urban Geography*, 19(4), 360-385.

Olds, K., 2001, *Globalization and Urban Change: Capital, Culture, and Pacific Rim Mega-projects*, Oxford: Oxford University.

Perry, Martin, Lily Kong, and Brenda Yeoh. 1997. *Singapore: A Developmental State.* Chichester John Wiley & Sons.

People's Association. 2001. http://www.pa.gov.sg

Picard, Michel. 1990. ""Cultural Tourism" in Bali: Cultural Performances as Tourist Attraction." *Indonesia* 49:37-74.

Porio, Emma. 1990. "Private Sector Response to the Scarcity of Land and Housing in the Philippines." *International Workshop on Asian*

Urban Land 8-10 June.

Porter, Michael. 1990. *The Competitive Advantage of Nations* London: Macmillan.

Porter, Michael. E. 1995. "The Competitive Advantage of the Inner City." *Harvard Business Review* May/June.

Poulantzas, Nicos. 1978. *State, Power, Socialism* London: New Left Books.

Puhle, Hans-Jurgen. 1986. "Was ist Populismus?" pp.12-32 in *Populismus und Aufklarung* by Hulmut Dubiel.

Putnam, Robert D. 1993. *Making Democracy Work*. Princeton: Princeton University Press.

Reid, N. 1988. "The Delphi technique: Its contribution to the evaluation of professional practice." in *Professional Competence and Quarlity Assurance in the Caring Professions* edited by Ellis R. Chapman and Hall, NY.

Robinson, Mike. 1999. "Is Cultural Tourism on the Right Track?" *UNESCO Courier* 52,7:22-4.

Rosen, R., and Reagan, M., 1997, "Opening doors: access to the global market for financial sectors," in Crahan, M. and Vourvolias-Bush, A.(eds), *The city and the world: New Yorks global future*, Council on Foreign Relations, New York.

Salomon Brothers. 1994. *Singapore Property Sector: Divergent Trends* A Report. Singapore.

Sassen, Saskia. 1991. *The Global City: New York, London, Tokyo* Princeton, NJ: Princeton University.

Sassen, Saskia. 1995. "On Concentration and Centrality in the Global City." pp.63-78 in *World Cities in a World System* edited by P. Knox and P. Taylor. NY: Cambridge University.

Sassen, Saskia. 1997. "Cities, Foreign Policy, and the Global Economy." pp.141-187 in *The City and the World: New York's Global Future* edited by M. Crahan and A. Vourvolias-Bush. NY: Council on Foreign Relations.

Sassen, Saskia. 1999. "Global Financial Centers." *Foreign Affairs* 78:75-87.

Saskia Sassen. 2000. "Cities in the global economy" in *Global City Regions* edited by Roger Simmonds and Gary Hack. Spon Press.

Schein, Edgar H. 1997. *Strategic Pragmatism: The Culture of Singapore's Economic Development Board.* Cambridge, MA: MIT Press

Schwartz, Ronald D. 1991. "Travellers under Fire: Tourists in the Tibetan Uprising." *Annals of Tourism Research* 18:588-604.

Short, John Rennie and Yeong-Hyun Kim. 1999. *Globalization and the City* NY: Addison Wesley Longman.

Singapore Tourism Board. 1998. *Singapore Annual Report on Tourism Statistics.* Singapore.

__________________________. 2000. *Singapore Official Guide.* Singapore.

Sklair, Leslie. 1991. Sociology of the Global System: Social Change in Global Perspective. Baltimore, Maryland: The Johns Hopkins University Press.

Sklair, Leslie. 1996. "Conceptualizing and Researching the Transnational Capitalist Class in Australia." *Australian and New Zealand Journal of Sociology.* 32,2:1-19.

Skocpol, Theda. 1985. "Bringing the State back in: Strategies of Analysis in Current Research." pp.3-43. In *Bringing the State Back In* edited by Peter B. Evans, Dietrich Rueschemeyer and Theda Skocpol. Cambridge: Cambridge University.

Smith, Adam. 1931. *The Wealth of Nations*. NY: The Modern Library.

Smith, Carol. 1982. Modern and Premodern Urban Primacy. *Comparative Urban Research* 9(1): 79-96.

Smith, Carol. 1985. Class Relations and Urbanization in Guatemala: Toward an alternative Theory of Urban Primacy. pp.121-168 in *Urbanization in the World Economy*, Edited by Michael Timberlake. Orlando: Academic Press.

Smith, David A. 1996. "South Korean Urbanization and Semiperipheral Development." pp.121-41 in *Third World Cities in Global Perspective: The Political Economy of Uneven Development*, Boulder:Colorado: Westview Press.

Smith, David A. 1996. "South Korean Urbanization and Semiperipheral Development." pp.121-41 in *Third World Cities in Global Perspective: The Political Economy of Uneven Development* Boulder:Colorado: Westview Press.

Smith, D., and Timberlake, M., 2002, "'Global Cities' and 'Globalization' in East Asia: Empirical Realities and Conceptual Questions," Paper posted at the Scholarship Repository, University of California (= http://repositories.cd lib.org/csd/02-09).

Smith, Peter Smith. 1988. *City, State & Market*. Cambridge, MA: Basil Blackwell.

Schumpeter, J. 1934. *The Theory of Economic Development* Harvard.

Schurz, W. 1939. *The Manila Galleon.* New York: E.P. Dutton & Company.

Singapore Department of Statistics. 2001. http://www.singstat.gov.sg Soja, E. W., 2000, *Postmetropolis: Critical Studies of Cities and Regions*, Blackwell, Oxford.

Soja, E. W. 2000. Postmetropolis: critical studies of cities and regions Oxford: Blackwell.

Stepan, Alfred. 1978. *The state and society: Peru in comparative perspective* Princeton, Princeton University.

STB (Singapore Tourism Board). 1966. *VIP: The Prestige Magazine.* Singapore: STB

STB (Singapore Tourism Board). 2001. http://www.stb.com.sg

STPB (Singapore Tourism Promotion Board). 1996. Vision of a Tourism Capital Singapore.

Stone, Clarence. 1989. *Regime Politics: Governing Atlanta* University Press of Kansas.

Stone, Diane. 1996. *Capturing the Political Imagination: Think-tanks and the Policy Process.* Frank Cass & Co.

Strassmann, W. Paul and Alistair Blunt. 1994. "Land Prices and Housing in Manila." *Urban Studies* 31,2: 267-285.

Tan, E A. 1993. "Real Property Taxation and its Potential as a major source of local revenue" in *Poverty, Growth and Fiscal Crisis* pp. 151-174 edited by E S De Dios. Manila: Philippine Institute for

Development Studies.

Taylor, P. J. 1995. "World cities and territorial states: the rise and fall of their mutuality". In Knox, P. L., and Taylor, P. J., eds, *World Cities in a World System.* Cambridge: Cambridge University Press, pp.48-62.

Thompson, Mark. 1996. "Late Industrialisers, Late Democratisers: Developmental States in Asia-Pacific." *Third World Quarterly* 17,4:625- 647.

Timberlake, Michael. 1985. *Urbanization in the World-Economy.* Orlando: Academic Press.

Time, 1993, "Curitiba, Brazil (Cover Story)", Nov. 1st. Issue 2, page 32.

Toffler, A. and Toffler, H. 1991. "Economic Time Zones: Fast Versus Slow." *New Perspective Quarterly* 8:56-8.

Tremewan, Christopher. 1994. *The Political Economy of Social Control in Singapore* NY:St. Martin's Press.

The Urban Research Consortium. 1999. A Study Values in Metro Manila and Their Impact on Housing Programs. Final Report.

United Nations(UN). 1995. *World Urbanization Prospects: The 1994 Revision* NY.

United Nations(UN). 1996. *Demographic Yearbook.* NY.

United Nations Centre for Human Settlements(UNCHS). 2001. *Cities in a Globalizing World.*

UN-Habitat. 2004. "The consumption spaces of globalizing cities" in *The States of the World Cities 2004/2005.* Earthscan.

Vennewald, Werner. 1994. " Technocrats in the State Enterprise System of Singapore." Working Paper No. 32. Asia Research Center, Murdoch University.

Waters, Mary. 1990. *Ethnic Options: Choosing Identities in America* Berkeley CA: University of California Press.

Weber, Adna. 1967. *The Growth of Cities in the Nineteenth Century: A Study in Statistics.* Ithaca, NY: Cornell University.

Williams, Patricia and Christine Webb. 1994. "The Delphi technique: A methodological discussion." *Journal of Advanced Nursing* 19:180-186.

Williams, Raymond. 1980. *Problems in Materialism and Culture: Selected Essays* London, Verso.

Wilson, David. 1993. "Time and Tides in the Anthropology of Tourism" in Michael Hitchcock, Victor T. King and Michael J.G. Parnwell (eds), pp.32-47. *Tourism in Southeast Asia* London: Routeledge.

Wong, Kok-Wai. 1996. *Planning Proposals And Land Values Change: A Case Study Of Singapore Using GIS.* Theses. Department of Urban Studies and Planning, MIT

Wong, Poh Poh. 1998. "Maintaining Competitiveness in New Age Tourism." Competitiveness of the Singapore Economy Singapore University Press, Singapore

Wood, Maria. 2004. "Up Close: Stan Gale." *Real Estate Forum* 59,2: 50-52.

Wood, Robert. 1998. "Touristic Ethnicity: A Brief Itinerary." *Ethnic & Racial Studies* 21, 2:218-241.

World Bank. 1991. *World Development Report* NY: Oxford.

World Almanac Education Group Inc., 1999. "World's Top 20 Tourism Earners, 1998" *World Almanac & Book of Facts 2000.*

Yamamoto, Daisaku. 1999. "Emerging Trends in Japanese Package Tourism." *Journal of Travel Research* 38(2): 134-139.

Yan, Yunxiang. 2002. "Managed Globalization: State Power and Cultural Transition in China." pp.19-27 in *Many Globalizations* edited by Peter L. Berger and Samuel P. Huntington. Oxford: Oxford University.

저자 약력

김 준 우

1999년 미시간주립대 사회학-도시학 박사
2000년 싱가포르국립대 박사후과정
2001년 부산발전연구원 부연구위원
2002년 전남대 사회학과 조교수
2006년~ 전남대 사회학과 부교수

저서

2005년 「사회과학의 현대통계학」(공저) 박영사
2007년 「즐거운 SPSS, 풀리는 통계학」 박영사

국가와 도시

인쇄 | 2007년 12월 20일
발행 | 2007년 12월 31일

저 자 | 김준우
발행인 | 강정채
발행처 | 전남대학교출판부

등록 | 1981. 5. 21. 제53호
주소 | 500-757 광주광역시 북구 용봉동 300
전화 | (062) 530-0571~3
팩스 | (062) 530-0579
홈페이지 | http://altair.chonnam.ac.kr/~cnup

값 12,000 원

ISBN 978-89-7598-642-0 (93330)

이 도서의 국립중앙도서관 출판시도서목록(CIP)은 e-CIP홈페이지(http://www.nl.go.kr/cip.php)에서 이용하실 수 있습니다. **(CIP제어번호: CIP2007004132)**